외국인을 위한 한국어문법
-중국어 버전-

외국인을 위한 한국어문법 －중국어 버전

초판 인쇄 2010년 3월 22일 | **초판 발행** 2010년 3월 30일
지은이 김진호 정영벽
펴낸이 이대현 | **편집** 이소희
펴낸곳 도서출판 역락
주소 서울시 서초구 반포4동 577-25 문창빌딩 2층
전화 02-3409-2058(영업부), 2060(편집부) | **팩시밀리** 02-3409-2059
이메일 youkrack@hanmail.net
등록 1999년 4월 19일 제303-2002-000014호

ISBN 978-89-5556-783-0 93710
정 가 24,000원

외국인을 위한
한국어문법

－중국어 버전－

김 진 호 · 정 영 벽

역락

머리말

한국어는 현존하는 언어 중 하나로, 세계의 언어학자들에 의해 높이 평가받고 있다. 현재 한국어를 사용하여 의사소통을 하는 사람들은 남한과 북한 그리고 외국에 거주하는 한국민족들일 것이다. 따라서 지금까지의 한국어 관련 정책들은 이들에 초점을 맞추어 왔었다.

그러나 몇 십 년 전부터 이러한 사정은 급변하고 있다. 70~80년대 한국 경제의 비약적인 발전 그리고 90년대와 2000년대의 한류 열풍으로 인해 수많은 외국인들이 한국과 한국문화에 관심을 가지기 시작했으며 그러한 영향이 한국어 학습으로 이어져 오고 있다.

이 시기 국내에서의 한국어교육을 돌이켜보면 정부기관이나 몇몇 대학 기관을 제외하면 거의 대부분에서 일관성이나 통일성 없는 교과과정 그리고 비전문적인 교수진에 의한 교육뿐만 아니라 읽기, 쓰기, 말하기, 듣기라는 4가지 영역의 학습이 아닌 문법 지식의 단순치환적인 교재 등과 같은 많은 문제점을 그대로 안고 있었다. 그러나 다행히 시간이 흐르면서 외국어로서의 한국어교육이라는 또 하나의 전문적인 학문 분야를 세분화시킨 한국어교육에 몸담은 분들의 노력과 수고로 말미암아 점점 체계를 갖추어 나가고 있음은 참 다행한 일이 아닐 수 없다.

내국인을 위한 한국어 정책이 아닌 외국인을 위한 한국어의 정책은 앞으로 더욱 체계적인 발전을 거듭해야 하는 상황 속에서 아직 해결해 나갈 문제들이 많은 것이 사실이다. 그 가운데 가장 시급한 문제는 해당 언어권별 학습자들을 위한 세분화된 교재 개발이 이루어져야 한다는 것이다. 그리고 실생활 중심의 교재에서 벗어나 좀 더 전문적이고 발전적인 학습을 원하는 학습자들을 위한 각 영역별 전문적인 한국어 교재들의 개발에 박차를 가해야 할 것이다. 문화와 관련한 교재의 개발도 이러한 관점에서 시급한 성질의 것이다.

저자가 한국어 교육에 몸담은 지는 얼마 되지 않지만, 현장에서 교육을 하면서 좀 더 전문적인 문법교육을 위한 교재를 만들고 싶은 생각을 지니게 되었고, 단계별 교재마다 흩어져 배운 것들을 좀 더 집중적이고 전문적인 한 권의 교재에다가 집필을 하고자 했다. 또한 학습자들을 고려하여 너무 장문의 문법적인 설명을 지양하고 가능한 간단하면서도 핵심 내용만을 서술하는 형식을 취하였다. 또한 이해의 편의를 위해 본문의 내용을 학습자들의 모국어로 설명을 해 놓았다. 따라서 기존의 훌륭한 문법서와 또 다른 형식의 문법서를 만들어 낸다는 데에 의의를 두고자 한다.

아무쪼록 본서의 출간이 어렵고 힘든 한국어를 학습하고 있고 하려는 많은 외국인 학습자들에게 어두운 바다의 희미한 등불이라도 되었으면 하는 바람이다. 끝으로 교재의 부록인 중국어 설명에 많은 도움을 준 고림정 양과 유진중 군에게도 감사의 마음을 전하며, 이를 꼼꼼히 검토해주신 중국 류(魯)동대학교 이효나 교수에게도 깊은 감사를 올린다. 그리고 출판계의 어려운 사정에도 불구하고 선뜻 출간에 응해주신 도서출판 역락 이대현 사장님과 편집을 담당해주신 이소희 님에게도 깊은 감사의 말씀을 드린다.

2010년 3월
김진호·정영벽

序 言

做为当今现存的语言之一，韩语被世界语言学家们给予了高度的评价。现在使用韩语进行日常沟通的，有韩国，朝鲜，以及在国外居住的朝鲜族同胞们的聚集地区。因此，至今为止，对韩语的相关管理政策也是以这些人群为主要对象而发展而来的。

然而，几十年前这种情况发生了急剧的变化。70到80年代，由于韩国经济的飞速发展以及90年代和2000年以来韩流热风的席卷，成千上万的外国人开始对韩国和韩国文化产生兴趣并在此影响下开始进行韩国语的学习。

回顾本时期的韩国语教育我们可以发现，除了政府机关和为数不多的几个大学机关外，绝大多数的组织和机构依然存在着很多问题，如非统一性的课程，非专业教师教学等，使用的教材内容编制也不是从专业的"听，说，读，写"4方面出发，而只是简单，片面的语法上的一对一替换。然而可喜的是，随着时间的推移，面向外国人传授韩国语的"韩国语教育"学的开设，使得韩国语教育领域得以细化，在献身韩国语教育事业的学者们的汗水和辛勤努力下，韩国语教育领域渐渐走向系统化，体制化，这不得不让我们感到欣慰。

如上所述，不是以本国人为对象，而是以外国人为对象所进行的韩国语教育事业需要不断的进行体制化的发展，在这一过程中有众多问题亟待我们解决是我们所不可回避的事实。其中，最首当其冲的就是对韩国语教材进行细分化，针对各个语言圈的韩国语学习者有针对性的制定韩国语教材。并且，跳出以生活为中心编制教材的局限，为了追求更加专业的韩国语知识和重视今后个人发展的学习者，应加快制定以韩国语专业知识各个领域为基础划分的韩国语教材的制定步伐。

作者虽然投身韩国语教育事业并不多日，但在不断进行现场教学的过程中，产生了执笔编著一本更加专业侧重韩国语语法教育教材的想法，即把分散在各个级别教材中的语法更集中更专业的总汇在一本语法书里，对于语法的说明也摒弃冗长生涩的文法式的说明形式，用尽可能简单的语句一针见血的表述该语法的核心内容。由此，推出了与现有的众多优秀语法教材所不同的语法传授方式是本书的意义所在。只是根据作者所在大学外国学习者所在各个国家的比重，本书首先进行了汉语版本的释义，附同原本一同发行。无论如何，希望本书的出版哪怕就像茫茫大海里一点微弱的灯火，也能为或许正在艰辛地学习着韩国语的中国学习者们带来一丝帮助。

最后，对尽管出版界不景气但还是对本书的出版给与痛快的回应的出版社社长，以及担任本书编辑工作的老师们致以深深的谢意；并且，对为了使中国学习者们能准确无误地理解而对本书进行汉语翻译工作的老师表达深深的感谢之情。

차 례

I. 한국어의 개요

1. 한국어의 개념

1.1. 국어와 한국어

1 국　어 : 자기 나라의 말, 자국어
　　→ 다른 외국어와의 공통점이나 차이점을 의식하지 않는 개념어

2 한국어 : 한국 민족들의 언어
　　→ 다른 외국어와의 공통점이나 차이점을 의식하는 개념어

1.2. 한국어의 구성

1 이론적 영역
　　(1) 중심구조 : 음운론(음성학), 문법론(형태론), 의미론(어휘론)
　　(2) 주변구조 : 한국어사, 방언론, 문자론

2 실용적 영역
　　(1) 한국어정책 : 한글맞춤법, 표준어사정, 외래어표기법, 로마자표기법, 한국어 순화
　　(2) 교육적정책 : 한국어교육 및 한국어교육론

1.3. 한국어의 연구

1 공시적 방법론 : 특정한 시기의 여러 차이에 따르는 한국어를 연구
2 통시적 방법론 : 연속적인 시간의 변화에 따르는 한국어를 연구

2. 한국어의 특징

2.1. 음운상의 특징

1 음운 체계 ┌ 분절음운 ────── ┌ 자음
                                               └ 모음
               └ 초분절음운

2 음절 구성 : 자음(C)＋모음(V)＋자음(C)

3 삼지적상관속 : 'ㄱ : ㅋ : ㄲ, ㄷ : ㅌ : ㄸ, ㅂ : ㅍ : ㅃ, ㅈ : ㅊ : ㅉ'의 대립

2.2. 형태상의 특징

1 형태별 유형 : 굴절어, 고립어, 첨가어, 포합어

2 첨가어적 특징

   (1) 어간＋어미 : 책을 <u>읽다</u>. 책을 <u>읽었니</u>? 책을 <u>읽어라</u>. 책을 <u>읽자</u>.

   (2) 체언＋조사 : 사람<u>이</u>, 사람<u>을</u>, 사람<u>에게</u>

      → 한국어는 영어나 중국어처럼 어형의 변화나 어순에 의하지 않고, 어간과 체언 뒤에 첨가되는 요소에 의해 문법적 성질이 결정된다.

2.3. 문법상의 특징

1 문장 구성 유형 : S＋O＋V형 중심

(1) 주어＋서술어 : 철수가 운다.

(2) 주어＋목적어＋서술어 : 철수가 커피를 마신다.

(3) 주어＋부사어＋서술어 : 철수가 도서관에 간다.

(4) 주어＋부사어＋목적어＋서술어 : 철수가 아빠에게 꽃을 드렸다.

2 자유어순 구조 : 성분들의 자리 이동이 비교적 자유롭다.

3 수식어＋피수식어의 구조

4 기타 : 주어나 목적어 등의 생략 현상, 이중주어문 또는 이중목적어 문장

2.4. 어휘상의 특징

1 고유어와 외래어(한자어 계통)로 구성

2 상징어, 감각어, 친족어 및 높임말 발달

3 단수 및 복수의 개념이 희박

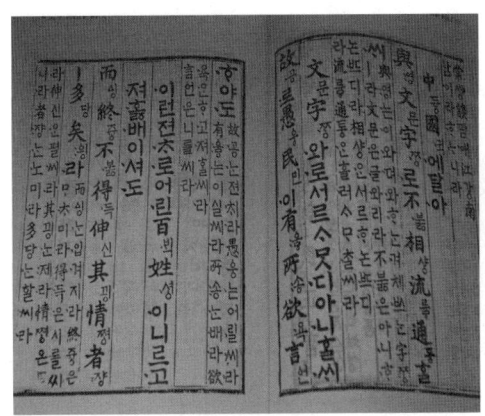

한글의 창제(훈민정음)

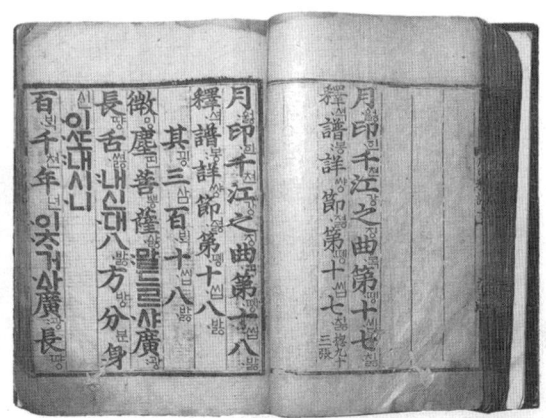

한글로 기록된 산문(월인천강지곡)

3. 한국어와 한글

3.1. 한글의 개념

1 정의

　　한 　+　 글 : 위대한 글, 큰 글
'위대하다', '크다'

2 창제

　(1) 시기

　　① 창제 : 1443년 12월(세종 25년)

　　② 연습 : 1445년(용비어천가)

　　③ 반포 : 1446년 9월(세종 28년)

　(2) 창제자

　　① 주창제자 : 세종대왕

　　② 협찬자 : 정인지, 성삼문, 신숙주, 이개, 최항, 박팽년, 이선로, 강희안 등 집현
　　　전 학사

3.2. 문자의 체계

1 문자의 기원

　(1) 훈민정음 제자해

　　正音二十八字 各象其形而制之(정음 28자는 각각 그 모양을 본떠 만들었다)

18

(2) 정인지 서문

名曰訓民正音象形(훈민정음이라 명하며 상형하였다)

2 자음의 체계

(1) 기본글자 : ㄱ, ㄴ, ㅁ, ㅅ, ㅇ

(2) 발음상형 및 가획의 원리[1]

① ㄱ : 혀뿌리가 목구멍을 막는 모습 → ㅋ → ㆁ

② ㄴ : 혀끝이 윗잇몸 뒤쪽에 올라간 모습 → ㄷ → ㅌ

③ ㅁ : 양 입술을 꼭 다물고 있는 모습 → ㅂ → ㅍ

④ ㅅ : 이빨의 모습 → ㅈ → ㅊ

⑤ ㅇ : 목구멍의 모습 → ㆆ → ㅎ

한글을 창제하신 세종대왕 동상(덕수궁)

---

1) ㆁ, ㄹ, ㅿ : 이체자(다른 모양의 글자).

19

3 모음의 체계

(1) 기본글자 : ·, ㅡ, ㅣ

(2) 상형 및 합성의 원리

① · : 하늘의 모습 　　· + ㅡ → ㅗ 　　ㅣ + ㅗ → ㅛ

② ㅡ : 땅의 모습 　　ㅣ + · → ㅏ 　　ㅣ + ㅏ → ㅑ

③ ㅣ : 사람의 모습 　　ㅡ + · → ㅜ 　　ㅣ + ㅜ → ㅠ

　　　　　　　　　　· + ㅣ → ㅓ 　　ㅣ + ㅓ → ㅕ

　　　　　　　　기본자 합성 　　'ㅣ'모음과의 합성

Ⅱ. 한국어의 말소리

1. 한국어의 음운

1.1. 음성과 음운

1 음성의 개념

  (1) 정의 : 사람의 발음기관을 통해 나오는 구체적인 소리

  (2) 음성적 실현 : 동일한 음운이라도 사람에 따라, 발음할 때마다 그리고 앞 뒤에 어떤 소리가 나오느냐에 따라 음의 성질이 달라지는 것

2 음운의 개념

  (1) 정의 : 의미를 구별해 주는 최소한의 단위. 자음과 모음

  (2) 특징 : 음성적 실현과는 달리 모든 사람들의 머릿속에 공통으로 기억되는 추상적이며 관념적인 소리

1.2. 한국어의 자음

1 자음의 개념

  (1) 정의 : 공기가 목 안 또는 입 안에서 장애를 받고 나오는 소리

  (2) 특징 : 혼자서는 소리 날 수 없고, 반드시 모음과 결합해야 소리가 남

2 자음의 체계

  (1) 조음위치에 따른 분류 : 양순음(두 입술), 치경음(윗잇몸－혀끝), 경구개(혓바닥), 연구개(혀 뒤), 성문음(목청)

23

(2) 조음방법에 따른 분류 : 파열음, 마찰음, 파찰음, 비음, 유음

조음 방법	조음 위치	양순음	치경음	경구개음	연구개음	성문음
파열음	평음	ㅂ	ㄷ		ㄱ	
	경음	ㅃ	ㄸ		ㄲ	
	격음	ㅍ	ㅌ		ㅋ	
파찰음	평음			ㅈ		
	경음			ㅉ		
	격음			ㅊ		
마찰음	평음		ㅅ			ㅎ
	경음		ㅆ			
비음		ㅁ	ㄴ		ㅇ	
유음			ㄹ			

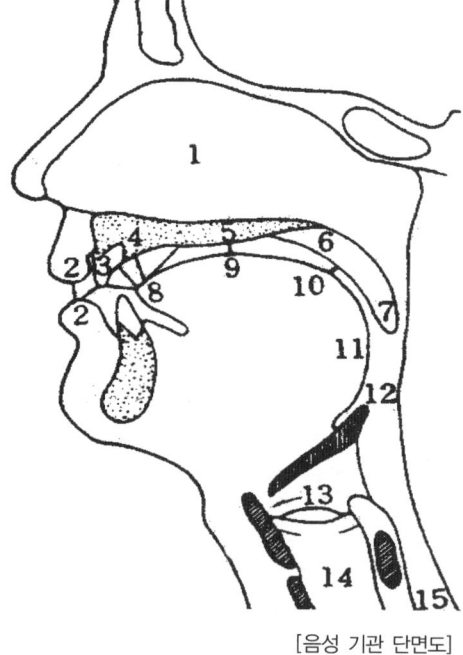

1. 코안
2. 입술
3. 이
4. 윗잇몸
5. 경구개(센입천장)
6. 연구개(여린입천장)
7. 목젖
8. 혀끝
9. 혓바닥
10. 혀뒤
11. 혀뿌리
12. 후두개(울대마개)
13. 목청
14. 기관
15. 식도

[음성 기관 단면도]

24

3 자음의 조음방법

(1) 파열음 : 폐로부터 나오는 공기를 입 안 어디에서 꽉 막았다가 그 자리를 터뜨리면서 발음하는 소리. 대표음으로 'ㅂ, ㄷ, ㄱ'이 있다.

(2) 마찰음 : 입 안 또는 목청 사이의 통로를 아주 좁혀, 그 좁혀진 틈 사이로 공기가 비집고 나오면서 위, 아래로 마찰을 일으키며 나오는 소리. 'ㅅ, ㅎ'이 그 대표음이다.

(3) 파찰음 : 처음에 꽉 막혔던 입 안 어느 지점의 벌어진 틈을 비집고 나오는 소리. 대표음인 'ㅈ'이 있다. 즉 파열과 마찰의 성격을 동시에 지닌다.

(4) 비음 : 파열음, 마찰음, 파찰음의 공기가 입 안(구강)으로 흐름에 반해 비음에서는 코(비강)로 빠져나가게 된다.

(5) 유음 : 일반적인 자음과는 달리 공기의 저항을 가장 적게 받는 소리로 'ㄹ'이 대표음이다.

4 자음의 명칭 및 순서

(1) 명칭

기역 : ㄱ	니은 : ㄴ	디귿 : ㄷ	리을 : ㄹ	미음 : ㅁ	비읍 : ㅂ	시옷 : ㅅ
이응 : ㅇ	지읒 : ㅈ	치읓 : ㅊ	키읔 : ㅋ	티읕 : ㅌ	피읖 : ㅍ	히읗 : ㅎ

쌍기역 : ㄲ	쌍디귿 : ㄸ	쌍비읍 : ㅃ	쌍시옷 : ㅆ	쌍지읒 : ㅉ

(2) 특이한 이름 : 한글 자모의 이름은 그 받침소리를 연음하되, 'ㄷ, ㅈ, ㅊ, ㅋ, ㅌ, ㅍ, ㅎ'의 경우에는 특별히 다음과 같이 발음한다.

디귿이[디그시] 디귿을[디그슬] 디귿에[디그세]

지읒이[지으시] 지읒을[지으슬] 지읒에[지으세]

치읓이[치으시] 치읓을[치으슬] 치읓에[치으세]

키읔이[키으기] 키읔을[키으글] 키읔에[키으게]

티읕이[티으시] 티읕을[티으슬] 티읕에[티으세]

피읖이[피으비]	피읖을[피으블]	피읖에[피으베]
히읗이[히으시]	히읗을[히으슬]	히읗에[히으세]

(3) 순서(사전 등재)

ㄱ, ㄲ, ㄴ, ㄷ, ㄸ, ㄹ, ㅁ, ㅂ, ㅃ, ㅅ, ㅆ, ㅇ, ㅈ, ㅉ, ㅊ, ㅋ, ㅌ, ㅍ, ㅎ

1.3. 한국어의 모음

1 모음의 개념

(1) 정의 : 공기가 목 안 또는 입 안에서 장애를 받지 않고 나오는 소리

(2) 특징 : 자음의 결합에 관계없이 혼자서도 소리 날 수 있는 소리

2 모음의 종류

(1) 단모음 : 소리의 처음과 끝의 변화가 없는 소리

(2) 이중모음 : 소리의 처음과 끝의 혀나 입술모양이 변하는 소리

3 단모음의 체계

(1) 혀의 위치 : 전설모음, 후설모음

(2) 혀의 높이 : 고모음, 중모음, 저모음

(3) 입술 모양 : 평순모음, 원순모음

혀의 위치 입술 모양 혀의 높이	전설모음		후설모음	
	평 순	원 순	평 순	원 순
고 모 음	ㅣ	ㅟ	ㅡ	ㅜ
중 모 음	ㅔ	ㅚ	ㅓ	ㅗ
저 모 음	ㅐ		ㅏ	

4 모음의 명칭 및 순서

(1) 명칭

아 : ㅏ, 야 : ㅑ, 어 : ㅓ, 여 : ㅕ, 오 : ㅗ, 요 : ㅛ, 우 : ㅜ, 유 : ㅠ, 으 : ㅡ, 이 : ㅣ

(2) 순서(사전 등재)

① ㅐ, ㅒ, ㅔ, ㅖ, ㅘ, ㅙ, ㅚ, ㅝ, ㅞ, ㅟ, ㅢ

② ㅏ, ㅐ, ㅑ, ㅒ, ㅓ, ㅔ, ㅕ, ㅖ, ㅗ, ㅘ, ㅙ, ㅚ, ㅛ, ㅜ, ㅝ, ㅞ, ㅟ, ㅠ, ㅡ, ㅢ, ㅣ

　　* ○ 속의 모음은 단모음

5 모음의 표준발음

(1) 용언 활용형의 '져, 쪄, 쳐'는 [저, 쩌, 처]로 발음한다.

(2) '예, 례' 이외의 'ㅖ'는 [에]로도 발음한다. ㉔ 계집→[계 : 집], [게 : 집]

(3) 자음 첫소리 음절의 'ㅢ'는 [ㅣ]로 발음한다. ㉔ 무늬[무니], 희망[히망]

(4) 단어 첫음절 이외의 '의'는 [ㅣ]로, 조사 '의'는 [ㅔ]로 발음함을 허용한다.

　　㉔ 주의[주의 / 주이], 우리의[우리의 / 우리에],

　　　강의의[강의의 / 강의에 / 강이의 / 강이에]

1.4. 한국어의 음절

1 음절의 개념

(1) 정의 : 의미와는 관계 없이 발음할 수 있는 소리의 단위

(2) 특징 : 음절 형성의 핵심은 모음이며, 그 앞·뒤에 자음이 결합할 수도 있다.

2 음절의 구조

강 : ㄱ ＋ ㅏ
　　　초성　　중성
　　　　ㅇ
　　　　종성

27

3 음절의 형성

  (1) 규칙

    ① 한국어의 음절을 형성하기 위해서는 반드시 모음이 존재해야 한다.

    ② 'ㅇ'을 제외한 모든 자음은 음절 첫소리로 올 수 있다.

    ③ 음절의 끝에 올 수 있는 자음은 7개(ㄱ, ㄴ, ㄷ, ㄹ, ㅁ, ㅂ, ㅇ)이다.

  (2) 유형

    ① 모음 단독　　　　: 아이, 애

    ② 자음＋모음　　　 : 가수, 고기

    ③ 모음＋자음　　　 : 악어, 억

    ④ 자음＋모음＋자음 : 강남, 설날

1.5. 한국어의 장단과 연접

1 변별적 기능

  (1) 정의 : 한 언어에서 A와 B의 의미를 구분지어 주는 역할

  (2) 요소 : 자음과 모음, 그리고 모음 발음의 장단과 음의 연접

2 소리의 장단

  (1) 의미 분화의 예 : 말 : (言)－말(馬), 밤 : (栗)－밤(夜), 눈 : (雪)－눈(眼)

  (2) 긴소리 발음규칙

    ① 단어의 첫소리에서만 긴소리가 나타나는 것이 원칙

      예) 눈보라[눈 : 보라] : 첫눈[천눈] / 말씨[말 : 씨] : 참말[참말]

    －합성어의 경우에는 둘째 음절 이하에서도 분명한 긴소리를 인정한다.

      예) 반신반의[반 : 신 바 : 늬 / 반 : 신바 : 니] 재삼재사[재 : 삼재 : 사]

② 용언의 단음절 어간에 어미 '-아 / -어'가 결합되어 한 음절로 축약되는 경우에도 긴소리로 발음[1])

> 예 보아 → 봐[봐 :] / 되어 → 돼[돼 :] / 하여 → 해[해 :]

(3) 짧은 소리 발음

① 긴소리를 가진 음절 중, 단음절인 용언 어간에 모음으로 시작된 어미가 결합하는 경우

> 예 감다[감 : 따] → 감으니[가므니], 밟다[밥 : 따] → 밟으면[발브면]

② 용언 어간에 피동, 사동의 접미사가 결합할 경우

> 예 감다[감 : 따] → 감기다[감기다], 밟다[밥 : 따] → 밟히다[발피다]

3 음의 연접

(1) 의미 : 어절과 어절 사이의 끊어 읽기로, 이의 차이에 의해 의미 분화가 일어난다.

(2) 용례

① 아버지가방에들어가신다.

　　ㄱ. 아버지가 방에 들어가신다.

　　ㄴ. 아버지 가방에 들어가신다.

② 나물좀다오.

　　ㄱ. 나 물 좀 다오.

　　ㄴ. 나물 좀 다오.

---

1) 다만, '오아 → 와, 지어 → 져, 찌어 → 쪄, 치어 → 쳐' 등은 긴소리로 발음하지 않는다.

2. 한국어 음운의 변동

2.1. 음운 변동의 개념

1 음운 변동의 정의

    (1) 정의 : 어느 한 음운이 그 앞, 뒤의 언어적 환경에 따라 달라지는 현상

    (2) 특징 : 음운 변동은 필수적 변동과 수의적 변동으로 나누어짐

2 음운 변동의 종류

    (1) 음절의 끝소리   (2) 자음동화   (3) 구개음화   (4) 된소리되기

    (5) 모음동화   (6) 음운의 축약 및 탈락   (7) 사잇소리 현상

3 음운 변동의 실례

    (1) 찌개의 국물이 너무 매워요.
        →   [궁물]   : 변화 양상 : ㄱ → ㅇ

    (2) 경주는 신라의 수도였다.
        →   [실라]   : 변화 양상 : ㄴ → ㄹ

2.2. 음절 끝소리 현상

1 음절 끝소리의 개념

    (1) 정의 : 음절 끝소리란 받침을 의미하는 것으로, 발음이 되는 받침의 제약을 의미
        한다.

(2) 특징 : 발음에 있어 받침 자리에 올 수 있는 것으로, 'ㄱ, ㄴ, ㄷ, ㄹ, ㅁ, ㅂ, ㅇ'
의 7가지만을 둔다.

2 음절 끝소리의 발음

(1) 대표음 규칙

(2) 겹받침의 발음2)

① 앞의 자음으로 발음하는 경우 : ㄳ, ㄵ, ㄼ*, ㄽ, ㄾ, ㅄ

㈜ 넋[넉], 여덟[여덜], 값[갑]

② 뒤의 자음으로 발음하는 경우 : ㄺ*, ㄻ, ㄿ

㈜ 닭[닥], 삶[삼ː], 읊다[읍따]

(3) 받침+모음의 형식형태소(어미 등)

① 홑받침 및 쌍받침+모음의 어미, 조사

→ 뒤 음절, 즉 어미의 첫소리로 옮겨 발음

㈜ 깎아[까까], 꽃을[꼬츨]

② 겹받침+모음의 어미, 조사

→ 겹받침 중 후자를 뒷 음절의 첫소리로 옮김

㈜ 앉아[안자], 젊어[절머]

---

2) * 밟다[밥ː따]는 예외.
 * 'ㄺ'은 용언의 경우 'ㄷ, ㅈ, ㅅ' 앞에서는 [ㄱ]으로 발음 ㈜ 맑다[막따], 늙다[늑따]
  'ㄱ' 앞에서는 [ㄹ]로 발음 ㈜ 맑게[말께], 늙게[늘께]

(4) 받침 뒤에 모음 'ㅏ, ㅓ, ㅗ, ㅜ, ㅟ'들로 시작되는 실질형태소가 연결되는 경우에는, 대표음으로 바꾸어서 뒤 음절 첫소리로 옮겨 발음한다.

> ※ 아래의 발음은 주의하세요.
> (1) 맛있다 : [마딛따]가 원칙, [마싣따]도 허용.
> (2) 멋있다 : [머딛따]가 원칙, [머싣따]도 허용.

－겹받침의 경우에는, 그 중 하나만을 옮겨 발음한다.

　⒨ 넋 없다[넉업다]→[너겁따], 닭 앞에[닥앞에]→[다가페]

(5) 받침＋ㅏ, ㅓ, ㅗ, ㅜ, ㅟ로 시작하는 실질형태소

　① (겹)받침＋실질형태소→받침을 대표음으로 변환 후 뒷 음절의 첫소리로 발음

　　⒨ 밭 아래 : [받아래]→[바다래], 늪 앞 : [늡앞]→[느밥], 꽃 위 : [꼳위]→[꼬뒤]

(6) 받침 'ㅎ'의 발음

　① 'ㅎ(ㄶ, ㅀ)' 뒤에 'ㄱ, ㄷ, ㅈ'이 결합되는 경우에는, 뒤 음절 첫소리와 합쳐서 [ㅋ, ㅌ, ㅊ]으로 발음한다.

　　⒨ 놓고[노코], 좋던[조ː턴], 쌓지[싸치], 않던[안턴], 닳지[달치]

　　－받침 'ㄱ(ㄺ), ㄷ, ㅂ(ㄼ), ㅈ(ㄵ)'이 뒤 음절 첫소리 'ㅎ'과 결합되는 경우에도, 역시 두 소리를 합쳐서 [ㅋ, ㅌ, ㅍ, ㅊ]으로 발음한다.

　　　⒨ 각하[가카], 밝히다[발키다], 맏형[마텽], 좁히다[조피다], 넓히다[널피다], 꽂히다[꼬치다], 앉히다[안치다]

　　－규정에 따라 'ㄷ'으로 발음되는 'ㅅ, ㅈ, ㅊ, ㅌ'의 경우에도 이에 준한다.

　　　⒨ 옷 한 벌[옫한벌→오탄벌], 낮 한때[낟한때→나탄때], 꽃 한 송이[꼳한송이→꼬탄송이], 숱하다[숟하다→수타다]

② 'ㅎ(ㄶ, ㄿ)' 뒤에 'ㅅ'이 결합되는 경우에는, 'ㅅ'을 [ㅆ]으로 발음한다.

　　예 닿소[다쏘], 많소[만 : 쏘], 싫소[실쏘]

③ 'ㅎ' 뒤에 'ㄴ'이 결합되는 경우에는, [ㄴ]으로 발음한다.[3)]

　　예 놓는[논는], 쌓네[싼네]

④ 'ㅎ(ㄶ, ㄿ)' 뒤에 모음으로 시작된 어미나 접미사가 결합되는 경우에는, 'ㅎ'을 발음하지 않는다.

　　예 낳은[나은], 많아[마 : 나], 닳아[다라]

※ 아래 밑줄친 단어의 발음에 주의하여 읽어보세요.

1. 장미 꽃 <u>여덟</u> 송이를 샀다.
2. 사과를 <u>깎아서</u> 할아버지께 드렸다.
3. 꽃 위에 벌이 날아와 <u>앉았다.</u>
4. 달리기를 <u>많이</u> 해서 운동화가 <u>닳았다.</u>

2.3. 자음 동화

1 자음 동화의 개념

(1) 정의 : 서로 이웃하는 두 음운 중 어느 한 음운이 다른 한쪽의 영향을 받아 비슷하거나 또는 같은 소리로 변하는 현상

(2) 특징 : 앞 음절의 끝 자음과 그 뒤 음절의 첫소리인 자음의 환경에서 발생

---

3) 그러나 'ㄶ, ㄿ' 뒤에 'ㄴ'이 결합되는 경우에는, 'ㅎ'을 발음하지 않는다. '앉네'[안네], '앉는'[안는], '뚫네'[뚤네 → 뚤레], '뚫는'[뚤는 → 뚤른]과 같다

33

2 자음 동화의 양상

(1)
$$\begin{Bmatrix} ㅂ \\ ㄷ \\ ㄱ \end{Bmatrix} + \{ㄴ, ㅁ\} \rightarrow \begin{Bmatrix} ㅁ \\ ㄴ \\ ㅇ \end{Bmatrix} + \{ㄴ, ㅁ\}$$

예 밥물 : [밤물]

예 듣는 : [든는]

예 국물 : [궁물]

※ 아래 밑줄친 단어의 발음에 주의하여 읽어보세요.

1. 지금 <u>입는</u> 옷은 얼마예요?
2. 낙엽 <u>밟는</u> 소리가 참 좋아요.
3. 지금 <u>읽는</u> 책이 재미있어요.

---

(2)
$$\begin{Bmatrix} ㅁ \\ ㅇ \end{Bmatrix} + ㄹ \rightarrow \begin{Bmatrix} ㅁ \\ ㅇ \end{Bmatrix} + ㄴ$$

예 담력 : [담녁]

예 강릉 : [강능]

※ 아래 밑줄친 단어의 발음에 주의하여 읽어보세요.

1. 시원한 <u>음료수</u> 한 잔 하실래요?
2. 방이 더러우니 깨끗이 <u>정리</u>합시다.

---

(3)
$$\begin{Bmatrix} ㅂ \\ ㄷ \\ ㄱ \end{Bmatrix} + ㄹ \rightarrow ㄴ \rightarrow \begin{Bmatrix} ㅁ \\ ㄴ \\ ㅇ \end{Bmatrix} + ㄴ$$

예 섭리 →[섭니]→[섬니]

예 몇 리→[멷리]→[멷니]→[면니]

예 백로 →[백노]→[뱅노]

※ 아래 밑줄친 단어의 발음에 주의하여 읽어보세요.

1. 한국 대학의 <u>수업료</u>가 비싼 편이에요.
2. 대전에 한국<u>독립</u>운동기념관이 있어요.
3. 선생님, <u>대학로</u>가 어디에 있어요?

(4) $\left.\begin{array}{l} ㄹ+ㄴ \\ \\ ㄴ+ㄹ \end{array}\right\}$ → ㄹ+ㄹ 　예) 칼날→[칼랄], 물난리→[물랄리]

　　예) 신라→[실라], 선릉→[설릉]

※ 아래 밑줄친 단어의 발음에 주의하여 읽어보세요.

1. 우리 다음에 또 <u>연락</u>해요.
2. 언어를 배울 때 전자사전이 있으면 <u>편리</u>해요.
3. <u>한라산</u>은 제주도에 있다.

---

① 다만, 다음과 같은 단어들은 'ㄹ'을 [ㄴ]으로 발음한다.

　예) 의견란[의 : 견난]　　임진란[임 : 진난]　　생산량[생산냥]
　　결단력[결딴녁]　　　공원력[공꿘녁]　　　동원령[동 : 원녕]
　　상견례[상견녜]　　　횡단로[횡단노]　　　이원론[이 : 원논]
　　입원료[이붠뇨]　　　구근류[구근뉴]

② 위에서 지적한 이외의 자음 동화는 인정하지 않는다.

　예) 감기[감 : 기](×[강 : 기]), 옷감[옫깜](×[옥깜]), 꽃길[꼳낄](×[꼭낄])
　　젖먹이[전머기](×[점머기]), 문법[문뻡](×[뭄뻡]), 꽃밭[꼳빧](×[꼽빧])

③ 다음 용언의 어미는 [어]로 발음함을 원칙으로 하되, [여]로 발음함도 허용한다.

　예) 되어[되어 / 되여], 피어[피어 / 피여], 이오[이오 / 이요], 아니오[아니오 / 아니요]

2.4. 구개음화

1 구개음화의 개념

(1) 정의 : 구개음이 아닌 음(ㄷ, ㅌ)이 모음 'ㅣ' 또는 반모음 'ㅣ'와 만났을 때 구개
　　음인 'ㅈ, ㅊ'으로 변하는 현상

(2) 특성 : 한 형태소 안에서는 발생하지 않으며,4) 다음과 같은 모습을 띰

$$\left\{ \begin{array}{c} ㄷ \\ ㅌ \end{array} \right\} + \text{'ㅣ'}(ㅑ, ㅕ, ㅛ, ㅠ) \rightarrow \left\{ \begin{array}{c} ㅈ \\ ㅊ \end{array} \right\}$$

2 구개음화의 양상

    (1) 'ㄷ'→'ㅈ'의 경우   예 해돋이 → [해도디] → [해도지]

    (2) 'ㅌ'→'ㅊ'의 경우   예 같이   → [가티]   → [가치]

    (3) 'ㄷ'+접미사 'ㅎ' → [티] → [치]   예 닫히다 → [다티다] → [다치다]

> ※ 아래 밑줄친 단어의 발음에 주의하여 읽어보세요.
>
> 1. 동해의 <u>해돋이</u>는 장관이다.
> 2. 편지에 우표를 <u>붙여요</u>.
> 3. 오늘 토요일이라 은행 문이 <u>닫혀</u>있어요.

2.5. 된소리되기

1 된소리되기의 개념

    (1) 정의 : 어떤 음운 환경의 뒤에서 'ㄲ, ㄸ, ㅃ, ㅆ, ㅉ'처럼 되게 발음하는 현상

    (2) 특징 : 반드시 안울림소리 뒤에서만 발생

2 된소리되기의 양상

$$(1) \left\{ \begin{array}{c} ㄱ \\ ㄷ \\ ㅂ \end{array} \right\} + \left\{ \begin{array}{c} ㄱ \\ ㄷ \\ ㅂ \\ ㅅ \\ ㅈ \end{array} \right\} \rightarrow \left\{ \begin{array}{c} ㄱ \\ ㄷ \\ ㅂ \end{array} \right\} + \left\{ \begin{array}{c} ㄲ \\ ㄸ \\ ㅃ \\ ㅆ \\ ㅉ \end{array} \right\}$$

예 약국[약꾹], 국밥[국빱], 깎다[각따]…

예 걷다[걷따], 잇고[읻꼬], 낮잠[낟짬]…

예 곱돌[곱똘], 덮개[덥깨], 값진[갑찐]…

---

4) '잔디'는 이 자체로 하나의 형태소인 관계로 'ㄷ'가 구개음화 조건에 해당한다 하여 [잔지]가 되지 않는 것과 같다.

(2) 어간 받침 'ㄴ, ㅁ'+'ㄱ, ㄷ, ㅅ, ㅈ'→'ㄴ, ㅁ'+'ㄲ, ㄸ, ㅆ, ㅉ'

　　㉠ 신고[신꼬], 삼고[삼꼬]　주의5) 안기다[안기다], 감기다[감기다]

(3) 어간 받침 'ㄼ, ㄾ'+'ㄱ, ㄷ, ㅅ, ㅈ'→'ㄲ, ㄸ, ㅆ, ㅉ'

　　㉠ 넓게[널게→널께], 핥다[할다→할따]

(4) 관형사형 '-(으)ㄹ'+'ㄱ, ㄷ, ㅂ, ㅅ, ㅈ'→'ㄲ, ㄸ, ㅃ, ㅆ, ㅉ'

　　㉠ 할 것을[할꺼슬], 할 수록[할쑤록], 할 진대[할찐대]

※ 아래 밑줄친 단어의 발음에 주의하여 읽어보세요.

1. 이 학교는 우수한 <u>학생들이</u> 많다.
2. 이 가게의 옷은 <u>값이</u> 비싸다.
3. 신발을 <u>신다</u> / 의자에 <u>앉다</u>.
4. 한국어 말할 줄 아세요? 아니오, 말할 줄 몰라요.

2.6. 모음 동화

1 'ㅣ'모음 역행 동화의 개념

(1) 정의 : 이웃하는 모음끼리의 음운 변동으로, 전설모음인 'ㅣ' 앞의 'ㅏ, ㅓ, ㅗ, ㅜ'가 'ㅐ, ㅔ, ㅚ, ㅟ'로 변하는 현상

(2) 특징 : 'ㅏ, ㅓ, ㅗ, ㅜ'+'ㅣ'→'ㅐ, ㅔ, ㅚ, ㅟ'로 변하여, 'ㅣ'모음 역행동화6) 라 함

---

5) 피동, 사동의 접미사 '-기-'는 이 규정의 예외로 처리하여 된소리로 발음하지 않는다.
6) 전설모음이 아닌 'ㅏ, ㅓ, ㅗ, ㅜ'가 그 뒤의 전설모음인 'ㅣ'의 영향으로 전설모음인 'ㅐ, ㅔ, ㅚ, ㅟ'로 바뀌었다는 의미이다.

2 'ㅣ'모음 역행 동화와 표준어

(1) 일반적 원칙 : 'ㅣ'모음 역행동화에 의한 것은 표준어로 인정하지 않는다.[7)]

(2) 예외적 사항 : *-나기 / -내기, *동당이-치다 / 동댕이-치다, *남비 / 냄비

(3) 쓰임이 다른 표현 : '-장이'와 '-쟁이'

   ① '-장이' : 기술을 지닌 사람에게 붙이는 접미사. 기술자를 의미함

   ② '-쟁이' : '-장이'를 쓰지 않는 경우에는 모두 '-쟁이'를 사용함

※ 다음 중 어느 표현이 맞을까요?

미장이( )	유기장이( )	멋장이( )	소금장이( )	개구장이( )
미쟁이( )	유기쟁이( )	멋쟁이( )	소금쟁이( )	개구쟁이( )

---

3 모음 조화

(1) 정의 : 양성모음(ㅏ, ㅑ, ㅗ, ㅛ, ㅘ)은 양성모음과 음성모음(ㅓ, ㅕ, ㅜ, ㅠ, ㅝ, ㅡ)은 음성모음끼리 어울리는 현상

(2) 양상

   ① 용언의 어간+어미　　例 깎아, 깎아서, 깎았다, 꺾어, 꺾어서, 꺾었다.

   ② 의성어 및 의태어　　例 야옹, 살랑살랑, 멍멍, 설렁설렁

2.7. 음운의 축약 및 탈락

1 음운의 축약

(1) 정의 : 두 개의 음운이 만나서 하나의 음운으로 발음되는 현상

(2) 종류 : 자음 축약, 모음 축약

---

7) '아지랑이'와 '아지랭이' 중 어느 표현이 맞춤법에 맞을까요? 정답은 '아지랑이'가 맞는 표현입니다.

(3) 양상

① 자음축약 : $\begin{Bmatrix} ㄱ \\ ㄷ \\ ㅂ \\ ㅈ \end{Bmatrix} + ㅎ → \begin{Bmatrix} ㅋ \\ ㅌ \\ ㅍ \\ ㅊ \end{Bmatrix}$

  예 각하[가카], 밝히다[발키다]
  예 맏형[마텽], 좋다[조타]

  예 좁히다[조피다], 넓히다[널피다]
  예 젖히다[저치다], 앉히다[안치다]

② 모음축약 : 아+이 → 애, 보+이다 → 뵈다, 오+아서 → 와서, 되+어 → 돼

2 음운의 탈락

(1) 정의 : 두 개의 음운이 만나서 하나의 음운이 발음되지 않는 현상

(2) 종류 : 자음 탈락, 모음 탈락

(3) 양상

① 자음 탈락 : 간난 → 가난, 솔+나무 → 소나무

② 모음 탈락 : 가+아서 → 가서, 쓰+어 → 써

※ 아래 밑줄친 단어의 발음에 주의하여 읽어보세요.

1. 선생님, 생신을 <u>축하</u>합니다.
2. 여기는 <u>어떻게</u> 왔어요?
3. 오늘 날씨가 참 <u>따뜻해요</u>.

2.8. 사잇소리 현상

1 사잇소리 현상의 개념

(1) 정의 : 합성 명사를 구성할 때, 울림소리와 안울림소리(예사소리)가 만나면 뒤의 예사소리가 된소리로 발음되는 현상

(2) 특징 : 동일한 결과를 가져오는 된소리되기 현상과는 그 전제 조건이 다름

2 사잇소리 현상의 양상

(1) 예외 : 사잇소리 현상은 된소리되기와 달리 한국어의 수의적 음운 변동으로, 예외적 상황이 심하다.

　　예) 고래+기름→[*고래끼름], [고래기름]

　　　　기와+집→[*기와찝], [기와집]

(2) 표기 : 합성명사(명사＋명사)를 구성하는 어느 한쪽이라도 고유어가 있으면 사이시옷을 적는다.

　　① 고유어＋고유어 : 예) 초＋불→촛불[초뿔], 배＋사공→뱃사공[배싸공]

　　② 고유어＋한자어 : 예) 전세＋집→전셋집[전세찝]

　　③ 순 한자어에서는 표기하지 않음이 원칙8) : 예) 초(焦)＋점(点)→초점[초쩜]

(3) 'ㄴ'음의 덧남 : 울림소리와 안울림소리가 만나 안울림소리가 된소리로 나지 않고 'ㄴ' 소리가 하나 혹은 둘 겹쳐 나는 경우

　　① 모음＋ㄴ, ㅁ으로 시작 : 예) 코＋날→콧날[콘날], 이＋몸→잇몸[인몸]

　　② 뒤의 말이 모음 'ㅣ'나 반모음 'ㅣ'로 시작 : 예) 장＋옆→장옆[장녑], 논＋일 → 논일[논닐], 솔＋잎→솔잎[솔닙], 아래＋이 → 아랫니[아랜니]

(4) 의미 차이 : 동일한 단어의 형태에 사잇소리 현상이 일어나는 경우와 일어나지 않는 경우의 의미에 차이가 발생한다.

　　예) 잠자리→[잠짜리](자는 자리), [잠자리](곤충)

　　　　나무집→[나무찝](나무를 파는 가게), [나무집](나무로 만든 집)

　　　　산 불→[산뿔](산에 일어난 불), [산불](살아있는 불)

---

8) 그러나 다음과 같은 6개의 한자어의 경우에는 예외적으로 사이시옷을 표기한다. 고(庫)＋간(間) → 곳간, 세(貰)＋방(房) → 셋방, 수(數)＋자(字) → 숫자, 차(車)＋간(間) → 찻간, 퇴(退)＋간(間) → 툇간, 회(回)＋수(數) → 횟수.

※ 아래 밑줄친 단어의 발음에 주의하여 읽어보세요.

1. 오래 걸었더니 <u>발바닥</u>이 아파요.
2. <u>전셋집</u> 구하기가 하늘의 별따기다.
3. 비바람에 <u>나뭇잎</u>이 떨어집니다.

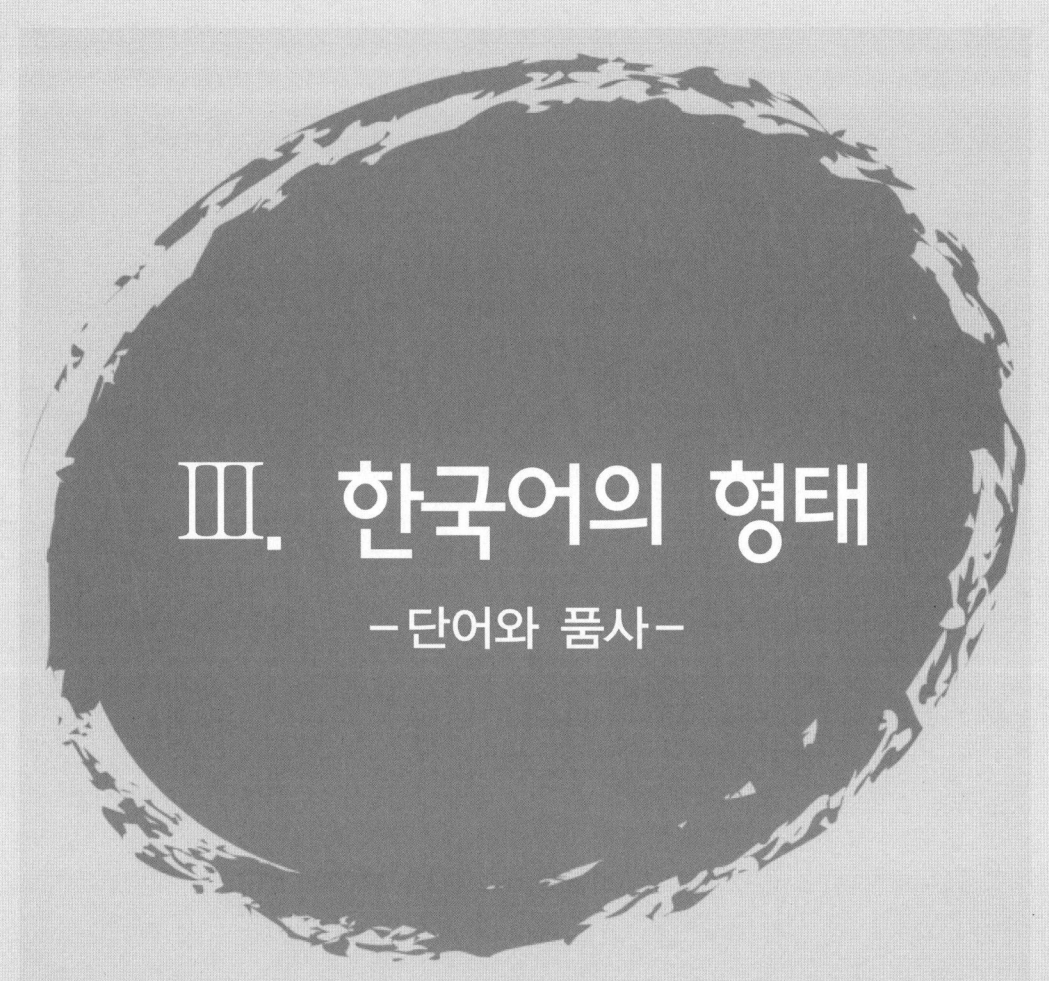

III. 한국어의 형태

-단어와 품사-

1. 한국어의 문법 단위

1.1. 문법 단위

1 정의 : 한국어의 문장 또는 이야기 단위에 이르는 과정의 문법적 용어

2 종류 : 음운 – 음절 – 형태소 – 단어 – 어절 – 구 – 절 – 문장 – 이야기

1.2. 계층적 단위

1 예문 : 철수가 한글을 쓰다.

2 구조

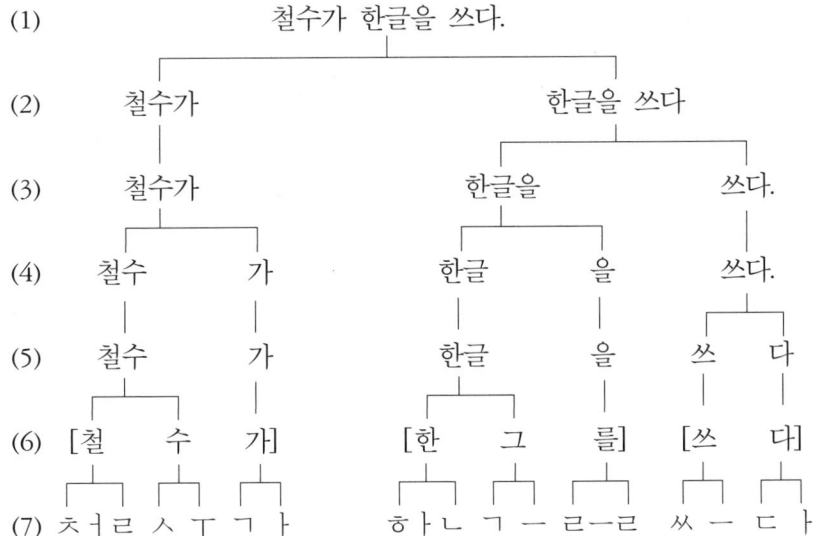

1.3. 용어의 설명

1 음 운 : 의미의 변별적 요소로, 자음과 모음을 가리킨다. 따라서 (7)의 문법단위의 명칭을 '음운'이라 한다.

2 음 절 : 발음의 단위로, 모음을 중심으로 하는 (6)의 문법 단위이다.

3 형태소 : 의미를 가진 가장 작은 문법 단위이다. 독자적인 음절 [철]과 [수]에는 '철수'라는 사람의 의미를 지니지 못한다. (5)가 이에 해당한다.

4 단 어 : 의미를 지닌 가장 작은 자립형식이다. 형태소의 '-가, -을, 쓰-, -다'는 문장에 혼자 쓰일 수 없고, 단어라는 다음 계층에서부터 홀로 쓰일 수 있다. (4)에 해당한다.

5 어 절 : 발음함에 있어 중간에 휴식을 둘 수 없는 것으로, 표기할 때의 띄어쓰기의 단위와 일치한다. (3)에 해당한다.

6 구, 절 : 둘 이상의 어절이 결합한 것으로, 중심이 되는 말에 부속되는 말의 덩어리를 '구'라 하며, 그러한 덩어리가 주-술의 관계에 있을 때 '절'이라 한다. (2)에 해당한다.

7 문 장 : 말하는 사람의 생각이나 감정을 완결된 내용으로 나타내는 단위이고, 문장들이 모여 단락과 이야기로 커져 간다. (1)에 해당한다.

2. 단어와 품사

2.1. 형태소와 단어

1 형태소 : 의미를 가진 가장 작은 언어 단위

2 단 어 : 형태소가 모여 만들어진 자립적인 언어 단위

3 형태소 ≦ 단어

4 분석의 실제

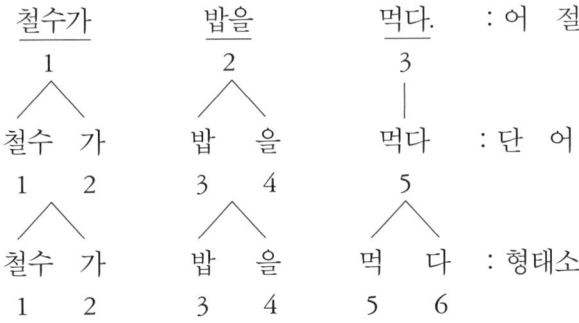

2.2. 형태소의 종류

1 자립의 유무

    (1) 자립형태소 : 문장에 홀로 사용할 수 있는 형태소. 분석 자료의 1, 3번

    (2) 의존형태소 : 문장에 홀로 사용할 수 없으며 반드시 다른 형태소와 어울려야만

          사용할 수 있는 형태소. 분석 자료의 2, 4, 5, 6번

2 의미의 형식

(1) 실질형태소 : 실질적으로 어휘적 의미를 지니고 있는 형태소. 분석 자료의 1, 3, 5번

(2) 형식형태소 : 실질형태소에 붙어서만 사용되면서 문법적 관계를 표시하는 형태소. 분석 자료의 2, 4, 6번

3 형태소의 관계

(1) 모든 자립형태소는 반드시 실질형태소이다. (○)

(2) 모든 실질형태소는 반드시 자립형태소이다. (×)

→ 자립형태소가 문장에 홀로 쓰일 수 있다는 점은 그 자체만으로 실질적 어휘의 의미를 가지고 있어 독자적인 문장성분의 요소가 될 수 있음을 의미한다.

　㉐ 가 : 아침에 뭐 먹었습니까?　〈　나1 : 밥을 먹었습니다.
　　　　　　　　　　　　　　　　　　　　나2 : 밥.

→ 그러나 실질적인 어휘적 의미를 지니고 있는 형태소라 할지라도 문장에 홀로 쓰이지 못하고 반드시 다른 형태소에 기대어 쓰이는 것이 있다. 바로 용언의 어간이 그렇다.

$$
\begin{Bmatrix} 쓰- \\ 먹- \\ 가- \\ 입- \\ 자- \end{Bmatrix} \quad + \quad \{-다\}
$$

실질　　　　　형식

⑨⑧　　　　　⑨⑧

48

2.3. 품사의 개념

1 정의 : 성질이 같은 단어들의 갈래

2 기준 : 형태, 기능, 의미

3 분류

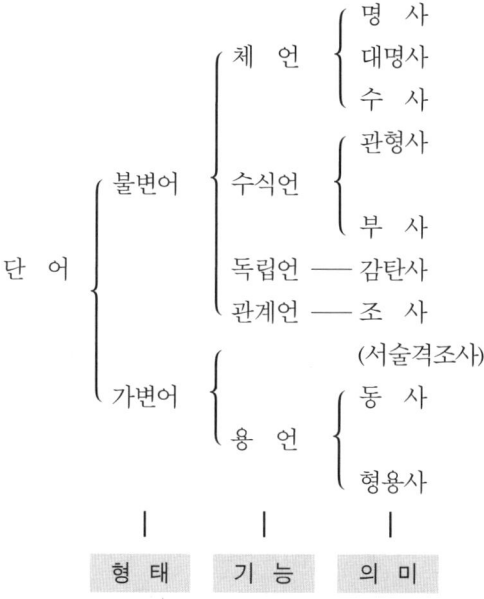

4 품사별 성격

    (1) 자립어 : 명사, 대명사, 수사, 동사, 형용사, 관형사, 부사, 감탄사[1]

    (2) 의존어 : 조사

---

1) 이들 품사들의 자립성 정도는 '감탄사 > 체언 > 용언 > 부사 > 관형사'의 순이다.

3. 품사별 특징

3.1. 체언류

1 명사

(1) 정의 : 사물의 이름을 나타내는 단어의 갈래

(2) 종류

① 쓰이는 범위에 따른 종류

- 보통명사 : 같은 사물에 두루 쓰이는 명사 ㉠ 책상, 나무, 의자 등
- 고유명사 : 특정한 사람 및 사물에 쓰이는 명사 ㉠ 동대문, 세종대왕 등

② 자립성 유무에 따른 분류

- 자립명사 : 다른 말의 도움을 받지 않고 홀로 쓰일 수 있는 명사로 보통, 고유명사가 이에 해당한다.
- 의존명사2) : 홀로 쓰이지 못하고 반드시 관형어 아래에서 사용되는 명사

---

2) 의존명사는 사용되어지는 문장성분의 성격에 의해 다음과 같이 세분화된다.
- 보편성 : 여러 격조사와 결합하여 다양한 문장성분으로 사용된다.　㉠ 분, 이, 것, 데 …
- 주어성 : 주격조사와의 결합으로 주어로만 사용된다.　㉠ 지, 수, 리, 나위 …
- 서술성 : 서술격조사와의 결합으로 서술어로만 사용된다.　㉠ 따름, 뿐, 터 …
- 부사성 : 문장성분 중 부사어로 사용되는 의존명사이다.　㉠ 양, 척, 체, 만큼 …
- 단위성 : 앞에 오는 명사의 수량 단위를 나타내는 의존명사이다.　㉠ 분, 마리, 병, 평 …

명 사	단 위	명 사	단 위	명 사	단 위
책	권	생선, 동물	마리	종이	장
맥주	병	커피	잔	꽃	송이
나무	그루	고기	근	사람	명, 분
과일	개	자동차	대	옷	벌

50

⑩ (관형어)+분, 것, 데, 수, 줄, 바, 뿐 등

(3) 기능

① 조사가 붙어 여러 가지 문장 성분의 역할을 한다.

- 주　어 : <u>철수가</u> 밥을 먹는다.
- 서술어 : 이 곳이 <u>도서관이다</u>.
- 목적어 : 학생이 <u>그림을</u> 그린다.
- 보　어 : 그는 <u>학생이</u> 아니다.
- 관형어 : <u>철수의</u> 차는 멋있다.
- 부사어 : <u>현금으로</u> 계산한다.
- 독립어 : <u>가족</u>, 한국에서 살아가는 힘이다.

② 불변어로 형태 변화가 일어나지 않는다.

③ 관형어의 수식을 받을 수 있다.

2 대명사

(1) 정의 : 명사를 대신 가리키는 것으로, 주로 사람이나 사물, 장소 등을 대신해 가리킨다.

(2) 종류

① 인칭대명사 : 사람을 표시하는 대명사

	아주 높임	예사 높임	예사 낮춤	아주 낮춤
1인칭	—	—	나, 우리	저, 저희
2인칭	당신,[3] 어른	당신, 그대	자네, 그대	너, 너희
3인칭	당신	이, 그, 저(이, 분)	이, 그, 저(사람)	이, 그, 저(애, 놈)

② 지시대명사 : 사물이나 장소를 지시하는 대명사

	근 칭	중 칭	원 칭	미지칭	부정칭
사 물	이것	그것	저것	무엇, 어느것	아무것
장 소	여기	거기	저기	어디	아무데

---

[3] 2인칭의 '당신'은 시나 애인, 부부 사이가 아닐 경우 사용할 수 없으며 일상생활에서의 '당신'은 예의 없는 표현이다.

▪▪ 활용연습

대명사	조 사	축약1	축약2
이것		이게	이거
그것	-이	_____	_____
저것		_____	_____

대명사	조사	축약1	축약2
이것		_____	_____
그것	-을	그걸	그거
저것		_____	_____

대명사	조사	축약1
이것		_____
그것	-은	_____
저것		저건

(3) 기능 : 불변어, 격변화, 주어 역할

3 수사

(1) 정의 : 사물의 수량이나 순서를 가리키는 말

(2) 종류

　① 양수사 : 수량을 가리키는 수사

　② 서수사 : 순서를 가리키는 수사

$$수 사 \begin{cases} 양수사 \begin{cases} 고유어계통 : 하나, 둘, 셋, 넷, 다섯 \cdots ^{4)} \\ 한자어계통 : 일, 이, 삼, 사, 오 \cdots \end{cases} \\ 서수사 \begin{cases} 고유어계통 : 첫째, 둘째, 셋째, 넷째 \cdots \\ 한자어계통 : 제일, 제이, 제삼, 제사 \cdots \end{cases} \end{cases}$$

(3) 기능 : 불변어, 다양한 문장성분, 복수 불가능

---

4) 열(10), 스물(20), 서른(30), 마흔(40), 쉰(50), 예순(60), 일흔(70), 여든(80), 아흔(90)은 고유어이며, '백(百), 천(千), 만(萬)'은 한자어이다.

(4) 용법5)

① 수량을 표현할 때 '백(百), 천(千), 만(萬)' 등을 제외하고는 고유어 수사를 사용한다.

② 고유어 수사가 뒤의 명사를 수식할 경우 형태가 달라진다.

하나, 둘, 셋, 넷+사람→{한, 두, 세, 네} 사람

스물+사람→스무 사람

③ 고유어계의 순서는 수량의 '하나, 둘, 셋…'에 '-째'를 붙여서 만든다. 다만 '하나'의 경우에만 '첫째'로 나타나고, '열하나, 스물하나…아흔하나'에서는 규칙적으로 '열한째, 스물한째, … 아흔한째'로 나타난다. 또한 '스물'은 수량사와 마찬가지로 '스무째'가 된다.

3.2. 체언과 복수

1 체언의 개념

(1) 정의 : 문장 구성에 있어 중심적인 역할을 하는 기능상의 단어

(2) 종류 : 명사, 대명사, 수사

(3) 기능 : 조사의 결합에 의해 다양한 문장성분 자격을 지님

---

5) ① 고유어 수사를 사용하는 경우

사람이나 사물의 수량을 직접 셀 때는 고유어 수사를 사용한다. 따라서 수를 표현하는 보통의 단위명사에도 고유어 수사의 결합이 우세하다. 또한 시간을 표시한다든지, 나이 그리고 횟수와 개수의 '번, 층, 동'에도 고유어 수사가 결합한다.

예 사과가 <u>하나, 둘, 셋</u>…, <u>한</u> 개, <u>두</u> 개, <u>세</u> 개… / 지금 시간은 <u>세 시</u> / 올해 내 나이는 <u>스무 살</u>이다 / 이 책을 <u>다섯 번</u> 읽었다. / 지각을 한 결과 강의실까지 <u>다섯 층</u>을 뛰어 올랐다. / 우리 아파트 동 수는 총 <u>다섯 동</u>이다.

② 한자어 수사를 사용하는 경우

한자어 수사를 사용하는 경우는 시간 표현에서의 분과 초, 날짜 그리고 나이를 나타내는 의존명사 '세'와 결합할 때, '일, 개월, 년' 등의 날수 표현, 외래어 단위의 의존명사 및 수학적 계산식에서이다.

예 지금 시간은 세 시 <u>삼십 분 십초</u> / 오늘은 <u>이천십년 이월 칠일</u>이다 / 올해 내 나이는 <u>이십 세</u>이다 / <u>일 년</u>은 <u>십이 개월 삼백육십오 일</u>이다. / 기름 <u>일 리터</u>로 약 <u>십 킬로미터</u>를 간다. / <u>이 더하기 삼은 오</u>이다.

2 체언의 복수

(1) 표지 : '-들', '-희'

(2) '-들'의 용법

　① 셀 수 있는 명사+'-들' ⑩ <u>학생들</u>이 교실에서 공부하고 있다.

　② 셀 수 없는 명사나 장소를 표시하는 대명사+'-들 : 불가

　　⑩ *여름에는 <u>비들</u>이 많이 온다. *<u>여기들</u>이 경원대학교이다.

　　예외 : 아래의 예처럼 '-들'이 결합하면 문장의 주어가 복수임을 표현

　　⑩ 빨리 <u>물들</u> 마셔라. <u>여기들</u> 앉아 있어라. <u>어서들</u> 들어오너라.

(3) '-희'의 용법

　① 인칭대명사 '저, 너'와 결합

　　⑩ <u>너희</u> 어디 가니? 네, <u>저희</u>는 영화보러 가는 중이에요

　② '-희'에 다시 '-들'이 결합할 수도 있다.

　　⑩ <u>너희들</u> 어디 가니? 네, <u>저희들</u>은 영화보러 가는 중이에요

3.3. 관계언

1 조사[6]의 개념

(1) 정의 : 체언(명사, 대명사, 수사) 뒤에서 앞 말과의 관계를 나타내는 단어

(2) 종류

　① 격조사 : 체언과 결합해 그 체언의 문장에서의 자격을 표시해주는 조사

　② 보조사 : 문장에서의 격 표시와 달리 특정한 의미를 부여하는 조사

　③ 접속조사 : 둘 이상의 단어나 문장을 이어주는 구실의 조사

---

6) 개별적인 조사에 대한 구체적인 사용법은 Ⅵ장을 참조.

(3) 특징

① 형식형태소이면서 의존형태소로, 자립성이 없기에 앞 말에 기대어 쓰인다.

② 불변어로 활용을 하지 않으나, 서술격조사 '-이다'는 활용한다.

③ 체언뿐만 아니라 부사, 어미, 다른 조사와도 결합이 가능하다.

2 격조사

(1) 주격조사 : 주어임을 나타내주는 조사로, '-이/-가'가 대표 형태이다.[7]

① 받침이 있는 체언+-이   예 학생<u>이</u> 많다. 책상<u>이</u> 쓰러지다.

② 받침이 없는 체언+-가   예 사과<u>가</u> 맛있다. 아기<u>가</u> 웃고 있다.

> ※ 다음 중 올바른 것을 고르시오. 그리고 차이점을 설명하시오.
> 1. <u>철수가</u> 한국어를 공부한다.
> 2. ㄱ. <u>?영철이</u> 한국어를 공부한다.
>   ㄴ. <u>영철이가</u> 한국어를 공부한다.

(2) 목적격조사 : 목적어임을 나타내주는 조사로, '-을/-를'이 대표 형태이다.

① 받침이 있는 체언+-을   예 선생님이 학생<u>을</u> 꾸짖다.

② 받침이 없는 체언+-를   예 어머니가 아이<u>를</u> 업는다.

(3) 보격조사 : 보어임을 나타내주는 조사로, 서술어 '되다, 아니다' 앞의 '-이/-가' 가 대표 형태이다.

① 물이 <u>얼음이</u> 되다.   구름이 <u>비가</u> 되다.

② 그는 <u>학생이</u> 아니다.   이것은 <u>배가</u> 아니다.

(4) 서술격조사 : 서술어임을 나타내주는 조사로, '-이다'[8]가 있다.

---

7) 이 외에 높임의 명사에 결합하는 '-께서'와 무정의 단체명사와 결합하는 '-에서'도 있디.
8) 서술격조사 '-이다'의 부정형은 '-이/-가 아니다'이다.

① 철수는 <u>학생이다</u>. 이것은 <u>사과이다</u>.

② 인간은 <u>이성적 동물이다</u>.

(5) 관형격조사 : 관형어임을 나타내주는 조사로, '-의'가 대표 형태이다.

① <u>철수의</u> 옷은 깨끗하다.

② 이 옷은 <u>철수의</u> 옷이다.

(6) 부사격조사 : 부사어임을 나타내주는 조사로, 종류가 다양하다.

① 처소 : 학생들이 도서관<u>에서</u> 공부한다.

② 도구 : 철수는 연필<u>로</u> 편지를 쓰다.

③ 자격 : 우리는 학생<u>으로</u> 할인을 받았다.

④ 원인 : 시끄러운 소리<u>에</u> 잠을 잘 수 없었다.

⑤ 지향 : 철수는 학교<u>에</u> 갔니?

⑥ 낙착 : 꽃<u>에</u> 물을 주다.

⑦ 비교 : 너<u>보다</u> 내가 더 배고프다.

⑧ 공동 : 한국<u>과</u> 중국은 이웃이다.

(7) 호격조사 : 부르는 대상이 되게 해주는 조사로, '-아/-야' 등이 있다.

① 받침이 없는 체언+-야   예 철수<u>야</u>, 학교에 가자.

② 받침이 있는 체언+-아   예 영철<u>아</u>, 우리 밥 먹자.

※ 다음 빈 칸에 알맞은 조사(주격, 목적격)를 넣어 보세요.

1. 왕붕(   ) 한국어(   ) 공부한다.

2. 철수(   ) 중국말(   ) 공부한다.

예) ㄱ. 마이클은 한국사람<u>이</u> 아니다.

　　ㄴ. 이 개는 우리 개<u>가</u> 아니다.

3. 학교(　　) 너무 좋아요.

※ 다음 빈 칸에 알맞은 조사(주격, 보격, 서술격)를 넣어 보세요.

1. 이 사람(　) 학생(　　　). 저 분(　) 선생님(　　　).
2. 물(　) 얼음(　) 된다. 얼음(　) 물(　) 된다.
3. 드디어 그 사람(　) 사장님(　) 되었어요.

※ 다음 빈 칸에 알맞은 조사(주격, 관형격)를 넣어 보세요.

1. 마이클(　) 차(　) 깨끗하다.
2. 철수(　) 동생(　) 착하다.
3. 아버지(　) 말씀(　) 생각나요.

※ 다음 빈 칸에 알맞은 조사(주격, 부사격)를 넣어 보세요.

1. 아이들(　) 운동장(　) 축구를 한다.
2. 수업 끝나고 도서관(　) 가서 공부하자.
3. 학교(　) 집(　) 얼마나 걸려요?
4. 옆집(　) 싸우는 소리(　) 잠을 깼다.
5. 학교(　) 버스(　) 와요.

※ 다음 빈 칸에 알맞은 호격조사를 넣어 보세요.

1. 민수(　), 우리 밥 먹자.
2. 민정(　), 잠깐 쉬자.
3. 철수(　), 커피 한 잔 마시고 오자.

3 보조사

(1) 주제 및 대조

① 주제 : 한국은 중국의 동쪽에 위치한다.

② 대조 : 낮말은 새가 듣고, 밤말은 쥐가 듣는다.

코끼리는 크고, 토끼는 작다.

(2) 배타와 한정

　① 오늘 철수만 학교에 왔다.

　② 오늘 학교에 온 사람은 철수뿐이다.

　③ 오늘 학교에 온 사람은 철수밖에 없다.9)

(3) 포함 및 더함

　① 돼지는 사과도 먹었다.

　② 돼지는 사과까지 먹었다.

　③ 돼지는 사과마저 먹었다.

(4) 선택

　① 라면이나 먹자. 사과나 먹자.

　② 빵이나마 먹자. 사과나마 먹자.

　③ 빵이라도 먹자. 사과라도 먹자.

　④ 밥이든지 / 사과든지 바나나든지

※ 아래의 빈 칸에 알맞은 보조사 및 격조사를 넣어 보세요.

　1. 마이클(　　) 한국어(　　) 공부하고, 철수(　　) 중국말(　　) 공부한다.

　2. 중국(　　) 인구(　　) 많고, 한국(　　) 인구가 적다.

※ 아래의 상황을 읽고 빈칸에 알맞은 보조사를 넣어 보세요.

　상황 : 철수의 앞에는 여러 가지 과일들이 있어요.

　　　　 사과, 배, 감, 딸기, 바나나, 포도가 있어요.

　1. 철수(　) 딸기(　) 먹어요.(다른 과일은 안 먹어요)

　2. 철수가 먹는 과일(　) 딸기(　　).

---

9) '배타' 및 '한정'의 '밖에'는 항상 부정적 표현으로만 사용한다.

3. 철수가 먹는 과일(   ) 딸기(   ) 없어요.

상황 : 영희는 사과, 배, 감, 딸기, 바나나, 포도를 다 좋아해요.
　　　그런데 토마토는 별로 좋아하지 않아요.

1. 영희(   ) 사과를 먹고, 배(   ) 먹고, 딸기(   ) 먹어요.
2. 잠시 뒤, 영희(   ) 바나나와 포도(   ) 먹었어요. 그리고 토마토(   ) 먹었어요.

상황 : 철수는 배가 고파 집에 가서 밥을 먹을 거예요.
　　　그런데 밥은 없고, 죽, 라면, 빵이 있어요.

1. 빨리 죽(   )먹자.
2. (밥, 죽, 라면이 없을 때) 빵(   ) 먹자.
3. (밥, 죽, 라면, 빵 모두 없을 때) 과일(   ) 먹자
4. 배가 고프면 밥(   ) 죽(   ), 라면(   ) 상관 없어.

4 접속조사

(1) 종류 : '-와/-과',[10] '-하고', '-에(다)', '-(이)며', '-(이)랑' 등

(2) 용례

　① 철수는 영어와 중국어를 좋아한다. 책과 공책

　② 철수는 책하고 공책하고 지우개하고 많이 샀다.

　③ 백화점에서 옷에(다) 신발에(다) 구경을 했다.

　④ 지하철이며 버스며 택시며 없는 것이 없다.

　⑤ 나는 아버지랑 동생이랑 공원에서 놀았다.

5 체언과 조사

(1) 체언은 조사와 결합하여 문장의 문법적 관계를 표시한다.

---

10) 접속조사 '-와/-과'의 경우 마지막 명사의 뒤에는 결합할 수 없다. 즉 'A와/과 B'는 올바른 표현이지만 'A와/과 B와/과'는 틀린 표현이다.

⑩ 학생{-이, -을, -에게, -과 …}

① 다만, 체언만으로도 문법적 관계가 명확할 때 조사는 생략이 가능하다.

　　⑩ 그 사람(이, 은) 누구니? / 밥(을) 먹었어?

② 명사는 모든 조사와 원칙적으로 결합하지만, 그렇지 않은 예가 있다.

　　⑩ 자립명사 : 불굴의 의지 / 마찬가지{의, 이다, 로}

　　　 의존명사 : 의존명사편 참조.

(2) 자음으로 끝난 체언에 모음으로 시작하는 조사가 결합할 때, 체언과 조사는 구별하여 적는다.

　　⑩ 떡이, 떡을, 떡에, 떡도, 떡만 / 꽃이, 꽃을, 꽃에, 꽃도, 꽃만

　　　 흙이, 흙을, 흙에, 흙도, 흙만 / 값이, 값을, 값에, 값도, 값만

3.4. 용언

1 용언의 개념

(1) 정의 : 문장의 주체에 대한 서술의 기능을 하는 단어

(2) 구조

　　먹　　다
　　(어간)　(어미)

　　먹　　는　　　다
　　(어간)　　　　　(어미)
　　　　(선어말어미)　(어말어미)

(3) 종류 : 동사, 형용사

① 동사 : 문장의 주체에 대한 움직임을 표시하는 단어

・ 동작동사 : 사람의 움직임 ⑩ 가다, 오다, 먹다, 자다, 부르다, 보다 등

・ 작용동사 : 사물의 움직임 ⑩ 피다, 흐르다, 뜨다, 죽다, 닳다 등

② 형용사 : 문장의 주체에 대한 성질이나 상태를 표시하는 단어

・성상형용사 { 성질 : 붉다, 예쁘다 등
상태 : 좋다, 싫다 등

주관적 형용사의 기능

1. 정의

성상형용사 중 심리적, 물리적 요인의 영향을 받아 변할 수 있는 상태를 나타내는 형용사이다. 대부분 화자의 심리적 상태를 나타내는 형용사인 관계로 '심리형용사' 라고도 한다.

2. 용법

(1) 1인칭 주어 문장

ㄱ. <u>나는</u> 대학 합격에 너무 기뻤다.

ㄴ. *<u>너는</u> 대학 합격에 너무 기뻤다.

ㄷ. *<u>그는</u> 대학 합격에 너무 기뻤다.

(2) 2, 3인칭 주어 문장

ㄱ. <u>너는</u> 대학 합격에 기뻐했다.

ㄴ. <u>그는</u> 대학 합격에 기뻐했다.

(1)에서처럼 주관적 형용사(심리형용사)의 경우 평서문에서는 반드시 1인칭 주어와 만 결합이 가능하다. 그러나 2, 3인칭 주어일 경우에는 비문이 되는데, 이 경우에 는 (2)처럼 서술어 어간에 '-아/어하다'를 붙여 동사화하여 표현해야 한다.

・지시형용사 : ⑩ 이러하다, 저러하다, 그러하다 등

동사와 형용사의 구별법

1. '-ㄴ다/-는다'와의 결합

(동사) { 먹다 : 먹는다   (형용사) { 높 다 : 높는다(×)
가다 : 간다   예쁘다 : 예쁜다(×)

---

2. 관형사형 어미 '는'

동사(는)	형용사(-(으)ㄴ)
먹다 : 먹는 철수	높 다 : 높은 산
가다 : 가는 철수	예쁘다 : 예쁜 꽃

3. 명령형 어미 '-아라/-어라'의 결합

동사(○)	형용사(×)
먹다 : 먹어라	높 다 : 높아라(감탄형은 가능)
가다 : 가라	예쁘다 : 예뻐라

(4) 있다 / 없다, -이다

　① '있다' 활용의 특수성

　　• 동사적 용법 : 명령형, 청유형어미를 취하고 평서형 '-ㄴ다/-는다'와 결합

　　　예 숙제하고 집에 있어라 / 있자 / 철수는 주말에 고향에 있는다고 했어.

　　• 형용사적 용법 : 명령형, 청유형이 불가, 평서형 '-다'와 결합

　　　예 *머리 위에 축구공이 있어라 / 있자 / 영희는 오늘 해야 할 일이 있다.

　　• 관형사형에서의 활용 : 동사적 용법이나 형용사적 용법에 상관없이 항상 동사의 관형사형 활용과 같은 '-는'의 형태를 취한다.

　　　예 집에서 숙제하고 있는 철수 / 학교에서 할 일이 있는 영희

　② '없다' 활용의 특수성

　　• 활용의 특징 : 명령 및 청유형의 어미 결합이 불가하고, 평서형 '-(ㄴ)다'와 결합

　　　예 교실에 학생들이 없다. *교실에 학생들이 없어라 / 없자.

　　• 관형사형 용법 : 관형사형 활용에 있어서 '없다'는 동사와 동일한 활용 모습을 나타낸다.

　　　예 학생들이 없는 교실 / 동생이 없는 철수

③ '-이다'의 특수성

- 서술어의 특수성 : 동사, 형용사 그리고 '있다', '없다'와 활용이 가능하다
는 점과 문장에서 서술어 역할을 한다는 점은 동일하다. 그러나 '-이다'는
그 자체만으로는 서술의 기능을 나타내지 못하며 반드시 선행 요소를 필
수적으로 요구한다는 점이 다르다.

- 용례

  예 철수는 <u>학생이다</u>. / 사장은 바로 <u>그이다</u>. / 일 더하기 일은 <u>이이다</u>.
      명사+이다   대명사+이다   수사+이다

2 용언의 활용

(1) 정의 : 어간에 여러 어미가 결합하여 문장의 성격을 바꾼다.

(2) 모습

먹 +
- -는다(다).
- -니?
- -어라.
- -자.
- -는구나!

어간 +   어미

(3) 종류

① 종결형 : 문장을 끝맺는 활용 형태

- 평서형 : 철수가 밥을 <u>먹는다</u>.
- 의문형 : 철수가 밥을 <u>먹니</u>?
- 명령형 : 철수야, 밥 <u>먹어라</u>.
- 청유형 : 철수야, 밥 <u>먹자</u>.
- 감탄형 : 철수가 밥을 <u>먹는구나</u>!

② 연결형 : 문장을 연결시켜 주는 활용 형태

- 대등적 연결 : 밥을 <u>먹고</u> 공부를 한다.
- 종속적 연결 : 가을이 <u>오면</u> 나뭇잎이 진다.
- 보조적 연결 : 철수가 도서관에서 공부를 <u>하고</u> 있다.

③ 전성형 : 문장의 기능을 바꿔주는 활용 형태

- 명사형 : 철수는 <u>웃음(웃+음)</u>이 많다.
- 관형사형 : <u>웃는(웃+는)</u> 사람에게 복이 온다.

(4) 활용어와 기본 개념

① 활 용 어 $\begin{cases} \text{용 \quad 언 : 동사, 형용사} \\ \text{서술격조사 : '-이다'} \end{cases}$

② 기본개념

- 어 간 : 활용할 때 변하지 않는 부분, 위 예의 '먹-'이 해당한다.
- 어 미 : 활용할 때 변하는 부분
- 기본형 : 어간+'-다'를 붙인 형태로, 사전의 등재 기준이 된다.

> ※ 다음 활용형의 의미를 사전에서 찾으려면 어떤 형태를 찾아야 할까요?
> 예 먹고, 먹으니, 먹어서, 먹자, 먹었다, 먹는구나 등

3 활용의 규칙 및 불규칙

(1) 정의 : 용언의 활용 시, 어간과 어미 모습의 변화가 규칙적인지 아닌지의 기준

(2) 종류

① 규칙용언 : '으' 탈락 용언, '르' 탈락 용언, '-아/-어' 교체, '으' 삽입 용언

② 불규칙용언 : 'ㅅ' 불규칙, 'ㄷ' 불규칙, 'ㅂ' 불규칙, '르' 불규칙, '여' 불규칙, '러' 불규칙, 'ㅎ' 불규칙 등

(3) 규칙활용

① '으' 탈락 현상

- 용례 : 쓰(다) + { -어 → 써 / -었다 → 썼다 }

- 조건 : '으'로 끝나는 어간+모음의 어미('-아/-어'나 '-았/-었')

  예 쓰다, 끄다, 아프다, 기쁘다, 담그다 등

② '르' 탈락 현상

- 용례 : 울(다) + { -ㄴ → 우니 / -ㅂ → 웁니다 / -시- → 우시오 / -오 → 우오 }

- 조건 : '르'로 끝나는 어간+'ㄴ, ㅂ, -시-, -오'로 된 어미

  예 살다, 물다, 달다, 돌다 등

③ 어미 '-아/-어'의 교체

- 용례 : { 잡(다) / 먹(다) } + '-아/-어' → 잡+아 / → 먹+어

- 조건 : 양성모음+양성모음 / 음성모음+음성모음

④ '으' 삽입 현상

- 용례 : 먹(다) + { -ㄴ → 먹은 / -ㄹ → 먹을 / -ㅂ → 먹습니다 / -시- → 먹으시오 / -오 → 먹으오 / -며 → 먹으며 }

- 조건 : '르' 이외의 받침 어간+'ㄴ, ㄹ, ㅂ, -시-, -오, -며' 어미

  예 잡다, 먹다, 받다, 솟다, 좋다 등

(4) 불규칙활용

① 어간의 변화

종 류	조 건	용 례
ㅅ 불규칙	• 어간 말음 ㅅ + 모음 어미 → ㅅ 탈락 • 잇(다) $\left\{ \begin{array}{l} + 고 \\ + 어(서) \end{array} \right\}$ → 잇고 → 이어서	불규칙) 잇다, 짓다 규 칙) 벗다, 솟다
ㄷ 불규칙	• 어간 말음 ㄷ + 모음 어미 → ㄹ 변화 • 걷(다) $\left\{ \begin{array}{l} + 고 \\ + 어(서) \end{array} \right\}$ → 걷고 → 걸어서	불규칙) 듣다, 묻다(問) 규 칙) 닫다, 묻다(埋)
ㅂ 불규칙	• 어간 말음 ㅂ + 모음 어미 → 오/우 • 돕(다) $\left\{ \begin{array}{l} + 고 \\ + 아(서) \end{array} \right\}$ → 돕고 → 도와서	불규칙) 눕다, 덥다 규 칙) 입다, 잡다
ㄹ 불규칙	• 어간 말음 르 + 모음 어미 → '으' 탈락, 어간에 ㄹ 생김 • 흐르(다) + 어(서) : 흐ㄹ+어서 ↓ 흐ㄹㄹ+어서 ↓ 흘러서	불규칙) 가르다, 고르다 규 칙) 따르다, 들르다
우 불규칙	• 어간 말음 ㅜ + 모음 어미 → 탈락 • 푸(다) $\left\{ \begin{array}{l} + 고 \\ + 어(서) \end{array} \right\}$ → 푸고 → 퍼서	'푸다' 하나

② 어미의 변화

종 류	조 건	용 례
여 불규칙	• 어간 '하' + '아/어' → ─여 • 일하(다) $\left\{ \begin{array}{l} + 고 \\ + 아 \end{array} \right\}$ → 일하고 → 일하여	'하다'와 '하다'가 붙는 모든 용언
러 불규칙	• 어간 말음 ─ + '아/어' → 러 변화 • 푸르(다) $\left\{ \begin{array}{l} + 고 \\ + 어 \end{array} \right\}$ → 푸르고 → 푸르러	이르다(到), 푸르다, 누르다 뿐

종 류	조 건	용 례
너라 불규칙	• 어간 '오' + '아라/어라' → 너라 • 오(다) + -아라 → 오너라	'오다'와 '오다'가 붙는 모든 용언

③ 어간 및 어미의 변화

종 류	조 건	용 례
ㅎ 불규칙	• 어간 말음 'ㅎ' + '아/어' → 어간 ㅎ 탈락, 어미 변화 • 파랗(다) { + 고 } → 파랗고 　　　　 { + 아 } → 파래 　　　　 { + ㄴ } → 파라+ㄴ → 파란	'ㅎ' 받침의 모든 용언 ※ 어간 및 어미 변화 ※ 어간만 변화

■■ 활용 연습

단 어	'-아/어/여요	'-았/었/였다	'-(으)ㄹ거예요
끄 다	꺼요	껐다	끌 거예요
아프다	———	———	———
기쁘다	———	———	———
담그다	———	———	———
슬프다	———	———	———

단 어	'-니까	'-ㅂ니다	-십니다
살 다	사니까	삽니다	사십니다
물 다	———	———	———
달 다	———	———	———
돌 다	———	———	———
알 다	———	———	———

단 어	-아/어/여요	예 문
듣 다	들어요	학교에서 선생님의 수업을 들어요.
묻 다	———	———
걷 다	———	———
긷 다	———	———

단 어	-아/어/여요	예 문
일컫다	_____	_____

단 어	-아/어/여요	예 문
눕 다	누워요	아이가 자려고 침대에 누워요.
덥 다	_____	_____
쉽 다	_____	_____
돕 다	_____	_____
곱 다	_____	_____

단 어	-아/어/여요	예 문
모르다	몰라요	설명을 몇 번 해도 학생들이 몰라요.
부르다	_____	_____
다르다	_____	_____
빠르다	_____	_____
자르다	_____	_____

4 한국어의 어미

(1) 어미의 구조

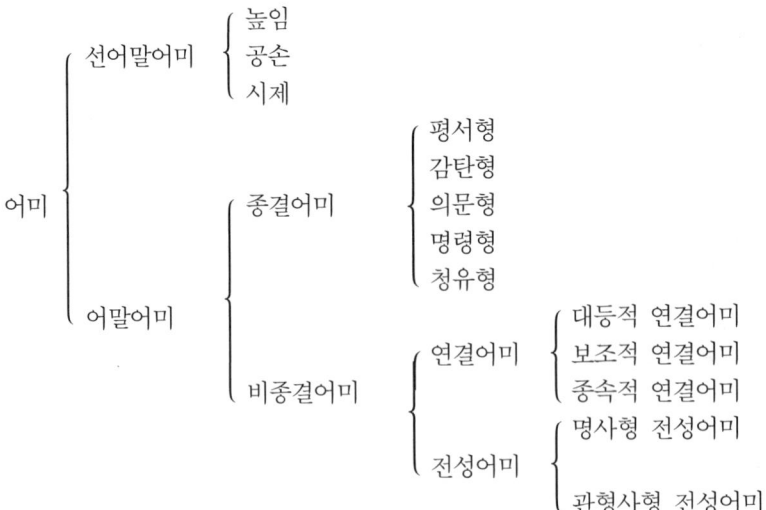

(2) 선어말어미

　① 정의 : 어간과 어말어미 사이에서 높임, 공손, 시제를 표시하는 형태소

　② 종류

　　• 높임을 표시해주는 어미 : '-(으)시'

　　• 공손을 표시해주는 어미 : '-옵-'

　　• 시간을 표시해주는 어미

　　　현재) '-는-', '-ㄴ-'

　　　과거) '-았/었/였-', '-더-'(회상)

　　　미래) '-겠-'

　③ 특징

　　• '어간＋선어말어미＋어말어미'의 순서에 따른다.

　　• 반드시 어말어미를 필요로 한다.

　　• 높임 ＞ 공손 ＞ 시제의 차례를 지킨다. 예 가＋시＋더＋라

⁞⁞ 활용 연습

단어	현재		과거	미래	과거회상
	ㄴ	는	았/었/였	겠	더
가다	간다		갔다	가겠다	가더라
보다	───		───	───	───
읽다	읽는다		읽었다	읽겠다	읽더라
먹다	───		───	───	───
하다	───		───	───	───

(3) 어말어미[11]

① 종결어미의 종류

평서형	-(ㄴ)다, -네, -오, -(스)ㅂ니다, -아, -아요
감탄형	-(는)구나, -(는)구먼, -(는)구려, -(는)군, -(는)군요
의문형	-(느)냐, -(는)가, -오, -(스)ㅂ니까, -어, -어요
명령형	-아라, -게, -오, -(으)시오, -아, -아요
청유형	-자, -세, -(으)ㅂ시다, -시지요, -어, -어요

② 연결어미의 종류

대등적	-고, -(으)며, -(으)나, -지만, -든지, -(으)면서
종속적	-(으)면, -거든, -아/어/여서, -니까, -는데, -다가, -(으)려고, -도록, -자(마자), -(으)ㄹ수록
보조적	-아, -어, -지, -고, -게

③ 전성어미의 종류

명 사 형	-(으)ㅁ, -기
관형사형	-(으)ㄴ, -는, -(으)ㄹ

(4) 어미 결합의 제약

① 동사의 경우 거의 모든 어미와의 결합이 가능[12]하다.

② 형용사는 동사와 달리 어미 결합에 제약이 나타난다.

- 현재형의 '-ㄴ다/-는다' : *꽃이 예쁜다. *산이 높는다.
- 명령형의 '-아라/-어라' : *예뻐라, *높아라
- 청유형의 '-자' : *예쁘자, *높자
- 목적 및 의도의 '-(으)러', '-(으)려' : *예쁘러, *예쁘려고

---

11) 개별 어미에 대한 구체적인 사용법은 Ⅶ장 참조.
12) 그러나 '데리다, 더불다, 가로다' 등의 몇몇은 동사임에도 불구하고 어미 결합에 제약이 나타난다. 즉 '데리+고', *'데리+자', *'데리+ㄴ다'와 같다.

③ 서술격조사도 형용사와 비슷한 양상이며 '-로'가 첨가되는 일이 있다.

- 꽃이 예쁘구나!(형용사) – 이것이 꽃이로구나!(서술격조사)

5 본용언과 보조용언

(1) 정의

① 본용언 : 보조 용언 앞에서, 문장 주체에 대한 주된 서술어의 의미를 지님

② 보조용언 : 본용언 뒤에 나타나 본용언의 의미를 보조해주는 용언

(2) 구조

① 본용언＋보조용언

$$
\left\{ \begin{array}{l} 먹다(食) \\ 있다(有) \end{array} \right\} \rightarrow \quad 먹 \atop (食) \quad + \quad -고 \quad + \quad 있다 \atop (進行)
$$

| 본용언 | : | 용언 | + | 보조적 | + | 용언 |
| 본용언 | | 보조적연결어미 | | 보조용언 |

② 본용언＋본용언

$$
\left\{ \begin{array}{l} 먹다(食) \\ 자다(宿) \end{array} \right\} \rightarrow \quad 먹 \atop (食) \quad + \quad -고 \quad + \quad 자다 \atop (宿)
$$

| 본용언 | : | 용언 | + | 보조적 | + | 용언 |
| 본용언 | | 보조적연결어미 | | 보조용언 |

(3) 보조용언의 종류[13]

의 미	종 류	예 문
진 행	가다, 오다, 있다	일이 잘 되어 가다. 친구들과 사이좋게 지내 오다. 철수가 축구를 하고 있다.
종 결	내다, 버리다, 말다	편지를 찢어 버리다.
봉 사	주다, 드리다	과일을 깎아(서) 주다(드리다).

---

13) 개별 보조용언의 사용법에 대한 구체적인 내용은 Ⅶ장 참조.

의 미	종 류	예 문
시 행	보다	광화문에 한 번 <u>가 보다</u>.
보 유	두다, 놓다	돈을 책장 위에 얹어 <u>두다(놓다)</u>.
사 동	하다, 만들다	누구를 <u>가게 하느냐</u>?
피 동	지다, 되다	사람은 언젠가 <u>죽게 된다</u>.
짐 작	보이다	저 책이 <u>좋아 보인다</u>.
희 망	싶다	학교에 <u>가고 싶다</u>.
부 정	않다, 말다, 못하다	동물은 말을 <u>하지 못한다</u>.
추 측	보다, 싶다	집에 <u>가는가 보다</u>.
상 태	있다, 계시다	의자에 하루 종일 <u>앉아 있다(계시다)</u>.
시 인	하다	실력이 <u>뛰어나기는 하다</u>.

3.5. 수식언

1 수식언의 개념

(1) 정의 : 어떤 문장 성분 앞에 놓여 그 내용을 자세하게 꾸며주는 단어

(2) 종류

$$수식언 \begin{cases} 관형사 \\ 부 \ 사 \end{cases}$$

2 관형사의 개념

(1) 정의 : 체언 앞에서 그 체언을 자세하게 꾸며주는 말

(2) 종류

① 성상관형사 : 체언의 성질이나 상태를 수식해주는 관형사 ⑩ <u>새</u> 옷{책, 집}

② 지시관형사 : 지시적 성격을 지니는 관형사 ⑩ <u>이{그, 저}</u> 옷{책, 집}

③ 수관형사 : 사물의 수나 양을 표시하는 관형사 ⑩ 사과 <u>열</u> 개, <u>한</u> 사람

(3) 용법

① 불변어로 활용하지 않으며, 조사의 결합이 불가능하다.

② 모든 관형사는 관형어이지만, 관형어가 모두 관형사는 아니다.

- 이 옷은 새 옷이다. → 이, 새 : 관형사이며 관형어이다.
- 이 옷은 어제 산 옷이다. → 산 : 동사, 관형어(동사의 관형사형)
- 예쁜 꽃이 많이 피었다. → 예쁜 : 형용사, 관형어(형용사의 관형사형)

3 부사의 개념

(1) 정의 : 주로14) 용언 앞에서 그 용언을 자세하게 꾸며주는 말

(2) 종류

① 성분부사 : 문장의 성분을 수식하는 부사 ⑩ 빨리 달린다.

② 문장부사 : 문장 전체를 수식하는 부사

⑩ 과연, 그 아이는 천재이다. (과연 ~ 이다 구조)

설마, 철수가 거짓말을 했을까? (설마 ~ (으)ㄹ까? 구조)

제발, 비가 그쳤으면 좋겠다. (제발 ~ (으)면 구조)

- 단정의 의미 : '과연, 정말, 실로, 모름지기' 등의 부사
- 의심(의혹) 및 추측 : '설마, 설령, 아마, 비록, 만일' 등의 부사
- 희망의 의미 : '제발, 부디, 아무쪼록' 등의 부사

③ 접속부사

접속관계			예
단어, 구절 접속			또, 또는, 및, 혹은 …
문장접속	순 접	원 인	왜냐하면…
		결 과	그러므로, 그러니까, 따라서…
		해 설	그러면, 그래서, 이른바…
	역 접		그러나, 하지만, 그렇지만…
	병렬 및 첨가		그리고, 또한, 또는, 게다가…
	전 환		그런데, 아무튼…

---

14) 때로 부사는 관형사, 부사, 명사, 대명사, 수사 등도 수식하는 경우가 있다.
- 관형사 수식 : 이 책은 아주 헌 책이다.
- 부사 수식 : 그는 매우 빨리 달린다.
- 대명사 수식 : 바로 그가 선생님이다.
- 수사 수식 : 이제 겨우 하나를 했다.

(3) 용법

  ① 불변어로 활용하지 않으며, 보조사와 결합할 수 있다.

  ② 부사어로 기능하지만, 문장 접속의 경우에는 독립어 구실을 한다.

3.6. 독립언

1 독립언의 개념

(1) 정의 : 다른 문장 성분과의 특별한 관계 없이 독립성을 지니는 단어

(2) 종류 : 감탄사

2 감탄사의 개념

(1) 정의 : 말하는 사람의 놀람, 느낌, 부르는 말, 답하는 말을 나타내는 단어

(2) 종류 : 아차, 아이고, 여보, 예, 오냐, 뭐, 저 등

(3) 용법

  ① 독자성을 지니며, 그 자체로 한 문장을 구성할 수 있다.

  ② 활용하지 않으며, 조사의 결합도 불가능하다.

4. 단어의 형성

4.1. 단어의 개념

1 정의

단어는 의미를 지니는 자립형식으로 하나 또는 그 이상의 형태소로 구성된다. 다만 '조사'는 자립성은 없지만 분리성이 있어서 단어로 인정한다.

2 종류

(1) 단일어 : 하나의 형태소로 이루어진 단어 ㉖ 나무, 의자, 구름, 사람 등

(2) 복합어 : 둘 이상의 형태소로 이루어진 단어 ㉖ 맨손, 지붕, 꽃밭, 손발 등

　① 파생어 : $\begin{cases} \text{실질형태소} + \text{형식형태소 ㉖ 지붕, 먹이 등} \\ \text{형식형태소} + \text{실질형태소 ㉖ 맨손, 덧저고리 등} \end{cases}$

　② 합성어 : 실질형태소 + 실질형태소 ㉖ 꽃밭, 꼬치안주 등

3 용어

(1) 실질형태소 : '어근'으로, 단어의 구성에서 실질적 의미를 지니고 있는 부분

(2) 형식형태소 : '접사'로, 단어의 구성에서 어근에 붙어 그 의미를 제한하는 부분

　① 접두사 : 어근 앞에 붙는 접사 ㉖ <u>햇</u>-+{밤, 곡식 …}

　② 접미사 : 어근 뒤에 붙는 접사 ㉖ {먹-, 높-, 길-}+-<u>이</u>

용언의 활용과 단어의 형성	
① 용언의 활용 　어간+어미 (○) 　어간+접사 (×)	② 단어의 형성 　어근+접사 (○) 　어근+어미 (×)

③ 용례

철수는 공부한다.
철수는 공부하니?
철수는 공부하는구나!　　공부하 ⎰ −ㄴ다 / −니? / −는구나 / −아라 / −자 ⎱　　공부+하다
철수야, 공부해라.
철수야, 공부하자.

　　　　　　　　　　　　어간　　　어미　　　　　어근+접사

4.2. 파생어의 형성

1 접두사에 의한 파생법

(1) 정의 : 접두사[15]가 어근의 앞에 결합하여 그 어근의 의미를 제한하며 새로운 단어를 형성함

(2) 종류

① 접두사＋체　　언 : 예) 맨손, 맏아들, 햇밤 등

② 접두사＋동　　사 : 예) 엿보다, 짓밟다, 설익다 등

③ 접두사＋형용사 : 예) 새파랗다, 시퍼렇다 등

④ 접두사＋부　　사 : 예) 맨먼저, 외따로 등

접두사	의 미	용 례	접두사	의 미	용 례
갓-	금시	갓스물	개-	야생	개살구
군-	가외	군 불	날-	미숙	날고기
덧-	겹침	덧 니	돌-	야생	돌 배
들-	야생	들 깨	선-	미숙	선무당
숫-	순수	숫처녀	참-	참됨	참기름
첫-	처음	첫사랑	풋-	미숙	풋고추
핫-	솜둔	핫바지	홀-	짝 없는	홀아비

---

15) 한국어의 접두사는 품사를 바꾸지 못하고, 단지 의미만을 한정한다.

2 접미사에 의한 파생법

(1) 정의 : 접미사[16]가 어근의 뒤에 결합하여 그 어근의 의미를 제한하기도 하며, 원래의 품사를 다른 품사로 바꾸기도 함

(2) 종류

① 명사로 파생

- 명사＋접미사 → 명사 ㉑ 선생님, 잠꾸러기, 가난뱅이, 일꾼 등
- 용언의 어간＋접미사 → 명사 ㉑ 덮개, 놀이, 크기, 쓰기 등

② 동사로 파생

- 동 사＋접미사 → 동사 ㉑ 깨뜨리다, 넘치다 등
- 명 사＋접미사 → 동사 ㉑ 공부하다, 일하다 등
- 형용사＋접미사 → 동사 ㉑ 밝히다, 높이다 등
- 부 사＋접미사 → 동사 ㉑ 철렁거리다, 덜렁거리다 등

③ 형용사로 파생

- 형용사＋접미사 → 형용사 ㉑ 깊숙하다, 차갑다 등
- 명 사＋접미사 → 형용사 ㉑ 학생답다, 슬기롭다, 대견스럽다[17] 등
- 동 사＋접미사 → 형용사 ㉑ 미덥다, 그립다 등
- 관형사＋접미사 → 형용사 ㉑ 새롭다
- 부 사＋접미사 → 형용사 ㉑ 차근차근하다

④ 부사로 파생

- 명 사＋접미사 → 부사 ㉑ 진실로, 낱낱이, 분명히 등

---

16) 한국어의 접미사는 접두사와 달리 품사를 바꾸기도 한다.
17) '-답-' : 어떤 자격이 있다는 의미를 지닌다. ㉑ 학생답다, 어른답다
   '-롭-' : 추상성의 명사와 결합하며 구체성의 명사 및 자음의 뒤에는 오지 않는다. ㉑ *사랑롭다
   '-스럽-' : 어떤 성격에 근접했음을 의미한다. ㉑ 바보스럽다. 어른스럽다

- 동   사＋접미사 → 부사 ⓔ 도로, 마주, 미로소 등
- 형용사＋접미사 → 부사 ⓔ 같이, 많이, 급히 등

4.3. 합성어의 형성

1 합성어의 개념

(1) 정의 : 두 어근이 만나 새로운 의미를 만드는 단어 형성법의 단어

(2) 종류

① 통사적 합성어 : 한국어의 단어 배열에 일치하는 단어 형성

ⓔ 관형사＋명사(새마을) , 부사＋용언(잘되다), 명사＋명사(길바닥), 용언의 관형사형＋
명사(어린이), 용언 어간＋보조적 연결어미＋용언 어간(돌아가다)

ⓔ 주어＋서술어(힘들다), 목적어＋서술어(본받다), 부사어＋서술어(앞서다)

② 비통사적 합성어 : 한국어의 단어 배열 규칙에 어긋나는 단어 형성

ⓔ 용언 어간＋용언 어간(굶주리다), 용언 어간＋명사(늦더위), 부사＋명사(부슬비)

2 합성어의 유형

(1) 합성명사

① 명   사＋명사 : 길바닥, 소나무, 촛불, 눈웃음 등

② 관 형 사＋명사 : 새마을, 큰집, 새해, 이것 등

③ 관형사형＋명사 : 날짐승, 열쇠, 어린이, 건널목 등

④ 어   간＋명사 : 늦더위, 접칼 등

⑤ 부   사＋명사 : 부슬비, 산들바람, 촐랑새 등

(2) 합성동사

① 주   어＋서술어 : 힘들다, 빛나다, 병들다 등

② 목적어＋서술어 : 본받다, 공부하다, 숨쉬다 등

③ 부사어＋서술어 : 앞서다, 뒤서다, 앞세우다 등

④ 본동사＋보조적＋보조동사 : 돌아가다, 잡아먹다 등

⑤ 어　간＋어　간 : 굶주리다, 오가다, 듣보다 등

(3) 합성형용사

　　① 주　어＋서술어 : 손쉽다, 낯설다, 철없다 등

　　② 어　간＋어　간 : 군세다, 높푸르다, 검붉다 등

(4) 합성부사

　　① 명사＋명사 : 밤낮

　　② 관형사＋명사 : 온종일

(5) 기타 합성어

　　① 반복 합성어 : 집집, 사람사람

　　② 의성, 의태부사 : 울긋불긋

3 합성어의 파생

(1) 정의 : 합성어의 구조를 가진 형태에 접사가 붙어 파생이 되는 것

(2) 구조

　　<u>{어근＋어근}</u>＋접사
　　　합성어

(3) 용례

　　① {해-돋}＋이 → {해(가) 돋(다)}＋-이 예 품값음

　　② {나-들}＋이 → {나(다) 들(다)}＋-이 예 미닫이

　　③ {다-날}＋이 → {달＋달}＋-이 예 듬듬이

:: 활용 연습

	구 성	접 사	결 과	비 고
품값음	_____	_____	_____	_____
미닫이	밀(다)+닫(다)	미닫 + 이	미닫이	ㄹ 탈락
틈틈이	_____	_____	_____	_____

4.4. 한자어의 형성

1 한자어의 개념

(1) 특성 : 한자는 글자 하나하나가 의미를 지니는 형태소 자격으로 조어력이 뛰어나다.

(2) 유형

① 주　어+서술어 : 일출(日出), 야심(夜深)

② 서술어+목적어 : 독서(讀書), 구직(求職), 애국(愛國)

③ 서술어+부사어 : 하산(下山), 승차(乘車), 귀향(歸鄕)

④ 부사어+서술어 : 북송(北送), 과용(過用)

⑤ 수식어+피수식어 : 국보(國寶), 국민(國民), 고분(古墳)

(3) 표기

① 한자어는 두음법칙에 따른다.

  ⑩ 禮節 : 례절→예절, 倫理 : 륜리→윤리

② '려, 료, 류'를 첫소리로 하는 한자어는 모음이나 'ㄴ' 뒤에서 'ㄹ'이 탈락

  ⑩ 羅列 : 나렬→나열

③ '불'(不)자는 ㄷ, ㅈ 앞에서 'ㄹ'이 탈락한다.

  ⑩ 不當 : 불당→부당, 不定 : 불정→부정

2 접사적 성격의 한자

(1) 접두사 기능의 한자

접두사	의 미	용 례
가(假)-	임시적 설비	가건물, 가시설
무(無)-	없는	무주택, 무사고
미(未)-	아직 이루어지지 않은	미완성, 미해결
부(副)-	다음 위치에 있는	부회장, 부사장
불(不)-	아님	불량, 불가, 부정
신(新)-	새로운	신도시, 신사고
최(最)-	가장, 제일	최신, 최고

(2) 접미사 기능의 한자

접미사	의 미	용 례
-가(家)	전문적 지식의 사람	화가, 음악가, 미술가
-공(工)	전문적 직업의 사람	목공, 기능공
-원(員)	어떤 일에 종사하는 사람	공무원, 회사원
-부(婦)	어떤 일을 하는 여자	가정부, 파출부
-배(輩)	무리	선후배, 불량배
-수(手)	어떤 일에 종사하는 사람	가수, 운전수
-사(師)	숙달했거나 전문적인 사람	교사, 의사, 목사
-자(者)	어느 방면의 능통한 사람	과학자, 기술자
-화(化)	되도록 함	근대화, 전문화

(3) 한자어 '-적(的)'의 쓰임

① 한자어 '-적(的)'은 고유어 접사인 '-스럽'이 붙는 말에는 결합할 수 없으며, 그 반대인 경우도 마찬가지이다.

> 예 ㄱ. 고통스럽다-*고통적
> ㄴ. *개방스럽다-개방적

② 한자어 '-적(的)'은 구체성을 띠는 대상과 원칙적으로 결합이 불가능하며, 한국어 조사와의 결합에 있어서도 서술격조사 '-이다'나 부사격조사 '-으로'와만 결합이 가능하다.

81

ⓔ ㄱ. *동해적, *활자적

ㄴ. 그 사람은 너무나 인간적이다.

ㄷ. 어린이들도 인격적으로 대하자.

③ 한자어 '-적(的)'에 부정 의미의 한자어 접두사가 결합할 경우, '미(未)'와 '무 (無)'가 아닌 '비(非)'가 붙는다.

ⓔ ㄱ. 그 사람은 너무나 비인간적이다.

ㄴ. 어린이들도 비인격적으로 대하지 마라.

4.5. 단어의 의미

1 의미의 종류

(1) 중심적 의미 : 단어의 기본적 의미이며 핵심적 의미, 아래 1의 의미

(2) 주변적 의미 : 문맥에 따라 사용되는 의미로, 2에서 13까지의 의미

(3) 용례 : 단어 '높다'

1. 아래에서 위까지의 길이가 길다.

2. 아래에서부터 위까지 벌어진 사이가 크다.

3. 수치로 나타낼 수 있는 온도, 습도, 압력 따위가 기준치보다 위에 있다.

4. 품질, 수준, 능력, 가치 따위가 보통보다 위에 있다.

5. 값이나 비율 따위가 보통보다 위에 있다.

6. 지위나 신분 따위가 보통보다 위에 있다.

7. 소리가 음계에서 위쪽에 있거나 진동수가 많은 상태에 있다.

8. 이름이나 명성 따위가 널리 알려진 상태에 있다.

9. 기세 따위가 힘차고 대단한 상태에 있다.

10. 어떤 의견이 다른 의견보다 많고 우세하다.

11. 꿈이나 이상 따위가 크고 원대하다.

12. 소리의 강도가 세다.

13. {'가능성' 따위의 말과 함께 쓰여} 일어날 확률이 다른 것보다 많다.

2 한국어 어휘

(1) 어종별 체계

```
                            ┌ 고유어(본래어)
           ┌ 한국어②       ┌│ 귀화어(한국 한자어)  ┐
   ┌ 한국어①│              ││                      │
언어│        └ 외래어(협의) ─ 차용어                │ 광의의 외래어
   └ 외국어 ─  외국어       ─  외국어               ┘
              〈한국어 어휘체계〉
```

(2) 어종별 특징

① 고유어 : 한자어＝다의적 : 구체적

'생각' : '사고(思考), 사유(思惟), 고찰(考察), 숙고(熟考), 의견(意見), 견해(見解)…'처럼 한자어의 의미가 세분화되어 있다.

② 고유어 : 한자어＝평어 : 높임말

'나이 : 연세(年歲)', '이빨 : 치아(齒牙)', '집 : 댁(宅)'

(3) 한국어 어휘의 양상

①┌ 방　언 : 지역적 또는 사회적 차이에 의한 언어
　└ 표준어 : 국가에서 정한 인위적인 언어

②┌ 금기어 : 부정적이고 불쾌한 생각을 떠올리는 단어
　└ 완곡어 : 금기어를 대신해 표현할 수 있는 단어

③┌ 관용어 : 둘 이상의 단어 결합으로 특별한 의미를 나타냄
　└ 속　담 : 관용어보다 구체성과 교훈성을 더 많이 내포함

4.6. 단어의 의미 관계

1 직접적인 의미 관계

(1) 동의관계

① 정의 : 둘 이상의 단어가 음성은 다르나 의미는 같은 단어로, 동의어 또는 이음동의어라 한다.

② 용례 : 책방-서점, 속옷-내의

(2) 이의관계[18]

① 정의 : 둘 이상의 단어가 음성은 같으나 의미가 다른 경우로, 동음어 또는 동음이의어라 한다.

② 용례 : 말-馬, 言, 斗 배-腹, 梨, 舟

(3) 유의관계

① 정의 : 둘 이상의 단어가 소리는 다르나 의미는 서로 비슷한 관계로, 유의어라 한다.

② 용례 : 꼬리-꽁지, 소변-오줌, 집-댁

(4) 반의관계

① 정의 : 한 쌍의 단어가 서로 상대되는 의미를 가지고 있는 관계로, 반의어, 반대말, 대립어, 상대어 등 여러 가지로 불린다.

② 용례[19] : 죽다-살다, 있다-없다, 남자-여자

---

18) 다의어는 하나의 단어에 연관이 되는 다른 의미를 둘 이상 지니는 단어이다. 즉 다의어는 중심의미인 기본의미와 그 기본의미에서 번져 나온 파생의미로 구성되어 있다. 만약 기본의미와 파생의미 사이에 아무런 연관성이 없다면 이는 동음어에 불과하다.

19) 반의어는 한쪽의 부정이 곧 다른 쪽의 의미를 나타내는 경우와 그렇지 않은 경우로 구분된다. 그리고 한쪽 부정에 대한 반의어의 단계가 많고 적음에 따른 분류도 가능하다.

짧다 – 길다, 깊다 – 얕다, 높다 – 낮다

금 – 은 – 동, 수 – 우 – 미 – 양 – 가, 무지개색

2 간접적인 의미 관계

(1) 용례

ㄱ.
```
          생물
        /      \
     동물       식물
   /   |   \
파충류 포유류 조류…
       /  |  \
    사자 호랑이 곰…
```

ㄴ.
```
              예술
           /   |   \
        음악  문학  무용
            /  |   |   \
       소설  시  수필  희곡…
           /  |  \
      서정시 서사시 극시
```

① '생물'과 '예술' : 이들은 그 아래에 가지처럼 갈라진 모든 단어들을 포함하는 상위어이다.

② 하위의 단어 : 생물, 예술 아래의 단어들로 이들 단어에 대한 하위어이다.

(2) 특징

① 상위어 : 일반적, 포괄적, 추상적인 단어

하위어 : 개별적, 한정적, 구체적인 단어

② 상위어와 하위어는 절대적 관계가 아닌 상대적 관계로 맺어져 있다.

> ※ 아래의 단어들을 상 · 하의어 관계로 나타내보라.
>
> 한국어 영어 문화 경제 정치 사회 불어 언어 중국어 일본어

IV. 한국어의 문장

-성분 및 문장 짜임새-

1. 한국어의 문장성분

1.1. 문장성분의 개념

1 정의 : 문장을 구성하고 있는 요소

2 기본문

(1) 동사문 : 무엇이 어찌한다.

  ㉑ 철수가 노래를 <u>부른다</u>. 학생들이 <u>공부한다</u>. 물이 얼음이 <u>된다</u>.

(2) 형용사문 : 무엇이 어떠하다.

  ㉑ 꽃이 <u>예쁘다</u>. 그 학생이 남자가 <u>아니다</u>.

(3) 명사문 : 무엇이 무엇이다.

  ㉑ 저 사람은 <u>선생님이다</u>. 철수는 <u>학생이다</u>.

3 종류

(1) 주 성 분 : 문장을 구성하는 데 없어서는 안 되는 성분

(2) 부속성분 : 주성분을 꾸미며 의미를 더해주는 성분

(3) 독립성분 : 다른 문장 성분과 직접적 관련을 맺지 않는 성분

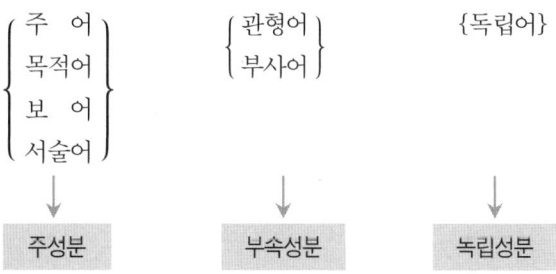

1.2. 문장성분의 요소

1 단어

    (1) 예문 : 철수-가 노래-를 부른다.

                  단어 단어 단어 단어 단어

    (2) 성분 : 주어   목적어 서술어

2 구

    (1) 예문 : <u>아주 새 차가</u> 있 다.   철수는 <u>매우 빨리 달린다.</u>

            명사구   부사구

                                동사구

    (2) 성분 :   주어   서술어   주 어   서술어

3 절

    (1) 예문 : <u>철수가 노래를 부르는 것</u>이 취미이다.

               명사절

    (2) 성분 :   주 어   서술어

2. 한국어의 주성분

2.1. 개념

1 정의 : 문장 구성상 반드시 필요로 하는 성분

2 종류 : 주어, 서술어, 목적어, 보어

2.2. 주어

1 정의 : 기본문에서의 '무엇이'에 해당하는 부분으로, 서술어의 주체가 되는 말

2 성립

    (1) 체언[1] + 주격조사

    (2) 용례 : ㉠ <u>백두산이</u> 높다. <u>김치가</u> 맵다.

                <u>세종대왕께서</u> 한글을 만드셨다.

                <u>우리나라에서</u>[2] 올림픽이 개최되었다.

3 특징

    (1) 주어가 높임의 명사일 때, 서술어에는 주체높임의 '-(으)시-'를 사용한다.

    (2) 주격조사 대신 보조사가 쓰이는 경우 또는 보조사＋주격조사가 나타나는 경우가

        있다.

        ㉠ <u>내장산은</u> 단풍으로 유명하다. <u>설악산도</u> 단풍으로 유명한 산이다.

---

1) 문장성분의 요소에서 보았듯이 구나 절도 주격조사와 결합해 주어의 자격을 지닐 수 있다.
2) '-에서'와 결합해 주어가 될 수 있는 것은 단체의 의미를 지니는 무정명사일 뿐이다.

<u>여기부터가</u> DMZ이다.

(3) 주어가 3인칭이고 그것이 문장에 재사용될 때 '자기'로 표현한다.

　　㉐ 철수는 <u>자기가</u> 공부를 잘 한다고 생각한다.

(4) 화자와 청자 간의 대화, 명령문의 경우, 성상형용사가 서술어인 문장일 때 주어의 성분이 생략된다.

　　㉐ 지금 (<u>너희</u>) 뭐 하니?－응, (<u>우리</u>) 뭐 먹을까 생각하고 있어.

　　　(<u>너</u>) 조용히 하고 빨리 숙제해라.

　　　(<u>나</u>) 기분이 좋다.

2.3. 서술어

1 정의 : 기본문의 '어찌하다', '어떠하다', '무엇이다'에 해당하는 부분으로, 주어에 대해 설명하는 말

2 성립

(1) 용언3) : 동사, 형용사

(2) 체언＋서술격조사 '－이다' ㉐ 한국의 국기는 <u>태극기이다</u>.

(3) 서술절 ㉐ 한국은 <u>제주도가 유명하다</u>.

(4) 체언 단독('이다'의 생략) ㉐ 한국 우승의 원동력은 <u>끈기</u>.

3 특징

(1) 서술어에 따라 필수적으로 나타나는 주성분의 수를 '자릿수'라 한다.

　　① 한자리 서술어 : 주어를 꼭 필요로 하는 서술어 ㉐ 무궁화가 <u>핀다</u>.

---

3) '본용언＋보조용언'은 하나의 서술어이다. ㉐ 부모님이 <u>보고 싶다</u>.

② 두자리 서술어 : 주어 외의 또 다른 성분을 필수로 요구하는 서술어

>예 나는 윷놀이를 <u>한다</u>. 성남은 서울이 <u>아니다</u>. 만리장성은 중국에 <u>있다</u>.

③ 세자리 서술어 : 주어, 목적어, 부사어를 반드시 요구하는 서술어로, 수여동사, 발화동사, 사동사 등의 특수한 타동사가 해당한다.

>예 나는 친구에게 한지를 <u>주었다</u>. 딸이 아버지에게 사실을 <u>말했다</u>. 엄마가 아기에게 젖을 <u>먹였다</u>.

(2) 서술어에 따라 주어나 목적어의 선택에 제약이 나타난다.

① 유정명사＋웃다, 울다 / 높임명사＋존경하다

② 감다－눈 / 다물다－입 / 액체, 기체－마시다

2.4. 목적어

1 정의 : 기본문의 '무엇을'에 해당하는 부분으로, 타동사 행위의 대상이 되는 말

2 성립

(1) 체언＋목적격조사

(2) 용례 : 예 학생들이 <u>한국어를</u> 배운다. 우리는 <u>한국 사람을</u> 좋아한다.
학생들이 <u>하나를</u> 배우면 <u>열을</u> 안다. 우리는 <u>그를</u> 믿는다.

3 특징

(1) 체언뿐만 아니라 구, 절, 문장에 목적격조사가 결합해 사용하기도 한다.

(2) 목적격조사가 생략되기도 하며, 그 자리에 보조사, 또는 보조사＋목적격조사가 오기도 한다.

>예 나는 <u>한국Ø</u> 좋아해요. 철수는 노래방에서 <u>춤도</u> 췄어요. 나는 <u>아내만을</u> 사랑한다.

93

(3) 한 문장에 목적어가 둘 이상 출현하기도 한다.[4]

    例 어머니께서 <u>용돈을</u> <u>천원을</u> 주셨다.

2.5. 보어

 1 정의 : 서술어 '되다', '아니다' 앞의 '-이/-가'가 결합한 성분으로, 서술어의 의미
           기능을 보충해 주는 말

 2 성립

    (1) 체언＋보격조사 '-이/-가'

    (2) 용례 : 例 물이 <u>얼음이</u> 된다.
              고래는 <u>포유동물이</u> 아니다.

 3 특징

    (1) 구조

$$주어 + \begin{Bmatrix} 누 \ 가 \\ 무엇이 \end{Bmatrix} + \begin{Bmatrix} 되 \ 다 \\ 아니다 \end{Bmatrix}$$
$$\underbrace{\qquad\qquad}_{보 \ 어}$$

    (2) 서술부의 구성요소

$$주어 \quad + \quad \underline{보어} \ + \ 서술어$$
$$\underbrace{\qquad\qquad\qquad}_{서술부}$$

---

4) '목적어＋목적어'＝전체＋'부분, 수량, 종류'의 의미를 가지는 경우이다. 그렇지만 일반적으로 하나의 목적어에만 조사를 붙이는 것이 더 자연스럽다. 즉 "어머니께서 용돈 천원을 주셨다." 또는 "어머니께서 용돈을 천원 주셨다."이다.

3. 한국어의 부속 및 독립성분

3.1. 개념

1 부속성분 : 문장 구성상 주성분의 의미를 자세하게 꾸며주는 성분. 관형어, 부사어

2 독립성분 : 문장에서 다른 성분과 특별한 관계를 갖지 않는 성분. 독립어

3.2. 관형어

1 정의 : 체언 앞에서 그 체언의 의미를 수식해주는 성분

2 성립

    (1) 관형사 　　　　　　　　예 철수는 새 옷을 샀다.

    (2) 체언＋관형격조사 '-의' 예 철수는 독도의 사진을 지니고 있다.

    (3) 용언의 관형사형5) : '-는, -(으)ㄴ, -(으)ㄹ, -던'

        예 ┌ 동사 : 경복궁에 <u>가는</u> 철수 / 비빔밥을 <u>먹는</u> 철수
        　　└ 형용사 : 얼굴이 <u>예쁜</u> 영희 / 크기가 <u>작은</u> 가방

        예 동사 : 창덕궁에 <u>간</u> 철수 / 떡을 <u>먹은</u> 철수

        예 ┌ 동사 : 창경궁에 <u>갈</u> 철수 / 저녁에 <u>먹을</u> 김치
        　　└ 형용사 : 얼굴이 <u>예쁠</u> 거야 / 성격이 <u>좋을</u> 거야

---

5) 용언인 동사, 형용사는 원칙적으로 명사를 수식할 수 없다. 이것이 가능하기 위해서는 용언의 모습에 변화를 주어야 한다는 뜻이다.

3 특징

(1) 관형격조사 '-의'의 의미는 다양하다. ⑨ 아버지의 그림(소유, 작품, 대상)

(2) 한 문장에 여러 관형어가 올 경우 일정한 순서가 있다.

　　⑨ 저 두 젊은 유학생은 고급반 학생들이다.(지시-수-성상) 관형어

(3) 단독으로 쓸 수 없고 반드시 꾸밈을 받는 체언 앞에만 온다.

3.3. 부사어

1 정의 : 일반적으로 서술어 앞에서 그 뜻을 한정하는 성분

2 성립

(1) 부사　　　　　　　⑨ 제주도는 매우 아름답다. / 설마, 우리가 지겠어?

(2) 체언＋부사격조사　⑨ 여름에는 바다로 산으로 피서를 간다.
　　　　　　　　　　　　에버랜드에서 재미있게 놀았다.

(3) 부사성 의존명사구 ⑨ 옷을 입은 채 물 속에 들어갔다.

(4) 부사절　　　　　　⑨ 비가 소리도 없이 내린다.

3 특징

(1) 동일한 수식어인 관형어와 달리 부사어는 보조사와의 결합 및 자리 이동이 가능
하며, 단독으로 쓸 수도 있다.

　　⑨ 세월이 빨리도 가는구나.
　　　(어리석게) 철수는 (어리석게) 친구를 (어리석게) 믿었다. (어리석게)
　　　밥 남았니? 아니면 다 먹었니? / 다.

(2) 부정부사 '아니, 못', 성분부사 중 '잘, 좀' 그리고 다른 부사어나 관형어, 체언을
수식하는 부사어의 자리는 이동이 힘들다.

　　⑨ 철수는 아직 결혼을 안(못) 했다.

* 철수는 <u>안(못)</u> 아직 <u>안(못)</u> 결혼을 했다.

(3) 일반적으로 부사어는 부속성분이지만, 특정한 용언에 따르는 필수적 부사어가 있다.

예 같다, 비슷하다, 닮다 등의 서술어 : 저 아이는 <u>엄마와</u> 꼭 닮았다.
　　주다, 삼다 등의 서술어 : 그 분은 철수를 <u>양자로</u> 삼았다.

3.4. 독립어

1 정의 : 다른 성분과 특별한 관계를 갖지 않는 부름말, 감탄의 말, 응답어, 접속어
2 성립

(1) 감탄사　　　　예 <u>어머나</u>, 벌써 수업시간이 끝나구나.
(2) 체언＋호격조사 예 <u>철수야</u>, 빨리 와서 밥 먹어라.
(3) 문장 제시어　　예 <u>사랑</u>, 이 얼마나 아름다운 단어인가?
(4) 문장 접속부사　예 한국에 왔다. <u>그리고</u> 한국어를 공부한다.

3 특징

(1) 문장 부사어는 꾸밈을 받는 말과 직접 관련이 있지만, 독립어는 뒤의 내용과 직접적인 관련이 없다.
(2) 독립어가 없어도 나머지 부분만으로 완전한 문장이 된다.

4. 문장의 짜임새

4.1. 문장의 갈래

1 기준 : 주어와 서술어의 관계의 횟수

2 종류

$$\text{문장} \begin{cases} \text{홑문장} \\ \text{겹문장} \begin{cases} \text{안은 문장} \\ \text{이어진 문장} \end{cases} \end{cases}$$

4.2. 문장 속의 문장

1 정의 : 주어와 서술어의 독립적인 문장이 더 큰 문장의 성분자격으로 들어가는 것으로, 전체 문장은 '안은 문장'이 되고, 그 속의 문장은 '안긴 문장'이 된다.

2 구조

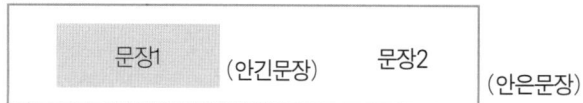

> 문장1 (안긴문장)　　문장2　　(안은문장)

3 종류

(1) 명사절

① 정의 : 주−술 관계로 구성되며, 명사와 동일한 기능을 한다.

② 어미 : '−(으)ㅁ', '−기', '−(으)ㄴ/는 −것'

③ 용례

- 철수가 중국에 갔음이 밝혀졌다.
- 농부들은 농사가 잘 되기를 기원한다.
- 나는 철수가 중국에 간 것을 믿을 수 없다.
- 나는 철수가 중국에 갔다는 것을 믿을 수 없다.

④ 특징

- 명사형 어미 '-(으)ㅁ'과 '-기'의 선택은 서술어의 성격에 따라 다르다.

  예 '-(으)ㅁ' : 알다, 밝혀지다, 드러나다, 기억하다 등
  '-기' : 바라다, 기다리다, 쉽다, 좋다, 나쁘다 등

- '-(으)ㅁ'의 명사절은 보통 '-(으)ㄴ/는 -것'의 구조로 바꿀 수 있다. 그러나 '-기'와는 전환이 어렵다.

  예 철수가 영어를 공부함은 취업을 하기 위해서이다.
  → 철수가 영어를 공부하는 것은 취업을 하기 위해서이다.
  → *철수가 영어를 공부하기는 취업을 하기 위해서이다.

(2) 서술절

① 정의 : 주-술 관계로 구성되며, 서술어 역할을 한다.
② 어미 : 특정한 어미가 결합하지 않는다.
③ 용례

- 한국은 교육열이 높다.
- 이천은 도자기가 유명하다.

④ 특징

- 서술절의 서술어는(높다, 유명하다) 형용사가 대부분이다.
- 서술절의 주어는(교육열, 도자기) 전체 문장 주어의(한국, 이천) 일부분이거나 소유물 또는 관련이 깊은 경우가 많다.

(3) 관형절

① 정의 : 주−술 관계로 구성되며, 관형어의 역할을 한다.

② 어미 : '−는', '−(으)ㄴ', '−(으)ㄹ', '−던'

③ 용례

- 나는 <u>경주가 신라의 수도였다는</u> 말을 들었다.
- 나는 <u>바다와 산이 유명한</u> 강원도를 좋아한다.

④ 특징

- 관형절의 종류는 다음과 같다.
  - 긴 관형절은 '종결형으로 끝난 문장+(−고 하)는'의 구조
  - 짧은 관형절은 '용언의 어간+관형사형 어미'의 구조

- 긴 관형절의 꾸밈을 받는 명사에는 '소식, 소문, 연락, 질문, 정보, 명령' 등이 있다. ⑩ 철수가 이사를 간다는 <u>소식(소문, 연락, 질문, 정보)</u> 등

- 짧은 관형절의 꾸밈을 받는 명사는 '기억, 사건, 경험' 등이다. ⑩ 싸운 <u>기억 (사건, 경험)</u> 등

(4) 부사절

① 정의 : 주−술 관계로 구성되며, 부사어의 역할을 한다.

② 어미 : 부사화접사 '−이−'6)

③ 용례

- <u>생각했던 것과 같이</u> 불고기는 맛있다.
- 저 외국인의 발음은 <u>물 흐르듯이</u> 자연스럽다.
- 수도권은 <u>다른 지역과 달리</u> 문화적 혜택을 본다.

---

6) '없이, 같이, 달리'나 '−듯이, −게, −도록' 등이 붙어서 이루어진다.

(5) 인용절

① 정의 : 주-술 관계의 남의 말을 인용하는 것으로 문장성분은 부사어이다.

② 종류 : 직접 및 간접 인용

- 직접 인용 : 인용어미 '~라고, 하고'를 사용

  ㉠ 철수는 "대학 졸업 후 삼성전자에 취업하고 싶다!" 라고 말했다.

  마이클은 "한국의 비빔밥은 정말 맛있어요" 하고 말했다.

  저 쪽에서 고양이 소리가 "야옹야옹" 하고 들린다.

- 간접 인용 : 인용어미 '~고'를 사용하며, 문장 종류에 따라 용언의 어미도 다양하다.

문장 유형	시 제	형 태	용 례
평서문	현 재	동 사	'-(느)ㄴ다'고 해요
		형용사	'-다'고 해요
		명 사	'-(이)라'고 해요
	과 거	동사/형용사	'-았/었/였다'고 해요
	미 래	동사/형용사	'-(으)ㄹ 거라'고 해요
청유문			'-자'고 해요
명령문			'-(으)라'고 해요
의문문		동사/형용사	'-(으)냐'고 해요
		명사+이다	'-(이)냐'고 해요
감탄문		동 사	'-(느)ㄴ다'고
		형용사	'-다'고 해요

평서문

현재) 가다 → 간다고, 먹다 → 먹는다고, 좋다 → 좋다고

　　　학생(의사)이다 → 학생이라고, 의사라고

과거) 갔다 → 갔다고, 먹었다 → 먹었다고, 좋았다 → 좋았다고

미래) 갈 것이다 → 갈 거라고, 믹을 것이다 → 믹을 거라고

예쁠 것이다 → 예쁠 거라고, 좋을 것이다 → 좋을 거라고

감탄문 간다고, 먹는다고 / 예쁘다고, 좋다고

의문문 가냐고, 먹냐고 / 좋냐고 / 학생이냐고(철수냐고)

청유문 가자고, 먹자고

명령문 가라고, 먹으라고

③ 특징

- 직접 인용문의 1인칭 저(제)는 간접 인용문에서 '자기'로 바뀌어진다.

  예 철수는 "저도 화성 문화체험에 가겠습니다."라고 말했다.
  → 철수는 자기도 화성 문화체험에 가겠다고 했다.

- 직접 인용문의 지시어 '여기'는 간접 인용문에서 '거기'로 바뀌어진다.

  예 철수가 "여기에 있어라"라고 말했다.
  → 철수가 거기에 있으라고 했다.

- 직접 인용문의 높임 표현은 간접 인용문에서 '하라'체로 낮아진다.

  예 선생님께서 "과제물 빨리 내십시오"라고 말씀하셨다.
  → 선생님께서 과제물 빨리 내라고 말씀하셨다.

- 직접 인용문의 서술어 '주다'는 간접 인용문에서 '달라'로 바뀌어진다. 그러나 화자가 아닌 제3자를 도와줄 경우에는 '주라고 해요'로 변한다.

  예 철수 : "물 좀 주십시오" → 철수가 물 좀 달라고 했다.
  예 철수 : "형, 앤디 씨 한국어 공부 좀 도와주세요"
  → 철수가 형에게 앤디 씨 한국어 공부 좀 도와주라고 했다.

4.3. 이어진 문장

1 정의 : 서로 독립적인 의미를 지닌 두 개의 문장이 연결어미에 의해 이어진 문장

2 구조

| 문장1 | + | 연결어미 | + | 문장2 |

3 종류

  (1) 대등적으로 이어진 문장

    ① 앞 문장과 뒷 문장의 의미 관계가 대등하게 이루어진 문장

    ② 어미 : '-고, -(으)며, -(으)나, -지만, -든지, -거나' 등[7]

    ③ 용례

      • 철수는 밥을 <u>먹고</u> 학교에 간다.

      • 철수는 책을 <u>읽으며</u>, 영희는 편지를 쓴다.

      • 철수는 책을 <u>읽으나</u>, 영희는 그렇지 않다.

      • 철수는 책을 <u>읽지만</u>, 영희는 밥을 먹는다.

      • 밥을 <u>먹든지</u>, 라면을 <u>먹든지</u>, 빵을 <u>먹든지</u> 해라.

      • 책을 <u>읽거나</u>, 숙제를 <u>하거나</u>, 심부름 <u>가거나</u> 해라.

  (2) 종속적으로 이어진 문장

    ① 앞 문장과 뒷 문장의 의미 관계가 종속적으로 이루어진 문장

    ② 어미 : '-(으)면, -거든, -다가, -아/어/여서, -(으)니까' 등

    ③ 의미별 종류[8]

용 법	어 미	용 법	어 미
조건, 가정	-(으)면, -거든	동작의 중단	-다, -다가
이유, 원인	-아서, -니까	보탬, 더함	-(으)ㄹ수록

---

7) 개별 연결어미들의 구체적인 용법은 제Ⅶ장을 참조.

8) 개별 연결어미들의 구체적인 용법은 제Ⅶ장을 참조.

용 법	어 미	용 법	어 미
반대 결과	-아도, -라도	의도	-(으)려고, -고자
설명	-는데, -되, -니	목적	-(으)러
동작의 연속	-자, -자마자	행위의 미침	-도록

④ 용례

- 열심히 <u>공부하면</u> 대학에 합격할 수 있어.
- 교실에서 음식을 <u>먹으면</u> 안 돼요.
- 집에 <u>가거든</u> 꼭 전화해라.
- 도서관에서 <u>공부하다가</u> 책을 읽었다.
- 어제 늦게까지 <u>공부해서</u> 피곤하다.
- 시간이 나면 친구를 <u>만나서</u>9) 뭐 하세요?
- 점심을 많이 <u>먹으니까</u> 졸음이 오는구나.
- 내일부터 <u>휴가니까</u> 가족들과 여행을 가려고 해요.
- 한국어 공부를 <u>할수록</u> 재미있다.
- 아무리 배가 <u>고파도</u> 손부터 씻어라.
- 많이 <u>피곤하더라도</u> 숙제는 꼭 하세요.
- 밥을 <u>먹으려고</u> 학교 식당에 가요.
- 제 친구는 키가 <u>큰데</u>,10) 저는 작아요.
- 동대문 시장에 <u>쇼핑하러</u> 갔는데, 그 곳에서 선생님을 만났어요.
- 집 밖을 <u>나가자</u> 비가 오기 시작했어요.
- 밥을 <u>먹자마자</u> 학교로 뛰어 갔어요.
- 공부를 열심히 <u>하도록</u> 공부방을 만들어 주었다.

---

9) '-아/어/여서'는 이유, 원인 외에 어떤 일을 하고 그 다음이라는 '순서'의 의미로 사용되기도 한다. 즉 "학교에 <u>가서</u> 뭐 하세요?"-"학교에 <u>가서</u> 공부하고 도서관에 <u>가서</u> 숙제하고 식당에 <u>가서</u> 밥 먹어요."와 같다.

10) 이 경우의 '-(으)ㄴ데'는 반대의 뜻을 지닌 것으로, 형용사와 결합한다. 그리고 동사, '있다, 없다'와는 '-는데'가 결합한다.

(3) 문장 및 단어의 이어짐의 차이

① 문장의 이어짐

철수와 민수는 대학생이다. $\left\{\begin{array}{l}\text{철수는 대학생이다.} \\ \text{민수는 대학생이다.}\end{array}\right.$

② 단어의 이어짐

철수와 민수는 도서관에서 만났다. $\left\{\begin{array}{l}\text{*철수는 도서관에서 만났다.} \\ \text{*민수는 도서관에서 만났다.}\end{array}\right.$

철수와 민수가 같이 도서관에서 만났다.

③ 단어 이어짐의 특수한 서술어

주어의 자리에 복합 주어를(A와/과 B) 요구하는 몇몇 서술어가 있다. 즉, '만나다, 마주치다, 싸우다, 닮다, 같다, 다르다, 결혼하다, 좋아하다, 약속하다, 비슷하다' 등이다.

5. 문장과 이야기

5.1. 이야기의 개념

1 정의 : 문장과 그 의미가 분명하게 드러나도록 하는 상황(화자, 청자, 장면)을 합한 단위

2 구조

3 상황의 중요성

  (1) 문장 구조의 차이

    ① 겹문장으로 해석 : 철수와 영호가 공부한다.(각각 공부하는 모습을 봄)

    ② 홑문장으로 해석 : 철수와 영호가 공부한다.(같이 공부하는 모습을 봄)

(2) 화자의 신분 파악

철수가 공부하고 있는 상황에서 "철수 뭐 하니?"란 발화의 화자는 선생님 또는 부모님 정도로 파악할 수 있다.

(3) 문장 종류의 차이

"한국의 청자는 빛이 곱다."란 문장은 보통 평서문이지만, 전시관의 도자기를 보고 정말 아름답다고 생각하고 표현한 것이라면 감탄문 형식이 된다.

5.2. 생략과 지시어

1 문장 성분의 생략

이야기 내의 앞뒤 문장을 통해 이미 알려진 내용(구정보)의 주어나 목적어의 성분은 생략이 가능하다. 그러나 새로운 정보(신정보)를 요구하는 질문에서는 생략이 불가능하다.

(1) 구정보

① 철수는 대학에 진학하기 위해 한국어를 열심히 공부했다.
② 그리고 마침내 (철수는) 올해 신입생이 되었다.

(2) 신정보

① 어제 무슨 일이 있었어요?
② ㄱ. *집들이 했어요.
　　ㄴ. 철수 씨 부부가 집들이 했어요.

2 지시어의 기능

(1) 종류 : 이, 그, 저, 이리, 그리, 저리, 이러하다, 저러하다, 그러하다
　　　　　관형사　　　　부사　　　　　　　형용사

<u>이이(분), 그이(분), 저이(분), 이것, 그것, 저것 등</u>
대명사

(2) 의미 및 용법

① 이 : 가리키는 대상이 화자에게 가까이 있음을 나타낸다.

② 그 : 가리키는 대상이 청자에게 가까이 있음을 나타낸다.

③ 저 : 가리키는 대상이 화자와 청자 둘 다에게서 멀리 있음을 나타낸다.

(3) 전술 언급[11]

① 상대방의 이야기에 이미 언급된 내용은 '그'로만 표현한다.

> 예 철　수 : 선생님, 공부하는 게 힘들어 죽겠어요.
> 선생님 : 아무리 힘들어도 <u>그런</u> 말은 쓰지마.

② 화자의 이야기에 이미 언급된 내용을 가리킬 때에는 '이'와 '그' 둘 다 사용
이 가능하다.

> 예 한국 속담에 "열 번 찍어 안 넘어 가는 나무 없다"는 말이 있잖아. 나는 <u>이(그)</u> 말의
> 표현이 너무 가슴에 와 닿아.

③ 화자만 알고 있는 내용을 가리킬 때에는 '이'만 사용할 수 있다.

> 예 아버지, 어머니, <u>이것</u>만은 꼭 알아주세요. 제가 너무 사랑한다는 것을.

5.3. 물음과 대답

1 물음

(1) 종류 : 긍정 물음, 부정 물음

---

11) 앞에 나온 것을 가리킬 때에 지시어 '저'는 사용할 수 없다.

(2) 제약

① 실제 발화의 현장에서는 부정 물음이 불가능하다.

㉐ {교실에서 공부를 하고 있음} *공부하지 <u>않으세요</u>? / 공부하세요?

② 긍정적인 내용을 함축하고 있는 경우도 부정 물음이 불가능하다.

㉐ 내일 시험은 한 사람도 빠지지 말고 다 보도록 하세요

* 철수야 너도 시험 <u>안 볼 거지</u>? / 철수야 너도 시험 볼 거지?

③ 부정의 내용이 전제된다면 긍정 물음을 사용할 수 없다.

㉐ {공부하고 있지 않음} *<u>공부하세요</u>? / 공부하지 않으세요?

2 대답

(1) 종류 : 긍정 답변, 부정 답변

(2) 용법

① 긍정 물음 {긍정 답변 / 부정 답변} 철수 공부하니? — 예, 공부해요. / 아니오, 공부하지 않아요.

② 부정 물음 {부정 찬동 / 긍정 반대} 철수 공부 안 하니? — 예, 공부 안해요. / 아니오, 공부해요.

③ 긍정을 가정한 부정 물음

부정 물음 {긍정 찬동 / 부정 반대} 한복 멋있지 않니? — 예, 정말 멋있어요. / 아니오, 멋있지 않아요.

V. 한국어의 문법요소

1. 한국어의 사·피동법

1.1. 사동의 개념

1 정의 : 동작주가 스스로 하는 동작을 주동이라 함에 반해, 사동은 남으로 하여금 어떤 동작을 하도록 하게 하는 함

2 종류

> 학생이 울다.

(1) 사동사에 의한 표현　　：　선생님이 학생을 <u>울리다</u>.

(2) '-게 하다'에 의한 표현 :　선생님이 학생을 <u>울게 하셨다</u>.

1.2. 사동의 표현

1 사동 구조

(1) 용언의 어간＋사동접사 '-이-, -히-, -리-, -기-, -우-, -추-'

　　'-이-' : 녹이다, 보이다, 높이다　　　'-히-' : 익히다, 입히다, 밝히다

　　'-리-' : 날리다, 물리다　　　　　　'-기-' : 웃기다, 벗기다

　　'-우-' : 깨우다, 지우다, 태우다　　　'-추-' : 낮추다

(2) 특수 사동사

　　흐르다 : 흘리다　　　　　걷다 : 거두다　　　　　　없다 : 없애다

113

젖다 : 적시다	일다 : 일으키다	돌다 : 돌이키다
서다 : 세우다	자다 : 재우다	타다 : 태우다
차다 : 채우다	뜨다 : 띄우다	크다 : 키우다
쓰다 : 씌우다		

2 사동 표현

(1)　　　　　　　　주　어＋자동사　：　　　　얼음이　녹 다
　　　　　　　　　　　↓　　　↓　　　　　　　　↓　　↓
　　　새주어＋목적어＋사동사　：　　불이　얼음을　녹이다

(2)　　　　주　어＋목적어＋타동사　：　철수가　책을　읽었다.
　　　　　　　↓　　　↓　　　↓　　　　↓　　↓　　↓
　　새주어＋부사어＋목적어＋사동사 : 선생님이 철수에게 책을　읽히셨다.

3 그 밖의 사동

(1) '-게 하다' 사동[1]

　① 서술어가 자동사인 주동문의 '-게 하다' 사동표현은 다음과 같다.

　　　ㄱ. (　　　) 얼음이 녹는다.(주동문)
　　　　　　　　　　↓　　↓
　　　ㄴ. 아이들이 얼음을 녹게 한다.(사동문)
　　　　　새주어　목적어　서술어

　② 서술어가 타동사인 주동문의 '-게 하다' 사동 표현은 다음과 같다.

　　　ㄱ. (　　　) 아이가 우유를 먹는다.(주동문)
　　　　　　　　　　↓　　↓　　↓
　　　ㄴ. 할머니가 아이에게 우유를 먹게 한다.(사동문)
　　　　　새주어　부사어　목적어　서술어

---

1) 사동접사에 의한 사동표현이 불가능한 경우가 있는 반면 '-게 하다'에 의한 사동표현의 경우는 거의 100%의 생산성을 보인다.

③ 서술어가 형용사인 주동문의 '-게 하다' 사동 표현은 다음과 같다.

　　ㄱ. (　　　　) 그 성벽이 높다. (주동문)

　　ㄴ. 사람들이 그 성벽을 높게 한다.(사동문)
　　　　새주어　　　목적어　서술어

(2) '-시키다' 사동

'-하다' 형태의 동사를 사동사로 만드는 접미사에 '-시키다'가 있다. 다만 앞에서 살핀 두 가지의 사동표현과는 달리 그 쓰임이 한정되어 있다. '-게 하다'와 바꾸어 쓸 수도 있고, '-시키다' 사동에 '-게 하다'로 다시 사동화할 수도 있다.

　　ㄱ. 반복하다2)-반복시키다(반복하게 하다, 반복시키게 하다)
　　ㄴ. 발표하다-발표시키다(발표하게 하다, 발표시키게 하다)
　　ㄷ. 변화하다-변화시키다(변화하게 하다, 변화시키게 하다)
　　ㄹ. 설치하다-설치시키다(설치하게 하다, 설치시키게 하다)
　　ㅁ. 연습하다-연습시키다(연습하게 하다, 연습시키게 하다)
　　ㅂ. 운동하다-운동시키다(운동하게 하다, 운동시키게 하다)
　　ㅅ. 이해하다-이해시키다(이해하게 하다, 이해시키게 하다)
　　ㅇ. 입원하다-입원시키다(입원하게 하다, 입원시키게 하다)
　　ㅈ. 훈련하다-훈련시키다(훈련하게 하다, 훈련시키게 하다)

4 의미적 차이

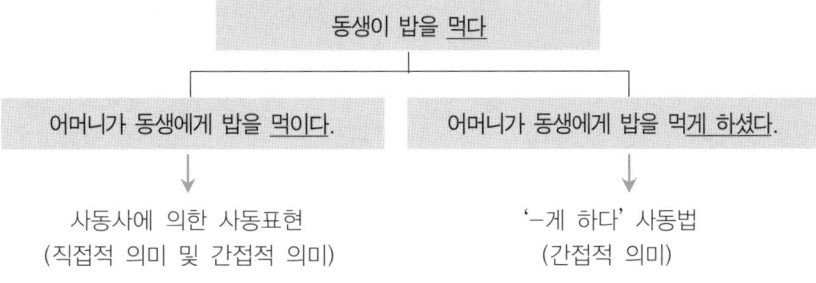

---

2) 예문의 용례는 이선웅(한국어교원 양성과정(Ⅰ), 2006 : 72)에서 발췌한 것이다.

1.3. 피동의 개념

1 정의 : 동작주가 제 힘으로 하는 동작을 능동이라 함에 반해, 피동은 남의 행동을 입
　　　　어서 하는 동작을 의미함

2 종류

(1) 피동사에 의한 표현

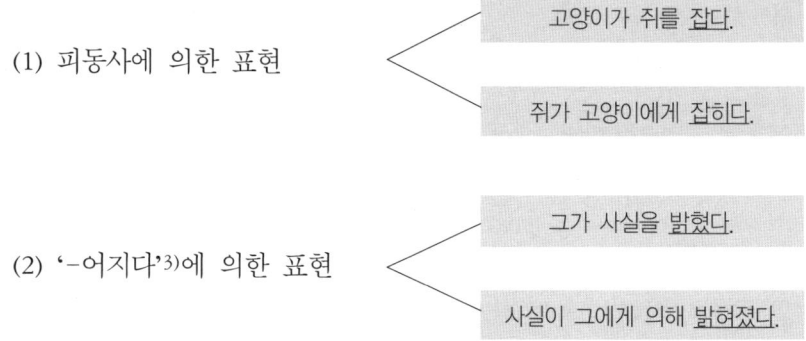

고양이가 쥐를 <u>잡다</u>.

쥐가 고양이에게 <u>잡히다</u>.

(2) '-어지다'3)에 의한 표현

그가 사실을 <u>밝혔다</u>.

사실이 그에게 의해 <u>밝혀졌다</u>.

1.4. 피동의 표현

1 피동 구조
(1) 용언의 어간＋피동접사('-이-, -히-, -리-, -기-')
(2) 용례
　　　'-이-' : 놓이다, 보이다　　　'-히-' : 먹히다, 잡히다
　　　'-리-' : 걸리다, 몰리다　　　'-기-' : 쫓기다, 안기다

2 피동표현

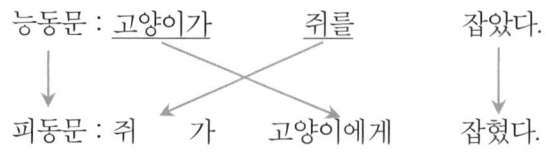

능동문 : <u>고양이가</u>　　　　　<u>쥐를</u>　　　　잡았다.

피동문 : 쥐　　가　　고양이에게　　잡혔다.

---

3) '벌어지다, 풀어지다, 밝혀지다, 나아지다, 높아지다' 등이 있다.

3 피동문의 부사어

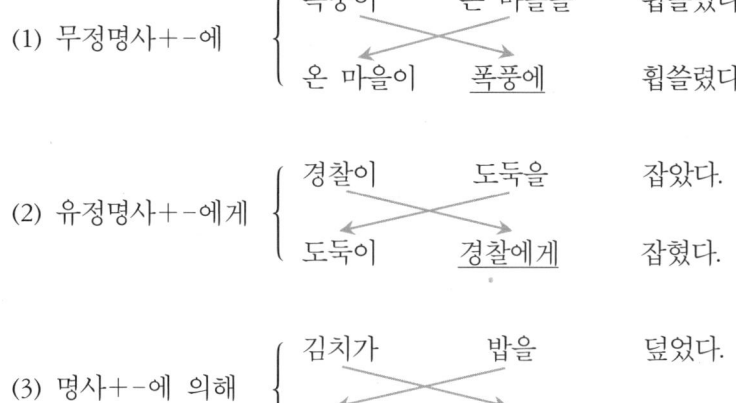

(1) 무정명사+-에

폭풍이　　　온 마을을　　휩쓸었다.

온 마을이　　폭풍에　　　휩쓸렸다.

(2) 유정명사+-에게

경찰이　　　도둑을　　　잡았다.

도둑이　　　경찰에게　　잡혔다.

(3) 명사+-에 의해

김치가　　　밥을　　　　덮었다.

밥이　　　　김치에 의해　덮혔다.

4 그 밖의 피동

(1) '-아/어지다' 피동

　이는 피동접사에 의해 피동문을 만들지 못하는 타동사들도 피동화할 수 있는 방법으로 능동사 어간에 보조적 연결어미 '-아/-어'와 보조동사 '-지다'가 결합한 구조이다.

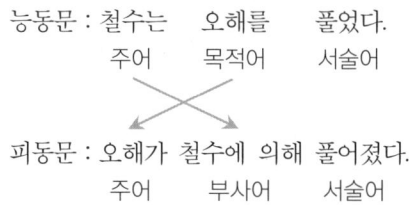

능동문 : 철수는　오해를　풀었다.
　　　　　주어　　목적어　서술어

피동문 : 오해가 철수에 의해 풀어졌다.
　　　　　주어　　부사어　　서술어

　'-아/어지다'에 의한 피동법의 전환과정은 피동접사에 의한 방법과 별다른 차이가 없다.

(2) '-되다/당하다' 피동

피동 표현을 만드는 방법 중 또 다른 한 가지 방법은 '-하다'로 끝나는 타동사
의 어간에 '되다'나 '받다', '당하다'를 결합하여 만드는 방법이 있다.

능동문 : 대통령이 내각을 <u>발표했다.</u>
피동문 : 내각이 대통령에 의해 <u>발표되었다.</u>

능동문 : 남자가 여자를 <u>사랑한다.</u>
피동문 : 여자가 남자에게 <u>사랑받는다.</u>

능동문 : 미국이 이라크를 <u>공격했다.</u>
피동문 : 이라크가 미국에게 <u>공격당했다.</u>

※ 다음의 빈 칸에 사동접사를 쓰고, 예문을 만들어 보시오.

예) 먹다 : 먹□다 → 이, 엄마가 아이에게 우유를 먹이다.

1. 입다 : 입□다 →
2. 돌다 : 돌□다 →
3. 신다 : 신□다 →
4. 늦다 : 늦□다 →
5. 깨다 : 깨□다 →

※ 다음의 빈 칸에 피동접사를 쓰고, 예문을 만들어 보시오.

예) 보다 : 보□다 → 이, 드디어 설악산이 보인다.

1. 먹다 : 먹□다 →
2. 몰다 : 몰□다 →
3. 쫓다 : 쫓□다 →

---

2. 한국어의 시제와 동작상

2.1. 시제의 개념

1 정의 : 말하는 이가 발화시(현재)를 기준으로 사건시의 앞뒤를 제한하는 것

2 종류

(1) 절대적 시제 : 발화시를 기준으로 결정되는 시제로, 종결형에서 표현

(2) 상대적 시제 : 전체 문장의 사건시를 기준으로 결정되는 시제, 관형사형이나 연결형에서 표현

① 어제는 비가 많이 <u>내렸다</u>. : 비가 내린 사건이 어제 일어난 과거 표현

② 우리는 <u>읽을</u> 책이 <u>없었다</u>. : '없었다'라는 과거에서의 미래(읽을) 표현

2.2. 시제⁴⁾의 표현

1 현재 시제

(1) 종 결 형 : 동사+'-는다/-ㄴ다', 형용사, 서술격조사 단독

(2) 관형사형 : 동사어간+'-는', 형용사, 서술격조사+'-(으)ㄴ'

2 과거 시제

(1) 종 결 형 : 동사, 형용사, 서술격조사+'-았/었/였다'⁵⁾

---

4) 구체적인 사용법은 관형사형 어미편에서 재확인하기 바란다.

5) '-았었-/-었었-'처럼 과거 시제 선어말어미가 중복된 표현은 '과거'임을 강조하는 것으로, 현재와 비교하여 '다름, 단절'의 의미를 지닌다.

(2) 관형사형 : 동사 어간＋'-(으)ㄴ'

(3) 선어말어미 : '-더-'

① 종결형어미 '-라, -냐, -구나' 앞에 나타난다.

② 관형사형에서 '-던-'으로 나타난다.

3 미래 시제

(1) 종 결 형 : '-겠다',[6] '-(으)ㄹ 것이다'

(2) 관형사형 : '-(으)ㄹ'

4 동작상

(1) 완료상 : 일이 끝난 후 결과가 지속되고 있음을 표시한다. '-아/-어 있다'로 대표된다. ⑩ 옷이 옷걸이에 걸려 있다. 책상에 책이 놓여 있다.

(2) 진행상 : 동작의 진행 중임을 나타낸다. '-고 있-' 또는 '-는 중이다'로 실현된다. '-고 있다'의 경우 동사와만 결합한다. 다만 동작성을 지닌 동사일 경우 아래의 예처럼 '-는 중이다'와 교체가 가능하다.

⑩ 사람들이 점심을 먹고 있다.

→ 사람들이 점심을 먹는 중이다.

그러나 동작성을 전제하지 않는 '알다'는 '~는 중이다'로 교체할 수 없다.

⑩ 철수는 우리 부모님을 알고 있다.

→ *철수는 우리 부모님을 아는 중이다.

---

6) '-겠-'은 미래 시제 외 '추측', '의지', '가능성'이라는 또 다른 의미를 부여할 수 있다.

양태 표현의 문형7)

추 측		-겠-, -(으)ㄹ걸, -(으)ㄹ 것이다, -는/-(으)ㄴ/-(으)ㄹ 모양이다, -는/-(으)ㄴ/-(으)ㄹ 것 같다, -나 보다, -는/-(으)ㄴ/-(으)ㄹ 듯하다, -는/-(으)ㄴ/-(으)ㄹ 듯싶다, -기가 쉽다, -(으)ㄹ 텐데, -는/-(으)ㄴ/-(으)ㄹ 지도 모르다, -는/-(으)ㄴ/-(으)ㄹ줄 알다, -나 싶다, -기는 틀렸다 …
바 람		-(으)면 좋겠다, -아야/-어야 하다, -아야/-어야 좋다, -(으)면 안 되다, -고 싶다, -고 싶어하다, -기 바라다…
판 단	새로 인식	-네, -는구나/-구나…
	인식 전제	-지…
	가능성	-(으)ㄹ지도 모르다, -(으)ㄹ 수 있다, -(으)ㄹ리가 없다…
	당연함	-는/-(으)ㄴ 법이다, -게/-기 마련이다…
	정 도	-는/-(으)ㄴ 셈이다, -는/-(으)ㄴ 편이다…
행동지시	허 락	-아도/-어도 좋다, -(으)ㄹ 수 있다, -(으)렴…
	금 지	-(으)면 안 되다, -(으)ㄹ수 없다…
	당 위	-아야/-어야 하다, -아야/-어야 되다…
	제 안	-는 게 좋겠다, -(으)ㄹ까…
의도, 의지 표현	의 도	-(으)려고 하다, -(으)ㄹ까 보다, -(으)ㄹ까 하다, -(으)ㄹ까 싶다…
	의 지	-겠-, -(으)ㄹ게, -(으)ㄹ래, -(으)ㄹ 것이다…
	시 도	-아/-어 보다, -고 보다…
	완 료	-아/-어 버리다, -고 말다…
	가 장	-는/-(으)ㄴ 척하다/체하다…
	봉 사	-아/-어 주다, -아/-어 드리다…
	준 비	-아/-어 놓다, -아/-어 두다…
능 력		-(으)ㄹ 수 있다/없다, -(으)ㄹ 줄 알다/모르다…

---

7) 국립국어원(2005 : 292) 참조.

3. 한국어의 높임법

3.1. 높임의 개념

1 정의 : 한국어의 특수한 문법으로, 문장의 주체나 말을 듣는 상대방을 높이는 표현 방법

2 종류

(1) 주체 높임법 : 문장의 주체를 높이는 법

(2) 상대 높임법 : 말 듣는 상대방을 높이거나 낮추는 법

3.2. 주체높임법

1 방법

높임의 주어 명사+'-께서' / 용언의 어간+높임 선어말어미 '-(으)시-'

2 종류

(1) 직접 높임 : 문장의 주체를 직접적으로 높이는 방법

　　예 할아버지께서 신문을 읽으십니다.

(2) 간접 높임 : 서술어에 대한 직접적인 높임의 대상이 아닐지라도 전체 문장의 주어가 높임의 대상이면 '-(으)시-'를 붙일 수 있다.

　　예 선생님께서는 따님이 예쁘십니다.[8]

3 제약

(1) 1인칭 화자가 문장의 주어일 경우에는 높임의 대상이 아니다.

(2) 문장의 주체가 말하는 사람보다는 높으나, 말 듣는 사람보다 낮으면 '-(으)시-' 를 사용하지 않는다. ⑩ 할아버지, 아버지가 회사에 <u>갔습니다</u>. / *<u>가셨습니다</u>.

(3) 문장의 주체가 말하는 사람보다 낮고, 말 듣는 사람보다 높은 경우, 중시 정도에 따라 두 가지의 표현이 가능하다.

⑩ 네 아버지 집에 <u>가셨니</u>? (선생님이 제자에게)
네 아버지 집에 <u>갔니</u>? (할아버지가 손자에게)

(4) 말하는 사람의 입장에 따라, 높임의 표현에 대한 의미가 달라진다.

⑩ 박정희 대통령은 한국 경제 발전에 힘을 <u>쏟으셨다</u>. (친근감 표현)
박정희 대통령은 한국 경제 발전에 힘을 <u>쏟았다</u>. (객관적 진술)

3.3. 상대높임법

1 방법

말 듣는 사람의 지위나 나이 등에 따라 일정한 종결어미를 사용하여 상대방을 높이 거나 낮추는 방법이다.

2 종류

(1) 격 식 체 : 의례적이며, 직접적, 단정적, 객관적 상황의 표현

① 아주 낮춤 : 빨리 밥 <u>먹어라</u>.   → 해라체[9]

② 예사 낮춤 : 빨리 밥 <u>먹게</u>.   → 하게체

---

8) '예쁘시다'의 직접적인 주체는 '따님'으로 선생님과 밀접한 관련이 있는 사람이기에 높임 표현이 가능하 다. 이 외에도 "할머니께서는 귀가 <u>어두우시다</u>."처럼 높임 대상의 신체나 소유물도 가능하다.

9) 신문 및 시험지 등의 인쇄물에서의 해라체는 글을 읽는 사람을 낮추는 뜻이 없는 일반적 진술이다. 예를 들면, "보기에 알맞은 단어를 찾아 <u>쓰라</u>."와 같다.

③ 예사 높임 : 빨리 밥 <u>먹으시오</u>.   → 하오체

④ 아주 높임 : 빨리 <u>먹으십시오</u>.   → 합쇼체

(2) 비격식체 : 정감적이며, 부드럽고 비단정적, 주관적 상황의 표현

① 두루 낮춤 : 빨리 밥 <u>먹어</u>.   → 해체

② 두루 높임 : 빨리 <u>먹어요</u>.   → 해요체

(3) 공손법 : 말하는 사람이 특별히 공손한 뜻을 나타냄으로써 상대방을 높이는 방법

① 선어말어미 '-(으)옵-/-(으)오-' : 선물이 있<u>으오</u>니 받아주시옵소서.

② 선어말어미 '-삽-/-사옵-/-사오-' : 제게도 딸이 있<u>사</u>옵니다.

③ 선어말어미 '-잡-/-자옵-/-자오-' : 듣<u>자오</u>니, 내일 휴업이라 합니다.

3.4. 어휘높임법

1 정의

주체높임법이나 상대높임법과 같이 한국어의 문법적 요소, 즉 선어말어미나 종결어미 등을 이용하지 않고, 높임과 낮춤을 표시하는 특수한 단어를 사용하는 높임법으로, 이를 '높임말'과 '낮춤말'이라 한다.

2 높임말

(1) 직접 높임 : 선생님, 아버님, 계시다, 드리다, 모시다, 뵙다 등

(2) 간접 높임 : 진지, 말씀, 약주, 댁, 치아, 연세 등

3 낮춤말

(1) 직접 낮춤 : 저(저희), 소인, 소생 등

(2) 간접 낮춤 : 말씀, 졸고, 따님 등

4. 한국어의 문장종결법

4.1. 문장종결법의 개념

1 정의 : 말하는 사람이 듣는 사람에게 자기의 생각을 표현하는 방식으로, 종결어미에 의해 표현된다.

2 유형

    (1) 평서문 : 한국의 수도는 서울이다.

    (2) 의문문 : 한국의 국보 1호는 뭐니?

    (3) 명령문 : 공공 장소에서 담배 피우지 마라.

    (4) 청유문 : 오늘 밤, 동대문 시장으로 쇼핑가자.

    (5) 감탄문 : 서울의 야경은 참 멋있구나.

4.2. 문장종결법

1 평서문

    (1) 정의 : 말하는 이가 내용을 알고 있는 그대로 설명하여 진술하는 문장 유형

    (2) 어미 : '-다, -네, -(으)오, -(스)ㅂ니다, -아/-어, -아/어요'

        예 학교에 가다 / 가네 / 가오 / 갑니다 / 가 / 가요

           밥을 먹다   / 먹네 / 먹으오 / 먹습니다 / 먹어 / 먹어요

(3) 종류

① 원칙평서문 : 규범 및 당위에 속하는 객관적 믿음을 표현

  ⑩ 거짓말을 해서는 안 <u>되느니라.</u>

② 확인평서문 : 주관적 믿음을 표시하는 것으로, 독백 형식에 사용

  ⑩ 내일은 비가 <u>오렸다.</u>

③ 약속평서문 : 자기의 생각을 상대방에게 실현할 것을 약속할 때 사용

  ⑩ 다음 주에 꼭 한턱 냄세. 내일 반드시 선물 <u>주마.</u>

2 의문문

(1) 정의 : 말하는 이가 듣는 이에게 질문을 하거나 물어보는 문장 유형

(2) 어미 : '-느냐(-니), -는가, -(으)오, -(스)ㅂ니까, -아/어, -요'

  ⑩ 학교에 가느냐(니)? / 가는가? / 가오? / 갑니까? / 가? / 가요?
    밥을 먹느냐(니)? / 먹는가? / 먹으오? / 먹습니까? / 먹어? / 먹어요?

(3) 종류

① 판정 의문문 : '예' 또는 '아니오'로 대답해야 하는 의문문

② 설명 의문문 : 의문사를 사용하여 새로운 정보의 설명을 요구하는 의문문

③ 수사 의문문 : 형식은 의문문이지만, 의미상 의문문이 아닌 문장

  ⑩ 내가 너에게 만원 쯤이야 빌려주지 <u>못할까?</u>

④ 감탄 의문문 : ⑩ 여자 친구가 있다면 얼마나 <u>좋을까?</u>

⑤ 확인 의문문 : 어떤 사실을 다시 한번 확인하고자 할 때로 어미 '-지'가 쓰인
  다. ⑩ 숙제 다 <u>했지?</u>

3 평서문, 의문문 격식체(합쇼체)와 시제 결합

　(1) 현재

　　　① 어미 : -(스)ㅂ니다 / -(스)ㅂ니까?

　　　② 조건

	-(스)ㅂ니다.	-(스)ㅂ니까?
	모음 어간+-ㅂ니다 자음 어간+-습니다	모음 어간+-ㅂ니까? 자음 어간+-습니까?
자　다	＿＿＿＿＿＿	＿＿＿＿＿＿
읽　다	＿＿＿＿＿＿	＿＿＿＿＿＿
공부하다	＿＿＿＿＿＿	＿＿＿＿＿＿

　(2) 과거

　　　① 어미 : -았/었/였습니다 / -았/었/였습니까?

　　　② 조건

	-았/었/였습니다.	-았/었/였습니까?
	'ㅏ, ㅗ' 모음 어간+-았습니다(까?) 'ㅏ, ㅗ' 이외의 모음 어간+-었습니다(까?) '하-'의 어간+-였습니다(까?)	
자　다	＿＿＿＿＿＿	＿＿＿＿＿＿
읽　다	＿＿＿＿＿＿	＿＿＿＿＿＿
공부하다	＿＿＿＿＿＿	＿＿＿＿＿＿

　(3) 미래

　　　① 어미 : -(으)ㄹ 겁니다 / -(으)ㄹ 겁니까?

　　　② 조건

	-을 겁니다.	-ㄹ 겁니까?
	자음으로 끝나는 어간+-을 겁니다(까?) 모음으로 끝나는 어간+-ㄹ 겁니다(까?)	
읽　다	＿＿＿＿＿＿	＿＿＿＿＿＿
자　다	＿＿＿＿＿＿	＿＿＿＿＿＿
공부하다	＿＿＿＿＿＿	＿＿＿＿＿＿

4 명령문

(1) 정의 : 말하는 사람이 청자에게 어떤 일을 하도록 하거나 하지 않도록 요구하는
문장 유형

(2) 어미 : '-아/어라, -게, -(으)오, -(으)십시오, -아/어, 아/어요'

　　예 교양있는 책을 읽어라 / 읽게 / 읽으오 / 읽으십시오 / 읽어 / 읽어요.

(3) 종류

　　① 직접 명령문 : 화자가 청자에게 직접 명령함. 예 빨리 <u>가라</u>.

　　② 간접 명령문 : 화자가 매체를 통해 청자에게 명령함. 예 답을 <u>쓰시오</u>.

　　③ 허락 명령문 : 예 숙제를 다 했으면 <u>가려무나</u>.

5 청유문

(1) 정의 : 상대방에게 어떤 일이나 행동을 함께 하자고 요구하는 문장 유형

(2) 어미 : '-자, -세, -ㅂ시다, -시지요, -아/어, -아/어요'

　　예 도서관에 가자 / 가세 / 갑시다 / 가시지요 / 가 / 가요

6 감탄문

(1) 정의 : 말하는 사람의 느낌이나 놀람을 표현하는 문장 유형

(2) 어미[10] : '-(는)구나, -(는)구면, -(는)구려, -(는)군, -(는)군요'

　　① 동　사 : 새가 우는구나 / 우는구면 / 우는구려 / 우는군 / 우는군요

　　② 형용사 : 꽃이 예쁘구나 / 예쁘구면 / 예쁘구려 / 예쁜군 / 예쁜군요

　　③ 서술격조사 : 책이로구나 / 책이로구면 / 책이로구려 / 책이로군 / 책이로군요

---

10) 감탄문의 어미에는 '-구나'계열 외에 '-아라/어라' 감탄문도 있는데, 이 경우는 상대방을 고려하지 않은
독백의 형식에서 사용된다.

5. 한국어의 부정법

5.1. 부정법의 개념

1 정의 : 문장은 표현 방법에 따라 긍정과 부정으로 구분하며, 이에 따라 긍정문, 부정문이 된다. 따라서 부정법은 부정문을 만드는 방법이다.

2 종류

    (1) 체언＋서술격조사 '-이다' : -이/-가 아니다

    (2) 부정부사 '안', '못'
　'안' ｛ '안'＋동사, 형용사
　　　　동사, 형용사＋'-지 않다'
　'못' ｛ '못'＋동사, 형용사
　　　　동사, 형용사＋'-지 못하다'

    (3) 명령, 청유문의 부정 : '-지 말다'

5.2. '안' 부정법

1 종류

짧은 부정문 : 안＋용언 ⑩ 안 가다{먹다, 자다, 예쁘다, 맵다} 등

긴 부정문 : 용언 어간＋-지 않다 ⑩ 가{먹, 자, 예쁘, 맵}지 않다

129

2 특징

(1) 서술어가 명사일 경우, 짧은 부정문은 성립이 안 된다. ⑩ *그는 안 학생이다.

(2) 음절이 긴 형용사는 긴 부정문만 가능하다.

⑩ 울긋불긋하다 → { 울긋불긋하지 않다.
*안 울긋불긋하다.

(3) '명사＋하다'로 구성된 동사의 부정법은 '명사＋안＋하다'이다.

⑩ 철수가 공부한다. → 철수가 공부 안 한다.

(4) 무의지 동사의 '안' 부정법은 불가능하다.

⑩ '안 견디다, 견디지 않다 / 안 알다, 알지 않다 / 안 깨닫다, 깨닫지 않다.

(5) 명령문과 청유문의 부정문은 불가능하다. 이 때에는 동사 어간에만 '-지 말다'가 결합11)한다. ⑩ 떠들지 말아라, 말자 / *크지 마라 / *학생이지 마라

(6) 높임의 선어말어미가 결합할 때, 긴 부정문에서는 본용언과 보조용언, 또는 양자에 결합이 가능하다.

⑩ 선생님께서 책을 읽지 않으시다.   선생님께서 책을 읽으시지 않다.
선생님께서 책을 읽으시지 않으시다.

(7) 시제의 선어말어미가 결합할 때, 긴 부정문에서는 보조용언과만 가능하다.

⑩ 철수가 학교에 가지 않았다. *철수가 학교에 갔지 않다.
장미가 예쁘지 않았다. *장미가 예뻤지 않다.

---

11) '-지 말다'의 경우 명령문과 청유문의 부정문에만 사용되지만, '바라다, 좋겠다, 원하다' 등의 희망이나 바람을 나타내는 서술어가 올 경우 평서문 형태로 나타나기도 한다. "내일 비가 오지 말기를 바란다, 날씨가 춥지 말았으면 좋겠다." 등이다. 그러나 가능한 한 '안' 부정문의 표현이 더 자연스럽다.

3 의미의 해석

(1) '안' 부정문은 부정 대상이나 부사어의 범위에 따라 그 의미가 중의적이 된다.

例 나는 철수를 때리지 않았다.

$\left\{\begin{array}{l}\text{철수를 때린 사람은 내가 아니다.}\\\text{나는 철수가 아닌 사람을 때렸다.}\\\text{나는 철수를 때리지 않고 밀었다.}\end{array}\right.$

例 학생들이 다 오지 않았다.

$\left\{\begin{array}{l}\text{학생들 전체가 오지 않았다.}\\\text{학생들 중 일부분만 왔다.}\end{array}\right.$

(2) 긴 부정문의 경우 '-지'에 보조사를 붙이면 서술어만 부정하게 되어 중의성이 없어진다. 例 학생들이 다 <u>오지는</u> 않았다. → 학생들 중 일부분만 왔다.

5.3. '못' 부정법

1 종류

짧은 부정문 : 못＋용언 例 <u>못</u> 가다{먹다, 자다, *예쁘다}

긴 부정문 : 용언 어간＋-지 못하다. 例 가{먹, 자}<u>지 못하다</u>

2 특징

(1) '명사＋하다'로 구성된 서술어의 부정은 '명사＋못＋하다'로 나타난다.

例 오늘은 도서관에서 공부했다. → 오늘은 도서관에서 <u>공부 못 했다</u>.

(2) 형용사의 경우 '못' 부정문이 될 수 없다. 다만, 기대에 미치지 못함을 아쉬워할 때는 긴 부정문으로 가능하다. 例 철수는 <u>똑똑하지 못하다</u>.

(3) 동사 '고민하다, 걱정하다, 후회하다, 실패하다' 등은 '못' 부정문이 불가하다.

5.4. 어휘 부정법

1 정의

한국어의 부정법은 부정부사인 '안'과 '못'을 이용한 짧은 부정문과 긴 부정문 외에 부정의 의미를 지니는 특정한 어휘나 부정문과 호응이 되는 어휘들에 의해서도 부정문이 생성된다.

2 종류

(1) 부정의 어휘

이다 ↔ 아니다, 있다 ↔ 없다, 알다 ↔ 모른다

(2) 부정의 부사

① 나는 <u>결코</u> 한국어 공부를 포기하지 <u>않을 것이다</u>.

② 전혀, 도무지, 도저히, 별로, 조금도, 하나도 등

(3) 특수형태

'한 □도' 형식 : 한 병도 못 마신다. 한 권도 줄 수 없다, 한 장도 등

VI. 한국어의 조사

1. 격조사편

1 종류

(1) 대표형태 : '-이/-가'

① 체언의 말음이 자음+'-이' 예 학생이, 사람이

② 체언의 말음이 모음+'-가' 예 사과가, 철수가

(2) 높임 및 존경의 체언 : '-께서' 예 선생님께서, 할아버지께서

(3) 단체 무정명사 : '-에서' 예 우리 학교(회사)에서 우승을 차지했다.

2 특성

(1) 주격조사와 보조사의 결합

① '-이/-가'+보조사 : *철수가{는, 도} 사과를 먹는다.

② '-께서'+보조사 : 선생님께서{는, 만, 도} 사과를 드신다.

(2) 형태 변화

① 1인칭대명사 '나'+가 → 내가

② 2인칭대명사 '너'+가 → 네가

③ 미정대명사 '누구'+가 → 누가

---

1) 주격조사 '-께서'가 사용되면 서술어에는 반드시 높임의 선어말어미인 '-(으)시-'가 결합한다.

목적격조사 : '-을/-를', 'ㄹ'

1 종류

(1) 대표형태 : '-을/-를'

　① 체언의 말음이 자음+'-을' 예 학생을, 사람을

　② 체언의 말음이 모음+'-를' 예 사과를, 철수를

(2) 특수형태 'ㄹ' : 받침없는 말(구어체)+'ㄹ' 예 글씰(글씨를)

2 특징

(1) 원칙 : 타동사문의 목적어에 결합 예 철수가 밥을 먹는다.

(2) 예외 : 자동사문의 부사어에 결합(강세의 의미가 덧붙는다)

　예 철수는 매일 도서관에 간다. (자동사문, 주어－서술어)

　　　　　↓

　　철수는 매일 도서관을 간다. (타동사문, 주어－목적어－서술어)

　① "철수는 매일 도서관에 간다."는 원 문장은 자동사 구문이다. 이 문장의 부사
　격조사인 '-에'를 목적격조사로 바꾸어 놓은 문장이 "철수는 매일 도서관을
　간다."이다.

　② 원래 자동사문을 타동사문으로 바꾼 경우이다.

　③ 부사격조사 '-에'의 뒤에 목적격조사 '-을/-를'이나 이의 줄임 형태인 'ㄹ'이
　결합하는 경우도 있다.

　예 철수가 학교에 간다. → 철수가 학교에를(학교엘) 간다.

보격조사 : '-이/-가'

1 종류

$$\text{체언}+\text{'-이/-가'}+\begin{cases} \text{되 다} \\ \text{아니다} \end{cases}$$

2 특징

(1) 보격조사는 서술어의 의미를 보완해주는 보어와 결합하는데 그 형태가 주격조사
와 동일하다. 다만, 서술어 '되다, 아니다' 앞에 오는 성분만 보어로 다룬다.

(2) 보어 없이는 불완전한 문장이 된다.

　① *물이 (　　　) 되 다. → 물이 <u>얼음이</u> 되 다.
　② *그는 (　　　) 아니다. → 그는 <u>학생이</u> 아니다.

　• 예문)의 서술어인 '되다'와 '아니다'는 주어만으로는 온전한 의미구조를 드러
　내지 못한다. 즉 "*물이 되다", "*그는 아니다"와 같다. 따라서 서술어의 의미
　를 보충해 주는 주어 외의 다른 성분이 필요하게 된다.

관형격조사 : '-의'

1 종류

(1) 체언+관형격조사 '-의'
(2) 용법

　① ㄱ. <u>모든</u> 학생이 학교에 왔다.
　　ㄴ. <u>철수의</u> 책이 학교에 있다.

　• (ㄱ)의 '모든'은 관형사로서 후행 명사인 '학생'을 수식하고 있다.

• (ㄴ)의 '철수'는 명사로서 관형격조사 '-의'의 결합으로 명사 '책'을 수식하고 있다.

2 특징

관형격조사 '-의'는 1, 2인칭 대명사와 결합할 경우 그 형태에 변화가 일어난다.

② ㄱ. <u>내</u> 책은 여기에 있다.
ㄴ. <u>네</u> 가방은 어디에 있니?

• (ㄱ)의 '내'는 '나+의', (ㄴ)의 '네'는 '너+의'의 구조이다.

호격조사 : '-아/-야'

1 종류

(1) 일반형 : '-아', '-야'
(2) 존대형 : '-여/-이여', '-이시여'

2 특징

(1) 일반형

> 체언의 말음 자음+-아 ㉑ 영철<u>아</u>
> 체언의 말음 모음+-야 ㉑ 철수<u>야</u>

(2) 존대형

> 체언의 말음 자음+-이여, -이시여 ㉑ 하느님<u>이여</u>, 하느님<u>이시여</u>
> 체언의 말음 모음+-여 ㉑ 친구<u>여</u>

부사격조사 : '-에', '-에서', '-에게', '-에게서'

1 '-에'와 '-에서'

	'-에'	'-에서'
1	존재 위치 'N+에'+{있다, 계시다, 없다, 살다, 머무르다, 남다} 등	동작 및 행위가 일어나는 곳
2	동작, 행위가 미치는 곳(도달점) 'N+에'+{눕다, 앉다, 놓다, 쓰다, 붙이다} 등	장소의 이동(방향성, 출발점) 'N+에서(부터)'
3	시각과 시대, 순서 표현	상황이나 범위
4	시작 시간 : '-에' / '-부터'	
5	이유 표시2)	
6	단위 표현	

(1) 존재 위치를 나타내는 '-에'와 결합하는 서술어의 경우, '살다, 머무르다, 체류하다' 등에는 '-에서'의 결합도 가능하다.

(2) 동작 및 행위의 서술어와 결합할 경우, '-에'가 도달점 내지 마지막 지점이라는 의미를 띤다면, '-에서'는 그 동작이나 행위의 출발점의 의미를 가지고 있다.

(3) 장소의 이동과 관련해서도 '-에'는 이동하려는 목표 내지 도달점에 결합3)하고, '-에서'는 출발점을 드러낸다. 이 경우 '-부터'가 결합하기도 한다.

2 '-에게'와 '-에게서'

	'-에게(한테)'	'-에게서(한테서)'
1	목표물에 다가감	목표물에 멀어짐
2	'주다'의 의미	'받다'의 의미

---

2) 이 역시 '-(으)로'와 대체가 가능하다.
3) '-에'가 장소의 이동 중 목표나 도달점의 의미를 지닐 경우 'N+(으)로'와 대체할 수 있다.

(1) '주다' 의미의 부사격조사 '-에게'의 경우, 결합하는 명사구가 무정명사이면 "꽃에 물을 주다"처럼 '-에'가 사용된다.

(2) '-에게, -에게서'와 '-한테, -한테서'는 각각 문어체와 구어체라는 차이만 있을 뿐 근본적인 의미차이는 없다.

부사격조사 : '-(으)로'

1 '-(으)로'의 의미

(1) 자격 : 이번 경기에 우리 반 대표로 참가했다.

지난 번 선거에서 나는 반장으로 뽑혔다.

(2) 수단, 방법 또는 도구 : 저는 버스로 학교에 와요. / 연필로 편지를 써요.

(3) 원인, 이유 : 어제 감기로 약을 먹었다.

(4) 방향 : 마이클씨 어디로 가세요? - 네, 집으로 가요.

(5) 경유, 과정, 변화 : 이번 역에서 3호선으로 갈아타세요. 물이 얼음으로 된다.

• 부사격조사 '-(으)로'는 문장에 따라 여러 가지 의미로 나타나기에 문맥의 흐름을 따져 의미 파악을 해야 한다.

2 '-(으)로부터'

(1) 의미적 특징

'-(으)로'와 형태적으로 비슷한 '-(으)로부터'는 '출처 또는 출발점'의 의미를 지니고 있다.

① 이 선물을 친구로부터 받았아요.
② 철수 씨 편지 왔어요? - 네, 미국으로부터 온 형님의 편지에요.

(2) 용법적 특징

'출처'나 '출발점'으로 사용된 '-(으)로부터'는 다음의 부사격조사와도 통용이 된다.

① 이 선물을 친구<u>에게서(한테서)</u> 받았어요.

② 미국<u>에서</u> 온 형님의 편지에요.

부사격조사 : '-보다'

1 특징

(1) 의미 : 두 가지 대상을 비교할 때 사용한다.

(2) 형식 : A-이/가＋체언＋-보다＋A(V)

2 용법

(1) 체언＋-보다

① 이 책이 저 <u>책보다</u> 쉽다. 일이 <u>이보다</u> 작다.

② 영희가 <u>그녀보다</u> 똑똑하다.

(2) 동사의 명사형 -기＋-보다

① 쓰기가 <u>말하기보다</u> 더 어렵다.

② 설거지하기가 <u>청소하기보다</u> 더 싫다.

2. 보조사편

대조와 주제 : '-은/-는'

1 대조의 '-은/-는'

오른쪽 그림에서 남자인 '철수'와 여자인 '영희'를 대조해 표현할 경우, '대조'의 의미자질을 지닌 보조사 '-은/-는'을 이용한다.

철수, 영희, 민수, 예원, 나원...

① ㄱ. <u>철수는</u> 남자이며 <u>영희는</u> 여자이다.
　 ㄴ. <u>철수는</u> 체육을 좋아하며 <u>영희는</u> 음악을 좋아한다.

예문 (ㄱ)은 성별 차이라는 대조를 그리고 (ㄴ)은 서로 좋아하는 과목이 다른 두 사람의 대조적 표현을 위해 보조사 '-은/-는'을 결합시켰다.

2 주제의 '-은/-는'

보조사 '-은/-는'은 대조적 의미 기능 외에 '주제'라는 또 다른 의미 기능을 지니고 있다.

(1) 특징
　① 주로 문장의 처음에 등장하는 성분에 결합하는 것이 일반적이다.
　② 의미적으로 '~에 대해서 말할 것 같으면' 또는 '~로 말하면' 정도의 의미로 해석한다.

(2) 용례

② ㄱ. <u>민수는</u> 어학에 소질이 있습니다.
　　ㄴ. <u>예원이는</u> 음악을 좋아합니다.

예문 ②는 각각 다른 사람과의 차이를 부각시키는 것이 아니고 단지 '민수'와 '예원'이에 대해 객관적인 입장에서 서술하고 있는 것이다. 이 경우 '-은/-는'의 의미자질이 '주제'이다.

배타와 한정 : '-만, -뿐, -밖에'

1 정의

보조사 '-만, -뿐, -밖에'는 유사 항목의 범위에서 특정한 한 항목만을 가리키는 것으로 선택되지 않은 다른 항목들은 배제한다는 의미를 지닌다. 오른쪽의 범위에서 다른 사람들은 다 배제하고 오직 어느 한 사람만을 가리킬 때 '-만'과 결합할 수 있다.

철수, 영희, 민수, 예원, 나원...

① ㄱ. <u>철수만</u> 100점을 맞았다.
　ㄴ. 100점을 맞은 사람은 <u>철수뿐</u>이다.
　ㄷ. 100점을 맞은 사람은 <u>철수밖에</u> 없다.

예문 ①의 보조사들은 모두 '철수'가 아닌 다른 사람들은 선택되지 않음으로써 다 배제되고 있으며, 오직 '철수'만을 지시하여 서술하고 있다.

2 특징

(1) '-뿐'은 서술어로 '이다'와 '아니다'[4)와만 결합할 수 있으며 그 밖의 서술어와는

___

4) 보조사 '뿐'이 서술어 '아니다'와 결합할 경우에는 "100점을 못 맞은 사람은 철수뿐이 아니다."처럼 '-이'

결합이 불가하다.

(2) '-밖에'는 항상 부정적 표현으로만 사용된다.

3 용례

② ㄱ. 100점을 맞은 사람은 <u>철수뿐이다</u>.

ㄴ. 100점을 맞은 사람은 <u>철수밖에 없다</u>.

포함 및 더함의 '-까지, -마저, -도'

1 의미

보조사 '-까지, -마저, -도'는 일정한 범위 안의 다른 항목도
포함한다는 의미를 지닌다.

사과, 바나나,
딸기, 귤, 키위,
배…

① ㄱ. 민수는 사과<u>까지</u>{<u>마저</u>} 먹었다.

ㄴ. 민수는 사과<u>도</u> 먹었다.

예문의 '-까지, -마저, -도'는 과일이라는 범위 내의 어느 과일을 먹었으며 거기에
더 추가하여 '사과'도 먹었다는 의미를 나타내고 있다.

2 차이(의미)

(1) '-도' : 단순한 추가의 의미만을 나타낸다.

(2) '-까지, -마저' : '사과'를 제외한 나머지 과일을 다 먹은 후 사과도 먹었다는 의
미가 전제된다는 것이다. 다만, '마저'의 경우, 믿었던 마지막까지 포함해서 모두
기대에 어긋남을 표현하는 것으로 부정적 표현이 자연스럽다.

3 문형

(1) 긍정, 부정 표현('-도', '-까지')

가 결합하게 된다.

① <u>철수도</u> 시험에서 100점을 맞았구나.
② <u>철수까지</u> 시험에서 100점을 맞았구나.

(2) 부정 표현('-마저')[5]

① 이번 시험에서 꼭 합격하리라 믿었던 <u>철수마저</u> 시험에서 떨어졌다.
② 국어, 영어, 수학에 이어 <u>국사마저</u> 망쳤다.

선택의 '-(이)나, -(이)라도, -(이)든지, -(이)나마'

1 의미

일정한 범위 내의 항목들 중 어느 하나를 선택한다는 의미를 지니고 있다.

밥, 라면, 빵...

① ㄱ. 라면<u>이나</u> 먹자.
　ㄴ. 빵<u>이나마</u> 먹자, 찬밥<u>이라도</u> 먹자.
　ㄷ. 밥<u>이든지</u>, 라면<u>이든지</u>, 빵<u>이든지</u> 아무거나 먹자.

2 특징

먹을 것이라는 위의 범위 내 항목에서 화자가 먹고 싶은 것을 '밥-라면-빵…'이라고 가정하고, 어떠한 상황에서 이들 '-(이)나, -(이)라도, -(이)든지, -(이)나마'를 선택할 수 있는지 알아보자.

② ㄱ. 라면<u>이나</u> 먹자.
　ㄴ. 빵<u>이나마</u> 먹자, 찬밥<u>이라도</u> 먹자.
　ㄷ. 밥<u>이든지</u>, 라면<u>이든지</u>, 빵<u>이든지</u> 아무거나 먹자.

• (②ㄱ)은 먹고 싶은 '밥'이 없고 선택할 수 있는 것이 '라면'과 '빵' 밖에 없는 상

---

5) '-마저'와 같이 부정 표현에 자연스러운 조사로 '-조차'가 있는데, 이는 '아주 기본적인 것도 이룰 수 없다'는 의미를 지니고 있다. "헤어진 지 너무 오래 되어서 그 사람 <u>얼굴조차</u> 기억이 안 나."

황에서 마음에 흡족하지는 않지만 '라면'을 선택하는 것이 최선이라는 판단을 내리는 경우이다.

- (②ㄴ)은 선택의 여지가 없을 경우 할 수 없이 선택한다는 표현이다.
- (②ㄷ)은 여러 항목 중 어느 하나를 선택하고자 할 때의 표현이다.

3. 접속조사편

접속조사 '-와/-과', '-하고', '-에(다)', '-(이)랑', '-(이)며'

1 정의

접속조사는 문장 내의 두 단어를 대등한 자격으로 이어주는 기능을 한다.

2 종류

'-와/-과', '-하고', '-에(다)', '-(이)랑', '-(이)며'가 있다.[6]

① ㄱ. 철수는 사과<u>와</u> 딸기<u>와</u> 귤을 좋아한다.
　 ㄴ. 철수는 사과<u>에다</u> 딸기<u>에다</u> 귤을 먹었다.

② ㄱ. 철수는 사과<u>하고</u> 딸기<u>하고</u> 귤<u>하고</u>를 좋아한다.
　 ㄴ. 철수는 사과<u>랑</u> 딸기<u>랑</u> 많이 먹었다.
　 ㄷ. 철수는 사과<u>며</u>, 귤<u>이며</u>, 포도를 먹었다.

3 특징

(1) 둘 이상의 명사를 이을 경우 반복해서 사용할 수 있지만, 마지막 명사에는 결합하지 않는 것이 자연스럽다.

③ ㄱ. *철수는 <u>사과와 딸기와 귤과</u>를 좋아한다.
　 ㄴ. *철수는 <u>사과에(다) 딸기에(다) 귤에</u>를 먹었다.

---

6) 이들 중 '-와/-과'는 구어체와 문어체의 차이가 없으나, 나머지 접속조사들은 주로 구어체에 많이 사용한다.

(2) 그러나 '-하고', '-랑', '-며'처럼 결합이 가능한 경우도 있다.

④ ㄱ. 철수는 <u>사과하고 딸기하고 귤하고</u>를 좋아한다.
　　ㄴ. 철수는 <u>사과랑 딸기랑 귤이랑</u>을 먹었다.
　　ㄷ. 철수는 <u>사과며 딸기며 귤이며</u> 먹었다.

4. 인용조사편

1 조사

직접 인용은 남의 말을 직접 또는 그대로 인용하는 것으로, '-라고, -하고'의 인용 조사가 결합한다.

2 차이

① ㄱ. 철수가 "난 꼭 한국어교사가 될 거야."라고(하고) 말했다.

   ㄴ. 나무 위에서 새소리가 "짹짹"하고 난다.

- (ㄱ)은 철수의 말을 직접 인용한 것으로 인용된 말의 앞과 뒤에 큰따옴표가 들어가며 인용조사로는 '-라고'와 '-하고'의 두 형태가 나타난다.
- (ㄴ)은 의성어인 새소리의 직접 인용에서는 '-하고'만 결합할 수 있다.

VII. 한국어의 어미

1. 관형사형 어미

	현 재		과 거		미 래	
동 사	-는		-(으)ㄴ	받침O+은	-(으)ㄹ	받침O+을
				받침X + ㄴ		받침X + ㄹ
있다/없다	-는					-을
형용사	-(으)ㄴ	받침O+은			-(으)ㄹ	받침O+을
		받침X + ㄴ				받침X + ㄹ
이다/아니다	-ㄴ					-ㄹ

〈관형사형 전성어미의 종류〉

현재표현

1 어미 : '-는'과 '-(으)ㄴ'

2 예문

① ㄱ. 고향에 <u>가는</u> 사람은 철수이다. / 책을 <u>읽는</u> 분이 선생님이시다.

ㄴ. 지금 돈이 <u>있는(없는)</u> 학생은 오세요.

ㄷ. 키가 제일 <u>작은</u> 여학생은 영희이다.

ㄹ. <u>예쁜</u> 꽃을 산다.

ㅁ. 철수는 같은 반 <u>친구인</u> 영호와 이야기하고 있다.

(1) 동사 : 받침이 있든 없든 관형사형 어미로 '-는'을 선택한다.

(2) '있다'와 '없다' : '-는'이 결합한다.

(3) 형용사 : 받침의 유·무에 따라 각각 '-은'과 '-ㄴ'이 선택.

(4) '이다'와 '아니다' : '-ㄴ'과 결합하고 있다.[1]

153

3 특징

(1) 현재가 아니더라도 현재를 나타내는 관형사형 전성어미를 쓰는 경우가 있는데, 과거의 일이라도 습관적으로 반복되는 경우에는 현재형을 써야 한다.[2]

② ㄱ. *저는 커피를 <u>만든</u> 일을 했어요.
ㄴ. 저는 커피를 <u>만드는</u> 일을 했어요.

(2) 그러나 '입다, 쓰다, 신다, 벗다'의 어휘들은 동사로 현재라 할지라도 '-는'이 결합하지 않고 '-(으)ㄴ'이 결합한다.

③ ㄱ. 지금 빨간 옷을 <u>입은</u> 사람은 일어나세요
ㄴ. 저기 검정 모자를 <u>쓴</u> 철수가 가고 있다.

(3) 이들 동사에 현재시제의 관형사형 전성어미가 결합되면 어떤 의미가 될까? 이 역시 습관적인 반복의 의미를 전제한다.

④ ㄱ. 빨간 옷을 <u>입는</u> 사람들은 정열적이에요.
ㄴ. 모자를 <u>쓰는</u> 사람들이 많아요.

---

1) 일반적인 현재시제는 사건시와 발화시가 일치하지만, 아래 보기처럼 다른 경우도 있다.

(1) 아침에 교실에서 <u>자는</u> 학생을 보았다.
(2) <u>예쁜</u> 장미꽃을 한 송이 샀다.
(3) 지난 주 <u>교수인</u> 친구를 만났다.

위의 예는 발화시의 기준에서 분명 과거에 일어난 일들이다. 그럼에도 불구하고 모두 현재 형태의 관형사형 전성어미가 결합되어 있는데, 이들은 학생을 본 시간과 자는 시간이 일치함을 나타내는 것이며, 장미를 산 시간과 예쁘다고 느낀 시간이 일치하며, 친구를 만난 시점에서의 교수라는 점이 일치하기에 현재시제 표현이 가능한 경우이다.

2) 이 외에 '중, 도중, 동안' 등과 같은 말도 현재형의 관형사형 전성어미와 결합하며, '적, 후, 뒤'는 과거형의 전성어미, '때, 뿐, 뻔, 기회, 자신, 정도, 가능성'의 말들은 관용적으로 '-(으)ㄹ'을 사용한다.

과거표현

1 어미 : '-(으)ㄴ'

2 예문

① ㄱ. 지난주에 <u>찍은</u> 사진이 나왔다.
   ㄴ. 어제 <u>산</u> 옷이 너무 크다.

(1) 예문 (ㄱ) : 받침이 있는 동사어간 '찍'에 '-은'이 결합
(2) 예문 (ㄴ) : 받침이 없는 동사어간 '사'에 '-ㄴ'이 결합

3 특징

특수한 관형사형 어미 '-던', 이는 '과거회상'의 '-더'에 '-ㄴ'이 결합한 형태이다. 그리고 이 '-던'에 과거시제의 '-았/-었'이 결합하여 '-았던/-었던'의 형태로도 나타나는데, 모든 형태에 결합이 가능하다.

② ㄱ. 철수야, 내가 어제 <u>읽던</u> 책 못 봤니?
   ㄴ. 엄마, 제가 어렸을 때 <u>신었던</u> 신발 있어요?

③ ㄱ. <u>학생이던</u> 철수가 군인이 되었네.
   ㄴ. <u>고등학생이었던</u> 네가 벌써 대학생이 되었구나.

④ ㄱ. <u>춥던</u> 날씨가 오늘은 따뜻해졌어요.
   ㄴ. 친구들과 <u>즐거웠던</u> 시간이 다 지났어요.

⑤ ㄱ. 어제까지만해도 <u>있던</u> 돈이 어디 갔지?
   ㄴ. 같이 <u>있었던</u> 사람들이 다들 어디 갔을까?

예문 ②의 동사와도 결합이 가능하고, ③의 '-이다' 그리고 ④의 형용사 및 ⑤의 '있다'와도 그 쓰임이 자연스럽다. 다만 ②부터 ⑤까지의 쓰임을 통해 '-던'에는 미

완료의 의미가 나타나고 '-았던/-었던'에는 완료의 의미가 나타난다는 차이가 있다.[3]

미래표현

1 종류 : '-(으)ㄹ'

2 예문

① ㄱ. 저녁에 <u>먹을</u> 음식을 사야해.

   ㄴ. 내일 <u>배울</u> 자료를 복사하자.

   ㄷ. 저 여자는 분명 성격이 <u>좋을 거야</u>.

   ㄹ. 예원이는 크면 아주 <u>예쁠 거야</u>.

   ㅁ. 집에 가면 동생이 <u>있(없)을 거야</u>.

   ㅂ. 이번 시험에도 1등은 <u>철수일 거야</u>.

(1) 동　사 : (ㄱ)과 (ㄴ)은 받침이 있고 없음에 따라 '-을'과 '-ㄹ'이 선택되었다.

(2) 형용사 : (ㄷ)과 (ㄹ)에서도 동일하다.

(3) '있다/없다' : '-을'과 결합한다.

(4) '-이다/아니다' : '-ㄹ'과 결합한다.

3 특징

동사의 미래 표현은 순수한 미래의 의미를 나타내는 반면, 형용사나 기타 형태에 결합한 관형사형 전성어미에는 미래의 의미보다는 추측이나 추정의 의미가 나타난다.

---

3) 그러나 지속·반복되던 행위나 상태를 나타냄은 둘의 공통점이라 할 수 있다. 즉 "여기가 어렸을 때 놀(았)던 놀이터야."나 "입(었)던 옷" 등을 통해 이해할 수 있다.

2. 간접인용의 어미

문장 유형	시 제	형 태	용 례
평서문	현 재	동 사	'-(느)ㄴ다'고 해요
		형용사	'-다'고 해요
		명 사	'-(이)라'고 해요
	과 거	동사/형용사	'-았/었/였다'고 해요
	미 래	동사/형용사	'-(으)ㄹ 거라'고 해요
청유문			'-자'고 해요
명령문			'-(으)라'고 해요
의문문			'-(으)냐'고 해요 / '-(이)냐'고 해요
감탄문			'-(느)ㄴ다'고 / '-다'고 해요

〈간접인용절 어미의 종류〉

평서문의 인용

1 현재

평서문 현재는 동사와 형용사 그리고 '명사+-이다'에 따라 특정 어미가 결합한다.

① ㄱ. 음식을 먹기 전에 손을 <u>씻는다고 했어요.</u>
ㄴ. 시간이 있을 때 독서를 <u>한다고 했어요.</u>
ㄷ. 오늘 날씨가 좋다고 했어요. 영희가 <u>예쁘다고 했어요.</u>
ㄹ. 철수가 <u>학생이라고 했어요.</u>
ㅁ. 그는 <u>의사라고 했어요.</u>

(1) 동사 : 받침의 유무에 따라 '-는다고 하다'(ㄱ)와 '-ㄴ다고 하다'(ㄴ)가 결합한다.

(2) 형용사 : 한 가지 형태인 '-다고 하다'(ㄷ)가 결합한다.

(3) 명사+'-이다' : 받침 있는 명사에는 '-이라고 하다'가, 받침 없는 명사에는 '-라고 하다'가 붙는다.

2 과거와 미래

평서문의 과거와 미래의 간접화법은 동사와 형용사 모두 동일 형태의 어미들과 결합한다.

② ㄱ. 어제 불고기를 <u>먹었다고 했어요</u>.
   ㄴ. 친구들이 영희가 <u>예뻤다고 했어요</u>.
   ㄷ. 내일 불고기를 <u>먹을 거라고 했어요</u>. 학교에서 잘 <u>거라고 했어요</u>.
   ㄹ. 기분이 <u>좋을 거라고 했어요</u>. 친구들이 영희가 <u>예쁠 거라고 했어요</u>.

(1) 과거 화법 : 동사, 형용사 모두 (ㄱ)과 (ㄴ)에서 '-었다고 하다'가 결합

(2) 미래 화법 : '-(으)ㄹ 거라고 하다'가 결합하는데, 동사나 형용사 모두 받침 유무에 따라 '-을 거라고 하다'와 '-ㄹ 거라고 하다'가 선택된다.

감탄문의 인용

1 어미

감탄문의 간접화법은 평서문의 어미와 동일한 '-ㄴ다/-는다'와 '-다'로 표현된다.

2 예문

① ㄱ. 기름진 음식을 잘 <u>먹는다고 했어요</u>.
   ㄴ. 술을 잘 <u>마신다고 했어요</u>.
   ㄷ. 꽃이 정말 <u>예쁘다고 했어요</u>.
   ㄴ. 기분이 <u>좋다고 했어요</u>.

(1) 동사 : 받침의 유무에 따라 '-는다고 하다'와 '-ㄴ다고 하다'가 결합한다.

(2) 형용사 : 받침에 관계 없이 '-다고 하다'가 결합한다.

의문문의 인용

1 어미

동사, 형용사 그리고 명사+'-이다'에 의한 간접화법의 표현 차이가 나타난다.

2 예문

① ㄱ. 벌써 <u>자냐고 했어요</u>. 김치를 <u>먹냐고 했어요</u>.
   ㄴ. 기분이 <u>좋냐고 했어요</u>. 영희가 <u>예쁘냐고 했어요</u>.
   ㄷ. 중국 <u>학생이냐고 물었어요</u>.
   ㄹ. 네가 <u>철수냐고 물었어요</u>.

(1) 동사 : (ㄱ)의 '자다'에는 '-냐고'가 결합했는데, 받침 있는 동사에도 '먹냐고'처럼 동일한 형태가 결합한다.
(2) 형용사 : (ㄴ)의 형용사도 받침에 관계 없이 동사와 동일한 형태이다.
(3) 명사+이다 : (ㄷ)과 (ㄹ)처럼 받침이 있는 경우 '-이냐고'가, 받침 없는 경우에는 '-냐고'가 결합한다.

청유문의 인용

1 어미 : '-자고 하다'

동사만 청유형의 문장을 만들 수 있기에 청유문의 간접화법은 동사에만 적용된다.

2 예문

① ㄱ. 주말에 산에 <u>가자고 했어요</u>.
   ㄴ. 오늘 점심은 김치찌개를 <u>먹자고 했어요</u>.

청유문의 간접화법은 동사에만 적용되며, 받침의 조건에 아무런 영향도 받지 않는다.

명령문의 인용

1 어미 : '-(으)라고 하다'

명령문도 청유문처럼 동사의 간접화법 표현만 나타난다. 다만 명령문에서는 받침의
조건이 어미의 선택에 제약을 가한다.

2 예문

① ㄱ. 올해는 담배를 <u>끊으라고 했어요</u>.
　ㄴ. 선생님이 빨리 집에 <u>가라고 했어요</u>.

(1) 받침 있는 동사 : '-으라고 하다'가 선택된다.
(2) 받침 없는 동사 : '-라고 하다'가 결합한다.

3. 연결어미

연결어미 '-고', '-(으)며'

1 의미적 공통점

형 태	의 미
'-고'	두 가지 이상의 대등한 사실을 나열함을 나타낸다.
'-(으)며'	두 가지 이상의 사실을 같은 자격으로 나열함을 나타낸다.

사전적 정의에 따르면 연결어미 '-고'와 '-(으)며'의 공통적 의미는 '나열' 및 '병렬'이다.

[예문]

A : 마이클 씨, 아침에 뭐 했어요? → 세수하고 밥 먹고 양치하고 학교에 갔어요.

B : 주말에 어디 갔다 왔어요? → 창덕궁도 갔으며, 청계천, 인사동도 갔다 왔어요.

Q : 동대문 시장에서 뭘 샀어요?

　　옷을 사다. 가방을 사다. 모자도 사다.

　　→ _____

　　주말에 어떻게 보냈어요?

　　친구 만나다. 영화도 보다. 쇼핑도 하다.

　　→ _____

---

2 문법적 공통점

(1) '-고'와 '-(으)며'는 선·후행절의 위치가 바뀌어도 의미 차이가 일어나지 않는다.

① ㄱ. 철수는 공부를 <u>하고</u>, 민수는 책을 읽는다.
 ㄴ. 민수는 책을 <u>읽고</u>, 철수는 공부를 한다.
② ㄱ. 철수는 공부를 <u>하며</u>, 민수는 책을 읽는다.
 ㄴ. 민수는 책을 <u>읽으며</u>, 철수는 공부를 한다.

• 예문 ①과 ②는 각각 연결어미 '-고'와 '-(으)며'의 연결로 이어진 문장인데, 선행절과 후행절의 위치가 바뀐 문장구조와 문법적, 의미적 차이가 발생하지 않는다.[4]
• '-고'와 '-(으)며'는 의미가 동일한 관계로 상호교환이 가능하다.

③ ㄱ. 철수는 밥을 <u>먹고</u> 민수는 빵을 먹는다.
 ㄴ. 철수는 밥을 <u>먹으며</u> 민수는 빵을 먹는다.

(2) '-고'와 '-(으)며'는 선행절과 후행절의 주어가 같을 수도 있으며 다를 수도 있다.

④ ㄱ. <u>철수는</u> 학교에서 공부를 하고 (<u>철수는</u>) 운동도 한다.
 ㄴ. <u>민수는</u> 학교에서 공부를 하며 (<u>민수는</u>) 운동도 한다.

• 예문 ①부터 ③까지는 선행절과 후행절의 주어가 다른 두 문장의 연결이다.
• 예문 ④는 동일 주어 문장으로, 선행절의 주어 '철수'와 '민수'가 생략되었다.

3 문법적 차이점

(1) 과거시제의 '-았/-었' 결합에 구조적 차이가 나타난다. 즉 '-고' 연결문의 경우 선행절에서의 '-았/-었' 결합이 수의적인 반면 '-(으)며' 연결문에서는 선행절에

---

4) 다만 '-(으)며'는 선행 명사의 받침 유무에 따른 형태 변화가 일어난다.

도 반드시 과거시제 '-았/-었'이 결합되어야 한다.

⑤ ㄱ. 철수는 밥을 먹었고, 민수는 빵을 먹었다.
　 ㄴ. 철수는 밥을 먹고, 민수는 빵을 먹었다.
⑥ ㄱ. *철수는 밥을 먹으며 민수는 빵을 먹었다.
　 ㄴ. 철수는 밥을 먹었으며 민수는 빵을 먹었다.

• 예문 ⑤의 '-고' 연결문에서는 선행절에서도 과거시제의 결합이 가능할 수도 있고(⑤ㄱ) 그렇지 않을 수도 있다(⑤ㄴ).
• 예문 ⑥의 '-(으)며' 연결문에서는 선행절과 후행절 모두에 과거시제가 결합한 (⑥ㄴ)만 문법성을 가지게 된다.

(2) '-고' 연결문은 청유와 명령의 표현이 가능한 반면, '-(으)며' 연결문에서는 이들 표현이 부자연스럽다.

⑦ ㄱ. 공부도 하고 축구도 하자/해라.
　 ㄴ. ?공부도 하며 축구도 하자/해라.

• 예문 (⑦ㄱ)의 '-고' 연결문은 청유와 명령의 표현이 가능하다.
• 예문 (⑦ㄴ)의 '-(으)며' 연결문에서는 자연스럽지 못하다. 이는 '-고'와 달리 '-(으)며'는 주로 문어체에 쓰이는 이유에서이다.5)

---

5) '-고'는 문어체와 구어체의 구별 없이 일반적으로 많이 통용된다. 그리고 여러 문장의 연결에서는 '-고'와 '-(으)며'가 동시에 나타나기도 하는데, 이는 아마도 문장의 단순함을 피하려는 의도로 보인다.

연결어미 '-(으)며', '-(으)면서'

1 의미적 공통점

형 태	의 미
'-(으)며'	[동작동사에 쓰이어] 앞절과 뒷절의 동작이 동시에 일어남을 나타낸다.
'-(으)면서'	[동작동사에 쓰이어] 앞절과 뒷절의 동작이 동시에 일어남을 나타낸다.

사전적 정의에 따르면 '-(으)며'와 '-(으)면서'는 '동시'라는 공통적 의미를 지닌다.

[예문]

A : 마이클 씨, 지금 뭐 하고 계세요? → 네, 음악을 들으며 공부하고 있어요.
B : 한국어 단어 공부는 어떻게 해요? → 읽으면서 쓰고, 쓰면서 읽으세요.

Q : 밥을 먹으며 어떤 일을 할 수 있을까요?
밥을 먹다. 책을 읽다.
→ _____.

마이클 씨는 어떻게 공부해요?
음악을 듣다. 공부를 하다.
→ _____.

2 문법적 공통점

(1) '-(으)며'와 '-(으)면서'에 연결된 선행절과 후행절은 서로 위치 교환이 자연스럽다.

① ㄱ. 나는 라디오를 들으며 공부를 한다.
　　ㄴ. 나는 공부를 하며 라디오를 듣는다.
② ㄱ. 아버지께서는 신문을 보시면서 아침을 드신다.
　　ㄴ. 아버지께서는 아침을 드시면서 신문을 보신다.

- 예문 ①은 연결어미 '-(으)며'와 ②는 '-(으)면서'에 의해 연결된 선행절과 후행절의 자리 이동이 자연스러움을 보인다.
- 연결어미 '-(으)며'와 '-(으)면서'는 아래 예문처럼 상호 교환도 가능하다.

③ ㄱ. 나는 라디오를 <u>들으면서</u> 공부를 한다.
ㄴ. 아버지께서는 신문을 <u>보시며</u> 아침을 드신다.

(2) 이들 연결어미에 의해 연결된 선행절과 후행절의 주어는 모두 동일해야 한다.

④ ㄱ. <u>철수는</u> 전화를 하며 (<u>철수는</u>) 밥을 먹는다.
ㄴ. *<u>철수는</u> 전화를 하며 <u>민수는</u> 밥을 먹는다.
⑤ ㄱ. <u>나는</u> 숙제를 하면서 (<u>나는</u>) 껌을 씹는다.
ㄴ. *<u>나는</u> 숙제를 하면서 <u>너는</u> 껌을 씹는다.

- 예문 (④ㄱ)과 (⑤ㄱ)은 선행절과 후행절의 주어가 동일한 문법적 문장이다.
- 예문 (④ㄴ)과 (⑤ㄴ)은 동일 주어 원칙을 지키지 않은 비문법적 문장이다. 따라서 이들 연결어미에 의한 선, 후행절의 주어는 반드시 같아야 한다.[6]

(3) 이 두 연결어미들이 선택 가능한 서술어는 동사이다. 위에서 예로 든 문장의 서술어 '듣다, 하다, 보다, 드시다, 먹다, 씹다' 등만 보더라도 쉽게 확인이 가능하다. 그러나 아래 예문처럼 형용사나 '-이(다)'와도 결합이 가능한데, 이 경우 두 연결어미의 의미는 '동시'가 아닌 '나열'의 의미를 나타낸다.

⑥ ㄱ. 영희는 얼굴이 <u>예쁘며(면서)</u> 공부도 잘 해.
ㄴ. 영희 언니는 <u>회사원이며(면서)</u> 학생이기도 해.

---

6) 이러한 동일주어 제약 현상은 사물이 주어일 문장 구조에서는 아래 예문처럼 지켜지지 않는다.
(1) ㄱ. <u>바람이</u> 불며 <u>비도</u> 온다.
ㄴ. 이 식당은 <u>값이</u> 싸면서 <u>음식도</u> 맛있어.

(4) '-(으)며'와 '-(으)면서'의 연결문은 명령, 청유, 의문의 문장종결 표현이 가능하다.

(7) ㄱ. 철수야, 우유 마시며(면서) 빵 먹어라.
　　ㄴ. TV를 보며(면서) 밥 먹자.
　　ㄷ. 라디오 들으며(면서) 공부하니?

연결어미 '-자', '-자마자'

1 의미적 공통점

형 태	의 미
'-자'	[동사에 쓰이어] 앞의 행동이 끝난 후 곧바로 뒤의 행동이 시작됨을 나타낸다.
'-자마자'	[동사에 쓰임] 앞의 행동이 진행되는 순간과 뒤의 행동이 일어나는 순간이 거의 동시적인 상태에 있음을 나타낸다.

연결어미 '-자'와 '-자마자'의 선행절과 후행절의 사이에는 다소간의 시간 차이가 있지만 위의 사전적 정의에 따라 공통적 의미기능을 '동시'라 할 수 있다.

[예문]

A : 왜, 이렇게 옷이 젖었어요? → 아침에 집을 나서자 비가 왔어요.
B : 저는 항상 숙제 때문에 늦게 자요. 앤디 씨는요? → 저는 집에 가자마자 숙제부터 하고 놀아요.

Q : 교실에 학생들이 아무도 없어요?
　　수업이 끝나다. 모두 집으로 가다.
　　→ _____.

　　마이클 씨, 철수 씨 봤어요?
　　시험이 끝나다. 남대문 시장에 쇼핑가다.
　　→ _____.

2 문법적 공통점

(1) '-자'와 '-자마자'의 연결어미들은 과거와 미래시제 선어말어미와 직접 결합할 수 없고, 반드시 문장 끝의 서술어에만 시제표현이 결합된다.

① ㄱ. 바람이 불자 나뭇잎이 <u>떨어졌어요</u>.
   ㄴ. 눈이 내리자마자 <u>녹았어요(녹겠어요)</u>

(2) '-자'와 '-자마자'는 선택 가능한 서술어의 종류 또한 같다. 즉 동사와의 결합에서만 '동시'의 의미를 나타내게 된다.

② ㄱ. 철수가 학교를 <u>나서자</u> 비가 쏟아졌다.
   ㄴ. *영희는 <u>예쁘자</u> 미인이다.
   ㄷ. 그는 <u>교수이자</u> 시인이다.
③ ㄱ. 철수가 학교를 <u>나서자마자</u> 비가 쏟아졌다.
   ㄴ. *영희는 <u>예쁘자마자</u> 미인이다.
   ㄷ. *그는 <u>교수이자마자</u> 시인이다.

- 두 연결어미는 예문 (②ㄱ)과 (③ㄱ)에서 보듯 동사와의 결합이 가능하다.
- 두 연결어미는 예문 (②ㄴ)과 (③ㄴ)처럼 형용사와는 결합할 수 없다.
- 서술격조사 '-이(다)'와 원칙적으로 결합이 불가하다. 따라서 '-(이)다'가 결합한 '-자'는 '나열'의 의미를 지닌다.

3 문법적 차이점

(1) 두 연결어미는 동일 주어 제약 현상에 있어 차이가 나타난다.

④ ㄱ. <u>철수가</u> 오자마자 <u>영호는</u> 나갔다.
   ㄴ. <u>철수가</u> 오자마자 <u>(철수가)</u> 화를 냈다.

- 연결어미 '-자'는 선행절의 주어와 후행절의 주어가 달라야 한다.

• 연결어미 '-자마자'의 연결문은 예문 ④처럼 같을 수도 다를 수도 있다.

(2) 연결어미 '-자'는 명령과 청유 그리고 의문 형식의 표현이 불가능한 반면, '-자마자'는 그 표현이 가능하다.

⑤ ㄱ. *집에 가자 어머니가 <u>계셔라 / 계시자 / 계실래?</u>
ㄴ. 집에 가자마자 숙제를 <u>해라 / 하자 / 할래?</u>

연결어미 '-고', '-아/어/여서'

1 의미적 공통점

연결어미 '-고'는 '나열' 외에 연결어미 '-아/어/여서'와 동일한 의미기능이 존재하는데 이 둘의 사전적 정의는 다음과 같다.

형 태	의 미
'-고'	앞의 행동이 뒤에 오는 동작보다 시간상 앞섬을 나타낸다.
'-아/어/여서'	시간의 앞뒤 순서를 나타낸다. 앞절과 뒷절의 행동이 순차적으로 일어남을 나타낸다.

이에 따르면, '-고'와 '-아/어/여서'는 '순서'라는 공통적인 의미기능을 지니고 있다.

[예문]

A : 커피 한 잔 하실래요? → 고맙습니다만, 저는 점심을 먹고 커피 마셔요.
B : 앤디 씨, 수업 후 어디 갈 거예요? → 도서관에 가서 숙제하고 공부할 거예요.

Q : 식사 하기 전에 뭐 하세요?
손을 씻다. 밥을 먹다.
→ _____.

어제 도서관에서 뭐 했어요?
책을 빌리다. 책을 읽다.
→ _____.

2 문법적 공통점

(1) 연결어미 '-고'와 '-아/어/여서'에 이어지는 선행절과 후행절의 주어는 일치한다.

① ㄱ. <u>철수는</u> 양치를 하고 (<u>철수는</u>) 잠을 잔다.
   ㄴ. <u>철수는</u> 학교에 가서 (<u>철수는</u>) 공부를 했다.
② ㄱ. <u>철수는</u> 양치를 하고 <u>영호는</u> 잠을 잔다.
   ㄴ. *<u>철수는</u> 학교에 가서 <u>영호는</u> 공부를 했다.

- 예문 ①과 ②는 선행절과 후행절의 주어가 동일한 문장구조일 때와 그렇지 않을 때를 대조한 것으로, 동일 주어의 구조인 예문 ①이 문법적임에 반해 그렇지 않은 예문 (②ㄴ)는 비문이 된다.
- 문법적인 표현이기는 하지만 (②ㄱ)의 '-고'는 '순서'의 의미가 아닌 '나열'의 의미기능을 보일 뿐이다. 따라서 '순서'의 의미를 지니는 '-고'와 '-아/어/여서' 문장의 선·후행절 주어는 동일해야 한다.

(2) 일반적으로 이들 두 연결어미들은 동사와 결합해 문법적인 문장을 형성할 때에만 '순서'의 의미 기능을 나타낸다.

③ ㄱ. 철수는 손을 <u>씻고</u> 밥을 먹는다.
   ㄴ. 철수는 키가 <u>크고</u> 손도 크다.
④ ㄱ. 철수는 도서관에 <u>가서</u> 책을 빌린다.
   ㄴ. 철수는 성격이 <u>좋아서</u> 친구들이 많다.

- 예문 ③과 ④는 모두 '-고'와 '-아/어/여서' 결합에 의해 확대된 문장구조로,

169

동사와 결합한 (③ㄱ)과 (④ㄱ)에서만 '순서'의 의미를 지니고 있다.

- 반면, 형용사와 결합한 (③ㄴ)과 (④ㄴ)에서는 각각 '나열'의 의미와 '이유·원인'의 의미를 나타내고 있다. 그리고 이는 '-이(다)'와 결합한 문장에서도 동일하게 나타난다.

⑤ ㄱ. 철수는 <u>학생이고</u> 가장이다.(나열)
　 ㄴ. 철수는 <u>학생이어서</u> 돈이 많지 않다.(이유·원인)

(3) 순서의 연결어미 '-고'와 '-아/어/여서'는 과거 및 미래시제와의 결합제약이 따른다.

⑥ ㄱ. 철수는 공부를 하고 TV를 <u>봤다</u>.
　 ㄴ. 철수는 공부를 하고 TV를 <u>볼 것이다</u>.
⑦ ㄱ. 철수는 공부를 <u>했고</u> TV를 <u>봤다</u>.
　 ㄴ. 철수는 공부를 <u>하겠고</u> TV를 <u>보겠다</u>.

- 두 연결어미에 의해 확대된 문장구조의 과거 및 미래 표현에서 후행절 서술어에만 시제를 결합한 경우(⑥ㄱ~ㄴ)와 선행절에도 해당 시제 선어말어미를 결합한 경우(⑦ㄱ~ㄴ) 연결어미의 의미기능이 달라짐을 확인할 수 있다.
- 예문 ⑥이 '순서'의 의미를 보존함에 비해 예문 ⑦에서는 '나열'의 의미기능이 나타난다. 한편, 연결어미 '-아/어/여서'도 후행절의 서술어에만 과거 및 미래 시제의 선어말어미가 결합될 뿐 선행절에 결합한 문장은 성립이 어렵다.

3 문법적 차이점

(1) 연결어미 '-고'와 '-아/어/여서'는 선행절과 후행절의 관계에서 차이가 나타난다. 즉 '-고'는 선행절과 후행절의 관계가 특별하지 않지만, '-아/어/여서'는 후행절 내용의 성립을 위해서 반드시 선행절의 행위가 전제되어야 하는 특수성이 존재한다.

⑧ ㄱ. 친구를 <u>만나고</u> 공부해요.

ㄴ. 친구를 <u>만나서</u> 공부해요.

• 예문 ⑧은 거의 동일한 형태소들이 다른 연결어미로 이어진 문장이다. 이 경우 (⑧ㄱ)은 단순히 친구와의 만남을 가진 후에 공부를 한다는 의미로 두 문장 사이의 필연성이 존재하지 않는다.

• 그러나 (⑧ㄴ)은 사전에 친구와 공부하기로 약속한 상황 속에서 공부를 위한 전제 조건의 하나로서 친구와의 만남이 이루어져야 한다는 점이다.

(2) (1)과의 연관 속에서 '-고'는 선행절의 행위가 끝난 후에 후행절의 행위가 일어나는 용법의 연결어미이며, '-아/어/여서'는 선행절의 행위가 지속 중에 후행절의 행위가 일어남을 표현할 때 사용한다. 즉 (⑧ㄱ)은 친구와 만남을 가지고 그 후에 공부한다는 것으로 해석이 가능하고, (⑧ㄴ)은 후행절의 행위인 '공부하다'에는 선행절의 행위인 친구와의 만남이 지속 중이라는 것이다.

연결어미 '-거나', '-든지'

1 의미적 공통점

형 태	의 미
'-거나'	[앞절과 뒷절을 대등적으로 연결하여] 두 가지 사실 가운데서 하나를 선택함을 나타낸다.
'-든지'	['-든지 -든지'의 꼴로 쓰이어] 대립되는 두 가지의 사실 중에서 어느 하나를 택하여도 상관 없음을 나타낸다.

사전적 정의에 따라 '-거나'와 '-든지'의 의미적 공통점은 '선택'이다.

[예문]

A : 보통 주말에 뭐 하세요? → 숙제하거나 청소해요. 또는 친구를 만나거나 영화봐요.

B : 여러분, 문화체험 어디로 갈까요? → 에버랜드를 가든지 롯데월드를 가든지 다 상관 없어요.

Q : 보통 아침은 뭘 먹어요?

간단히 먹다. 굶다.

→ _____.

수업 후에 어떻게 해요?

집에 가서 밥 먹다. 도서관에서 공부하다.

→ _____.

2 문법적 공통점

(1) 두 연결어미에 의해 연결되는 문장의 선행절과 후행절의 주어는 특별한 제약이 없다. 즉 동일 주어일 수도 있으며 그렇지 않을 수도 있다.

① ㄱ. (철수가) 책을 읽거나 (철수가) 영화를 본다.

ㄴ. (너는) 집에 가든지 (너는) 학교에 가든지 해라.

② ㄱ. 철수가 읽거나 영호가 읽거나 해라.

ㄴ. 철수가 1등을 하든지 형이 1등을 하든지 해야 여행 간다.

• 예문 ①은 선행절과 후행절이 동일 주어로 표현된 문장이다.

• 예문 ②는 각각 다른 주어일 때로 문법성에는 아무런 영향을 미치지 않는다.

(2) 연결어미 '-거나', '-든지'에 의해 연결된 문장의 과거 표현에는 선행절과 후행절 모두에 시제 형태소가 결합된다. 그러나 미래의 '-겠-'과는 결합이 불가하다.[7]

---

7) 선택의 '-거나'와 '-든지'는 상호교체가 가능하다. 즉 '-거나' 자리에 '-든지'를 쓰거나 '-든지'의 자리에 '-거나'를 교체해도 의미나 문법적인 차이가 일어나지 않는다. 하여 이하에서는 '-거나'의 한 예만 들어

③ ㄱ. 철수가 1등을 <u>했거나</u> 100점을 <u>맞았거나</u> 상관없다.
  ㄴ. *철수가 1등을 <u>하겠거나</u> 100점을 <u>맞겠거나</u> 상관없다.

(3) 두 연결어미와 결합이 가능한 서술어로 동사, 형용사, '-이(다)'를 들 수 있다. 예문 ④의 문장들은 각각 동사와의 결합(④ㄱ), 형용사와의 결합(④ㄴ) 그리고 '-이(다)' (④ㄷ)와 어울림을 나타낸다.

④ ㄱ. 밥을 <u>먹거나</u> 빵을 <u>먹거나</u> 해라.
  ㄴ. 기분이 <u>좋거나</u> <u>나쁘거나</u> 한다.
  ㄷ. 사람은 <u>남자이거나</u> <u>여자이거나</u> 둘 중 하나다.

(4) 이들이 결합하는 서술어에 제약이 없듯이 다양한 문장종결 표현 또한 가능하다.

⑤ ㄱ. 친구들이 뭐라고 하거나 너는 공부만 <u>해</u>.
  ㄴ. 철수가 뭐라고 하거나 에버랜드로 <u>가자</u>.
  ㄷ. 철수가 뭐라고 하거나 너는 영희를 <u>사랑하지</u>?

(5) 선택의 의미기능을 지니는 두 연결어미는 긍정과 부정을 선택항으로 하는 문장 구조를 생성할 수 있다.

⑥ ㄱ. 철수가 <u>공부하거나 안 하거나</u> 관심없다.
  ㄴ. 철수가 밥을 <u>먹거나 안 먹거나</u> 그건 자유다.

• 예문 ⑥은 긍정과 부정을 대립항으로 하는 선택문의 보기로 이 경우 선행절에 긍정의 선택항을 먼저 제시하고 후행절에 부정의 항을 진술하게 된다.
• 예문 ⑤도 "하거나 안 하거나(말거나)"의 긍정, 부정의 선택항으로 진술함이 일반적이다.

보인다.

연결어미 '-(으)나', '-지만', '-는데/-(으)ㄴ데', '-아도/어도'

1 의미적 공통점

형 태	의 미
'-(으)나'	앞뒤의 사실을 대립적으로 이어 줌을 나타낸다.
'-지만'	어떤 사실을 말하고 그에 대립되는 사실을 말함을 나타낸다.
'-는데/-(으)ㄴ데'	뒤에 오는 사실과 대립되는 사실을 제시함을 나타낸다.
'-아도/-어도'	대립적인 사실을 나타낸다.

사전적 정의에서 이들 연결어미들의 의미적 공통점인 '대립·대조'를 확인할 수 있다.

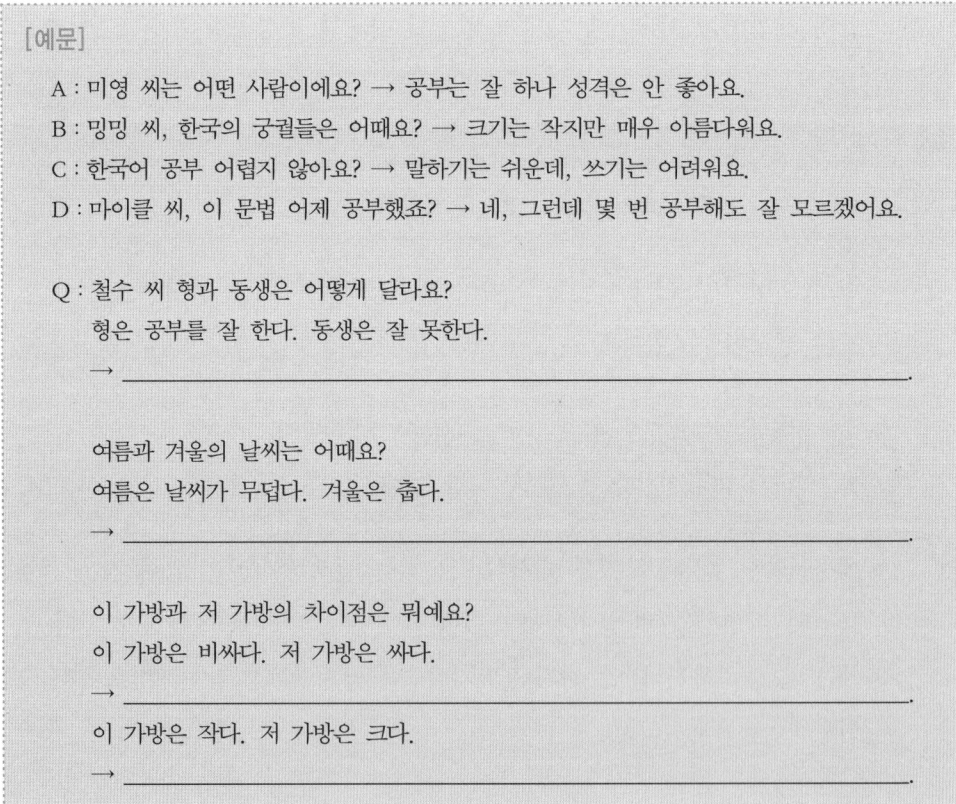

[예문]

A : 미영 씨는 어떤 사람이에요? → 공부는 잘 하나 성격은 안 좋아요.

B : 밍밍 씨, 한국의 궁궐들은 어때요? → 크기는 작지만 매우 아름다워요.

C : 한국어 공부 어렵지 않아요? → 말하기는 쉬운데, 쓰기는 어려워요.

D : 마이클 씨, 이 문법 어제 공부했죠? → 네, 그런데 몇 번 공부해도 잘 모르겠어요.

Q : 철수 씨 형과 동생은 어떻게 달라요?

　형은 공부를 잘 한다. 동생은 잘 못한다.

　→ _____.

　여름과 겨울의 날씨는 어때요?

　여름은 날씨가 무덥다. 겨울은 춥다.

　→ _____.

　이 가방과 저 가방의 차이점은 뭐예요?

　이 가방은 비싸다. 저 가방은 싸다.

　→ _____.

　이 가방은 작다. 저 가방은 크다.

　→ _____.

> 철수 씨는 돈이 많아요?
> 돈이 많다. 제대로 쓰지 못하다.
> → _____.

2 문법적 공통점

(1) '대립·대조'의 연결어미들의 경우 선행절과 후행절의 동일 주어 제약은 나타나지 않는다.

① ㄱ. <u>철수가</u> 공부를 열심히 하나 (<u>철수가</u>) 성적이 좋지 않다.
   ㄴ. <u>철수가</u> 국어는 잘 하는데 (<u>철수가</u>) 수학은 잘 하지 못한다.
② ㄱ. <u>철수는</u> 도서관에 오나 <u>민수는</u> 오지 않는다.
   ㄴ. <u>언니는</u> 일찍 자는데 <u>동생은</u> 늦게 잔다.

- 예문 ①과 ②는 각각 선행절과 후행절의 주어가 일치하는 경우와 그렇지 않은 모습을 나타내는데 모두 문법적임을 알 수 있다.
- '-지만, -아/어도'도 선행절과 후행절의 동일 주어 제약이 나타나지 않는다.

(2) 이들 연결어미들은 결합하는 서술어에 제약이 나타나지 않는다. 즉, 동사, 형용사 그리고 '-이(다)'와 연결어미 '-(으)나', '-지만', '-는데/-(으)ㄴ데', '-아도/어도'의 결합이 가능하다.

③ ㄱ. 철수가 공부를 <u>하나/ 하지만/ 하는데/ 해도</u> 성적이 오르지 않는다.
   ㄴ. 영희는 얼굴이 <u>예쁘나/ 예쁘지만/ 예쁜데/ 예뻐도</u> 착하지 않다.
   ㄷ. 철수는 <u>학생이나/ 이지만/ 인데/ 이어도</u> 일반 학생이 아니다.

(3) '대립·대조'라는 의미기능으로 말미암아 선행절과 후행절의 위치에 상관없이 부정문을 생성할 수 있다.

④ ㄱ. 철수는 밥을 <u>안 먹으나 / 먹지만 / 먹는데 / 먹어도</u> 배가 부르다.

ㄴ. 철수는 밥을 <u>먹으나 / 먹지만 / 먹는데 / 먹어도</u> 배가 부르지 않다.

- 예문 (④ㄱ)는 부정표현의 선행절에 이은 대립·대조의 후행절 연결은 문법적이다.
- 예문 (④ㄴ)은 긍정의 선행절에 이은 후행절의 부정을 나타내는 것으로 문법적이다.

3 문법적 차이점

(1) 과거시제의 '-았/-었', 미래시제의 '-겠-'의 결합에서는 이들 네 연결어미들의 성격에 차이가 나타난다.

⑤ ㄱ. 철수는 밥을 <u>먹었으나 / 먹었지만 / 먹었는데 / 먹었어도</u> 배가 부르지 않다.

ㄴ. 철수는 열심히 <u>공부하겠으나 / 하겠지만 / 하겠는데</u> 결과에는 자신이 없다.

ㄷ. *철수는 열심히 <u>공부하겠어도</u> 결과에는 자신이 없다.

- 예문 (⑤ㄱ)처럼 '대립·대조'의 연결어미들과 과거의 '-았/-었'은 결합이 가능하다.
- 예문 (⑤ㄴ)과 (⑤ㄷ)처럼 '-겠-'과 '-(으)나, -지만, -(으)ㄴ데/는데'는 자연스러운 반면 '-아도/어도'와의 관계에서는 비문이 생성된다.

(2) 이들은 문장종결 표현에서도 그 양상을 달리하고 있다.[8]

⑥ ㄱ. 철수는 <u>피곤하나 / 피곤한데</u> 숙제를 했다.

ㄴ. 철수야, <u>피곤하지만 / 피곤해도</u> 숙제는 해라.

ㄷ. 철수야, <u>피곤하지만 / 피곤해도</u> 숙제는 하고 자자.

---

8) 문법적·의미적 차이 외에 이들은 문체론적 표현에서도 그 성격을 달리하고 있다. 즉 '-(으)나'는 주로 문어체적 표현에 사용되고 나머지 '-지만, -는데/-(으)ㄴ데, -아도/어도'는 문어체와 구어체에 두루 사용된다.

- 예문 (⑥ㄱ)의 '-(으)나'와 '-(으)ㄴ데/는데' 연결문은 평서형
- 예문 (⑥ㄴ)과 (⑥ㄷ)의 '-지만'과 '-아도/-어도' 연결문은 각각 명령과 청유형으로 표현이 가능하다.
- '-(으)나'와 '-(으)ㄴ데/는데'의 경우 명령과 청유형 표현이 불가능하다.

연결어미 '-아도/-어도', '-(으)ㄹ지라도', '-더라도'

1 의미적 공통점

형 태	의 미
'-아도/-어도'	앞절의 사실을 인정하지만, 그 사실이 뒷절의 사실에 구속되지 않음을 나타낸다.
'-(으)ㄹ지라도'	앞절의 내용이 그렇다고 하여도 뒷절은 그렇지 않음을 나타낸다.
'-더라도'	앞절의 사실을 인정하지만, 그것이 뒷절에 매이지 않음을 나타낸다.

이 세 연결어미의 사전적 정의를 통해 '인정'이라는 공통의 의미기능을 확인할 수 있다.

[예문]

A : 선생님, 어제 피곤해서 숙제를 못했어요. → (아무리) 피곤해도 숙제는 해야 해요.

B : 선생님, 내일 비가 오면 문화체험 어떻게 해요? → 태풍이 올지라도 갈테니까 준비하고 오세요.

C : 오늘 문을 연 식당이 없어요. 다른 곳으로 갈까요? → 다른 곳을 가더라도 문을 연 식당이 없을 거예요.

Q : 요즘 너무 바빠서 잠 잘 시간조차 부족해요.
　　(아무리) 바쁘다. 건강 챙기다.
　　→ _____

　　저는 머리가 좋으니까 이번 시험에 꼭 일등할 거예요.
　　머리가 좋다. 열심히 공부하다.
　　→ _____

177

> 아무리 _____(화가 나다) 친구와 싸우면 안 돼.
> → 네, 선생님, 잘 알았습니다. 다음부터 조심하겠습니다.

2 문법적 공통점

(1) 인정의 공통의미를 지니는 '-아도/-어도', '-(으)ㄹ지라도', '-더라도'의 선행절
과 후행절의 주어에는 특별한 제약이 따르지 않는다. 즉 선행절과 후행절의 주
어는 동일할 수도 그리고 다를 수도 있는데, 그것이 문장의 문법성에 아무런 영
향을 끼치지 않는다.

① ㄱ. (너는) 아무리 피곤해도 / 피곤할지라도 / 피곤하더라도 (너는) 양치는 하고 자라.
　ㄴ. 네가 아무리 전화해도 / 전화할지라도 / 전화하더라도 (나는) 받지 않을 거야.

(2) 이들 연결어미들은 과거시제의 '-았/-었'과는 결합이 가능한 반면 미래의 '-겠-'
과는 결합이 어렵다.

② ㄱ. 피곤했어도 수업시간에 졸지 말아야지.
　ㄴ. 학교에 안 갔을지라도 내일 숙제는 했어야지.
　ㄷ. 철수가 뛰었더라도 결과는 마찬가지야.
③ ㄱ. *내일 비가 오겠어도 등산 갈거야.
　ㄴ. *지구가 멸망하겠을지라도 사과나무를 심을거야.
　ㄷ. *철수가 뛰겠더라도 결과는 마찬가지일 거야.

• 예문 ②는 과거시제와의 결합이 자연스러움을 나타낸다.
• 예문 ③은 미래시제와의 결합이 불가능함을 보이고 있다.

(3) 이들 연결어미들은 문장종결 표현에서도 동일한 성격을 지닌다.9) 즉 '인정'의

---

9) '인정'의 '-아도/-어도', '-(으)ㄹ지라도', '-더라도'가 연결되는 선행절 앞에는 강조의 부사 '아무리, 비록'
등이 결합한다. 이 외에 '인정'의 의미를 지니는 것들에는 '-(으)ㄹ망정, -(으)ㄹ지언정, -건만' 등도 있다.

'-아도/-어도', '-(으)ㄹ지라도', '-더라도'가 명령문, 청유문 그리고 의문문으로 표현될 수 있다.

④ ㄱ.
아무리 { 가난해도 / 가난할지라도 / 가난하더라도 } 부모를 { 원망하지 마라. / 원망하지 말자. / 원망하지 않을 거지? }

ㄴ.
아무리 { 어려워도 / 어려울지라도 / 어렵더라도 } 중간에 { 포기하지 마라. / 포기하지 말자. / 포기하지 않을 거지? }

(4) '인정'의 '-아도/-어도', '-(으)ㄹ지라도', '-더라도'는 서술어의 종류에 관계없이 모든 동사와 형용사 그리고 '-이(다)'와의 결합에 자연스럽다.

⑤ ㄱ. 아무리 열심히 공부해도/공부할지라도/공부하더라도 1등은 힘들 거야.
ㄴ. 비록 얼굴은 예뻐도/예쁠지라도/예쁘더라도
ㄷ. 비록 철수가 학생이라도/학생일지라도/학생이더라도
ㄹ. 비록 철수가 학생이 아니라도/학생이 아닐지라도/학생이 아니더라도

- 예문 ⑤를 통해 동사, 형용사, '-이(다)'와의 결합이 가능함을 알 수 있다.
- 다만, '-아도/-어도'가 '-이(다)'와 '-아니다'와 결합시에는 연결어미의 형태가 '-라도'로 변함에 주의할 필요가 있다.

연결어미 '-다가'

[예문]

A : 마이클 씨, 공부하다가 어디 가세요? → 친구한테(서) 전화가 와서 지금 나가는 중이에요.

Q : 공부 안 하고 지금 뭐 하고 있어요?

지금까지 공부하다. 잠깐 쉬다.

→ _____.

1 의미적 특성

(1) 연결어미 '-다가'는 선행절의 행위를 도중에 멈추고 후행절의 다른 행위로 전환한다는 의미를 지니고 있다.[10]

① ㄱ. 학교에 <u>오다가</u> 가게에서 우유를 샀다.
   ㄴ. 공부를 <u>하다가</u> 샤워를 한다.

예문 ①의 두 문장은 모두 선행절의 행위가 끝나지 않았음에도 불구하고 후행절의 행위로 전환됨을 나타낸다. 즉 집에서 학교까지 다 오지 않았으며, 공부를 다 마치지 않아서 우우를 샀으며 샤워를 한다는 것이다.

(2) '-다가'에 과거시제의 '-았/-었'이 결합한 형태는 그 의미구조가 달라진다.

② ㄱ. 학교에 <u>오다가</u> 친구를 만났다.
   ㄴ. 학교에 <u>왔다가</u> 친구를 만났다.

- 예문 ②는 모두 후행절인 '친구를 만났다'는 사실에 일치하고 있다. 그러나 (②ㄱ)에서는 학교에 도착하지 않은, 즉 학교에 오는 도중이라는 의미이다.
- 예문 (②ㄴ)에서는 학교에 온 행위가 끝나버린 경우를 표현하고 있다.

---

10) 한편 '-다가'에는 선행절의 행위가 끝나지 않고 계속되면서 후행절의 행위가 함께 일어난다는 '부가'의 의미기능도 있다. 이 경우, '-(으)면서'와 교체가 가능하다. "친구와 <u>얘기하다가</u> 울었어요."와 "친구와 <u>얘기하면서</u> 울었어요."가 그것이다.

2 문법적 특징

(1) 전환의 연결어미 '-다가'는 선행절과 후행절의 주어가 일치하며, 동사와 결합이 가능하다. 그리고 형용사 및 '-이(다)'와도 자연스러운 결합을 나타내고 있다.

③ ㄱ. 기분이 <u>좋다가</u> 갑자기 나빠졌다.
　ㄴ. 1학년에는 <u>1반이었다가</u> 지금은 2반이 됐다.

(2) '-다가'는 명령이나 청유 그리고 부정문으로의 표현이 가능하다.

④ ㄱ. 집에 <u>오다가</u> 가게에 들러 우유 사 와라.
　ㄴ. 집에 <u>가다가</u> 컴퓨터 게임 한 번 하자.
　ㄷ. 운동을 한 <u>하다가</u> 하려니 힘이 많이 드네.

3 문형 활용

(1) -다(가) 보니(까)

⑤ ㄱ. 앤디 씨, 요즘 한국어 공부 어때요?
　ㄴ. 처음에는 어려웠는데 매일 매일 <u>공부하다(가) 보니(까)</u> 이젠 괜찮아졌어요.

• 의미 : 처음부터 계획한 것이 아니고 어떤 것(공부)을 계속하는 가운데 새로운 변화나 결과가 나타났다는 의미를 지닌다.

[예문]

A : 마이클 씨, 어떻게 한국말을 잘 하게 되었어요?
B : 한국 친구들과 이야기를 많이 하다(가) 보니(까) 잘 하게 됐어요.

Q : 처음 한국에 왔을 때 음식 때문에 힘들지 않았어요?
　처음에는 힘들었는데, 자주 먹다. 이젠 잘 먹게 됐어요.

(2) -다(가) 보면

⑥ ㄱ. 한국어를 잘 하는 방법이 뭘까요?
　　ㄴ. 예습과 복습을 꾸준히 <u>하다 보면</u> 한국어를 잘 하게 될 거예요.

　• 의미 : 앞의 상황을 반복적으로 계속하면 그 다음의 의도된 결과가 나타날 것
　　이라는 의미를 지닌다.

[예문]

　　A : 한국 음식이 입에 맞지 않아서 너무 힘들어요.
　　B : 지금은 힘들지만, 한국 음식을 먹다 보면 점차 좋아질 거예요.

　　Q : 왜 이렇게 마음에 드는 옷이 없지요? 그냥 집에 가고 싶어요.
　　　　조그만 참아요. 좀 더 다니다. 마음에 드는 옷을 고를 수 있을 거예요.
　　　　_____

(3) -다(가) -다(가)

⑦ ㄱ. 오늘을 날씨가 참 이상해요.
　　ㄴ. 맞아요. 비가 <u>오다가 그치다가</u> 하네요.

　• 의미 : 반대되는 내용이 반복된다는 의미를 지닌다.

[예문]

　　A : 철수 씨는 왜 저기서 왔다가 갔다가 해요?
　　B : 지금 공부하고 있어요. 왔다가 갔다가 하면서 외우는 중이에요.

　　Q : 영희 씨 오늘 데이트 있나 봐요?
　　　　글쎄요. 거울을 보면서 옷을 입다. 벗다. 그런 것 같아요.
　　　　_____

연결어미 '-아서/어서', '-고'

1 의미적 공통점

순서의 의미를 지니는 '-아서/-어서'와 '-고'의 또 다른 의미기능은 다음과 같다.

형 태	의 미
'-아서/-어서'	행동의 방식이나 수단을 나타낸다.
'-고'	앞의 행동이 뒤의 행동의 수단이나 방법임을 나타낸다.

위의 사전적 정의에서 '방법' 및 '수단'이라는 공통적 의미자질을 확인할 수 있다.

[예문]

A : 선생님, 왜 이렇게 땀을 흘리세요? → 지각할까봐 뛰어서 왔더니 땀이 많이 나요.

B : 제주도로 가는 방법 좀 알려 주세요? → 보통 비행기를 타고 가거나 아니면 배를 타고 가기도 해요.

Q : 오늘 학교에 어떻게 갔니?

버스를 타고 가다. 고장나다. (그래서) 걷다.

→ _____.

오늘 늦게 일어나서 학교에 지각했지요?

네, 그래서 택시 타다. 학교에 가다.

→ _____.

2 문법적 공통점

(1) '방법, 수단'의 연결어미에 의해 이어지는 선행절과 후행절의 주어는 동일해야 한다는 제약이 따르는데, 이는 후행절의 행위에 대한 방법, 수단이 선행절에 전제되어야 하기에 그렇다.

① ㄱ. <u>철수는</u> 운동을 해서 (<u>철수는</u>) 살이 빠졌다.

ㄴ. <u>철수는</u> 비행기를 타고 (<u>철수는</u>) 제주도에 갔다.

• 예문 ①은 후행절인 '살이 빠졌다'와 '제주도에 갔다'의 방법 및 수단으로서 선행절이 기능하고 있으며 동일 주어로 표현되었다.

• 그러나 선행절과 후행절의 주어가 다른 아래 예문은 비문이 된다.

② ㄱ. *<u>철수는</u> 운동을 해서 <u>민수는</u> 살이 빠졌다.

ㄴ. *<u>철수는</u> 비행기를 타고 <u>민수는</u> 제주도에 갔다.

(2) '방법, 수단'의 연결어미는 과거와 미래시제와의 결합이 불가능하다. 즉 이들 연결어미에 의해 연결된 문장의 과거 및 미래 표현의 경우 해당 시제어미는 문장 끝의 서술어에만 결합한다.

③ ㄱ. *철수는 운동을 <u>했서</u> 살이 <u>빠졌다</u>.

ㄴ. *철수는 비행기를 <u>타겠고</u> 제주도에 <u>갔다</u>.

(3) 이들 어미와 결합 가능한 서술어는 '동사, 형용사, ―이(다)'이다. 그러나 동사와 결합할 때만 '방법, 수단'의 의미기능을 보존하고 형용사나 '―이(다)'와 결합할 경우에는 '이유·원인' 또는 '나열'로 의미기능이 바뀌게 된다.

(4) 방법, 수단의 연결어미 '―아서/―어서'와 '―고'는 아래와 같은 여러 문장종결 표현이 가능하다. (④ㄱ)은 청유문, (④ㄴ)은 명령문, (④ㄷ)은 의문문 그리고 (④ㄹ)은 부정문의 표현이 가능함을 보이고 있다.

④ ㄱ. 배를 <u>타고</u> 제주도에 <u>가자</u>.

ㄴ. 도서관에 <u>가서</u> <u>공부해라</u>.

ㄷ. 오늘 <u>걸어서</u> 학교 <u>갔니</u>?

ㄹ. 철수는 운동을 <u>하지 않고</u> 살을 뺐다.

연결어미 '-는데', '-(으)ㄴ데', '-(으)니'

1 의미적 공통점

형 태	의 미
'-는데'	뒷절에 대한 설명이 되는 배경을 제시함을 나타낸다.
'-(으)ㄴ데'	뒷절에 대한 설명이 되는 배경을 제시함을 나타낸다.
'-(으)니'	앞의 사실이나 행동이 진행된 결과 뒤의 사실이 그러함을 나타낸다.

이들은 후행절의 행위에 대한 상황이나 배경을 선행절에 미리 제시할 경우에 사용된다.

[예문]

A : 어제 도서관에 갔는데 그 곳에서 선생님을 만났어. → 정말, 좋았겠다.

B : 마이클 씨 이게 뭐예요? → 선생님 선물인데, 마음에 드실지 모르겠어요.

C : 앤디 씨 왜, 다시 교실에 왔어요? → 식당에 가 보니 친구들이 없더라고요.

Q : 주말에 어디 갔다 왔어요?

영화를 보러 가다. 오래 전에 헤어졌던 여자 친구를 만나다.

→ _____.

이 옷 어때?

예쁘다. 누구에게 줄 거야?

→ _____.

어제 본 기숙사 어땠어요?

기숙사에 가 보다. 시설이 훌륭하다.

→ _____.

2 문법적 공통점

배경의 연결어미가 사용된 문장의 선행절과 후행절에는 동일 주어 제약이 나타나지 않는다.

① ㄱ. 수학 문제를 <u>푸는데</u> 어려워.
　ㄴ. 정신을 차리고 <u>보니</u> 집에 있더군.
　ㄷ. 친구들이 <u>많은데</u> 모두 남자뿐이야.
② ㄱ. 이 책은 한국문화에 대해 설명하고 <u>있는데</u> 외국인 유학생들이 선호해.
　ㄴ. 집도 <u>큰데</u> 침대도 큰 것으로 해.
　ㄷ. 교실에 와 <u>보니</u> 철수가 없더라.

- 예문 ①은 선행절과 후행절이 동일 주어로 연결되어 있다.
- 예문 ②는 각각 다른 주어로 연결된 문장으로 문법적 차이는 없다.

3 문법적 차이점

(1) 과거의 '-았/-었' 그리고 미래의 '-겠-'과의 결합에 차이가 나타난다.

③ ㄱ. 어제 친구가 <u>왔는데</u> 술에 많이 취했더라.
　ㄴ. 어제 숙제가 <u>많았는데</u> 하지 못했어.
　ㄷ. *교실에 와 <u>봤으니</u> 철수가 없었다.
④ ㄱ. *다음 주에 문화체험을 <u>가겠는데</u> 모두 참석하세요.
　ㄴ. *다음 달에 돈이 <u>많겠는데</u> 내가 한 턱 내지.
　ㄷ. * 내일 교실에 와 <u>보겠으니</u> 철수가 없을 거야.

- 예문 ④처럼 배경의 '-는데', '-(으)ㄴ데', '-(으)니'는 미래의 '-겠-'과 결합할 수 없다.
- 과거시제는 '-는데', '-(으)ㄴ데'와만 결합가능한 반면 (③ㄱ, ㄴ) '-(으)니'와는 결합할 수 없다(③ㄷ).

(2) 이들은 결합이 가능한 서술어의 종류에 있어서도 차이가 나타난다. 즉 '-는데'는 동사와, '-(으)ㄴ데'는 형용사 그리고 '-(으)니'는 동사, 형용사, -이(다) 모두와

결합 가능하다.

(3) '-는데', '-(으)ㄴ데', '-(으)니' 연결문은 표현 가능한 문장 유형에 있어서도 성격이 조금씩 다르다.

⑤ ㄱ. 커피 마시는데 같이 <u>마시자 / 마셔</u>.
　ㄴ. ?이사갈 집이 좁은데 쇼파는 버리고 <u>가자 / 가</u>.
　ㄷ. *학교에 가 보니 철수가 <u>없어라 / 없자</u>.

* 일반적으로 동사는 명령문, 청유문 표현이 가능하기에 (⑤ㄱ)의 동사와 결합한 '-는데' 연결문 또한 명령 및 청유문 표현이 가능하다.
* 그리고 형용사의 경우 명령과 청유의 표현에 제약이 나타나기에 (⑤ㄴ)의 형용사 '좁다'에 결합된 '-(으)ㄴ데'의 명령문과 청유문은 '좁으니까'의 '이유'로 봄이 좋을 듯하다. 그러나 동사와 결합이 되었지만 연결어미 '-(으)니'는 명령과 청유 표현이 불가하다.

(4) 부정문의 표현에 있어서도 '-는데/-(으)ㄴ데'와 달리 '-(으)니'는 그 결합에 제약이 따른다.

⑥ ㄱ. 철수는 커피를 <u>안</u> 마시는데 뭐 시켜줄까?
　ㄴ. 영희는 <u>안 예쁜데</u> 거기에 왜 나갔어?
　ㄷ. *학교에 <u>안 가보니</u> 철수가 없더라.
　ㄹ. 개고기를 <u>안 먹으니</u> 다른 것 먹어라.

* 부정 표현이 가능한 '-는데/-(으)ㄴ데'(⑥ㄱ~ㄴ)와 달리 '-(으)니'의 부정 표현은 불가하다(⑥ㄷ).
* 문법적인 (⑥ㄹ)의 예문도 배경의 의미가 아닌 '이유'의 의미를 드러내고 있다.

4 문형 활용

(1) '-인데'

⑦ ㄱ. 이것은 <u>전자사전인데</u> 모르는 단어를 찾을 때 사용해요.

ㄴ. 서울은 한국의 <u>수도인데</u> 과거와 현재가 공존하는 곳이에요.

ㄷ. 이분은 <u>선생님인데</u> 학생들에게 인기가 많아요.

(2) 의미 : 이 문법은 어떤 사람이나 사물을 소개할 때 또 다른 내용을 추가하여 말한다는 내용을 나타낸다.

[예문]

A : 앤디 씨, 창덕궁은 어떤 곳이에요?

B : 창덕궁은 옛날 궁궐인데 세계문화유산으로 지정된 곳이에요.

Q : 손에 들고 있는 책은 무슨 책이에요?

이 책은 한국어 문법책이다. 설명이 자세하고 예문도 많아요.

→ _____.

연결어미 '-아서/-어서', '-(으)니까', '-(으)므로', '-느라고'11)

1 의미적 공통점

형 태	의 미
'-아서/-어서'	앞절이 뒷절의 '원인·이유'를 나타낸다.
'-(으)니까'	뒤에 오는 말에 대하여 이유나 원인을 나타낸다.
'-(으)므로'	앞절이 뒷절의 근거가 됨을 나타낸다. '-기 때문에'의 뜻.
'-느라고'	이유를 나타낸다. '~하는 일로 말미암아'의 뜻.

---

11) '-(으)니'와 '-(으)니까'는 유사한 연결어미로, 후자가 '강조'의 의미를 지닌다는 차이가 있지만 문법적 기능이 유사하여 '-(으)니까'로 대표하여 서술한다. 이 외에도 '-기에', '-기 때문에'와 같은 표현들도 이에 해당한다.

사전적 정의에 따라 '이유·원인'이라는 의미적 공통점을 설정할 수 있다.

[예문]

A : 마이클 씨, 오늘은 왜 또 지각했어요? → 버스가 고장나서 늦었어요.
B : 배가 고프니까 점심 먹으러 가시죠. → 네, 오늘 비 오니까 칼국수 먹으러 가요.
C : 시험에 합격할 수 있을까요? → 최선을 다했으므로 후회는 없어요.
D : 철수 씨, 앤디 씨한테 연락 왔어요? → 오늘 병원에 가느라고 참석할 수 없대요.

Q : 앤디 씨 오늘 왜 그렇게 기분이 좋아요?
　　용돈을 받다. 기분이 좋다.
　　→ _____

　　이번 주말에 쇼핑 갈 수 있어요?
　　이번 주에 시험이 끝나다. 갈 수 있다
　　→ _____

　　아직도 머리가 아파요?
　　감기약을 먹었다. 괜찮다
　　→ _____

2 문법적 공통점

(1) '-아서/-어서'와 '-(으)니까'의 연결문은 동일 주어 제약이 없다. 선행절과 후행
　　절이 동일 주어로 표현된 예문 ①과 서로 다른 주어로 표현된 ②의 비문법성을
　　찾을 수 없기에 둘 다 허용이 된다.[12]

　　① ㄱ. (나는) 배가 고파서 (나는) 식당에 갔다.
　　　　ㄴ. (철수는) 배가 고프니까 (철수는) 식당에 갔다.
　　② ㄱ. 철수가 아파서 민수가 심부름을 갔다.

---

12) 이러한 점이 '-(으)므로'에도 적용되지만 '-느라고'는 그렇지 않다 즉 '-느라고'의 선행절과 후행절은
　　반드시 동일 주어일 때에만 문법적이다.

       ㄴ. <u>철수가</u> 아프니까 <u>민수가</u> 심부름을 가야겠다.

(2) 이들 연결어미와는 동사, 형용사 그리고 '-이(다)' 모두 결합할 수 있다.

    ③ ㄱ. 철수는 운동을 잘 <u>해서</u> 체육대학을 갔다.
       ㄴ. 철수는 머리가 <u>아파서</u> 결석했다.
       ㄷ. 철수는 <u>학생이어서</u> 담배를 피우면 안 된다.

    • 예문 ③은 '-아서/-어서'가 동사, 형용사, -이(다)와 결합함을 보인다.
    • 이들 문장의 연결어미는 '-(으)니까'로 교체 가능하다.[13]

(3) 부정 표현에서도 이들 연결어미들은 별다른 제약이 없다. 예문에서 '-아서/-어서'와 '-(으)니까'가 부정문과의 결합에 자연스러움을 확인할 수 있다.[14]

    ④ ㄱ. 철수는 공부를 <u>안</u> 해서 시험에 떨어졌다.
       ㄴ. 철수는 공부를 <u>안</u> 하니까 시험에 떨어졌다.

3 **문법적 차이점**

(1) 두 연결어미는 과거와 미래시제 선어말어미와의 결합에 차이가 나타난다.

    ⑤ ㄱ. 철수는 머리가 <u>아팠으니까</u> 학교에 못 갔다.
       ㄴ. 철수가 잠시 후에 <u>도착하겠으니까</u> 1인분 더 준비하자.
    ⑥ ㄱ. *철수는 머리가 <u>아팠서</u> 학교에 못 갔다.
       ㄴ. *철수는 잠시 후에 <u>도착하겠어서</u> 1인분 더 준비하자.

    • 예문 ⑤를 통해 연결어미 '-(으)니까'에는 과거와 미래시제의 선어말어미 결합이 가능함을 알 수 있다.

---

13) 이는 '-(으)므로'에도 동일하게 적용되고, '-느라고'는 동사와만 결합이 가능하다는 차이가 있다.
14) '-(으)므로'도 부정문과 결합이 가능하지만 '-느라고'는 후행절에서만 부정 결합이 가능하다. 즉 "숙제를 하느라고 잠을 못 잤다."와 같다.

• 그러나 예문 ⑥에서 '-아서/-어서'에는 결합할 수 없음을 알 수 있다.[15]

(2) 이들은 문장종결의 표현에서도 차이가 나타난다. 즉 '-(으)니까' 연결문은 명령과 청유의 표현이 가능한 반면 '-아서/-어서' 연결문은 그렇지 못하다.

⑦ ㄱ. 배 <u>고프니까</u> 밥 좀 빨리 <u>줘</u>.
   ㄴ. 배 <u>고프니까</u> 빨리 식당에 <u>가자</u>.
⑧ ㄱ. *배 <u>고파서</u> 밥 좀 빨리 <u>줘</u>.
   ㄴ. *배 <u>고파서</u> 빨리 식당에 <u>가자</u>.

연결어미 '-(으)면', '-(으)려면', '-아야/어야'

1 의미적 공통점

형 태	의 미
'-(으)면'	뒷절의 행동 내용에 대한 조건을 나타낸다.
'-(으)려면'	'장차 어떤 일이 일어날 것 같으면'의 뜻
'-아야/-어야'	뒷말에 대한 필수 조건임을 나타낸다.

사전적 정의를 통해 이들에게서 '조건'이라는 의미적 공통점을 발견할 수 있다.

[예문]

A : 만약 복권에 당첨되면 뭐 할 거예요? → 당첨된다면 집부터 살 거예요.
B : 체류 기간을 연장하려면 어떻게 해야 해? → 출입국관리소에서 연장하면 돼.
C : 엄마, 컴퓨터 게임해도 돼요? → 안 돼. 숙제를 해야 볼 수 있어.

Q : 내일 주말인데 뭐 할 거예요?
    날씨가 좋다 자전거를 타다. 비가 오다. 집에서 공부하다.

---

15) 한편, '이유 · 원인'의 '-(으)므로'는 '-(으)니까'와 동일한 성격을 지니고 '-느라고'는 '-아서/-어서'와 기능이 동일하다.

> → _____.
>
> 한국어를 빨리 배우고 싶은데 어떻게 해야 해요?
> 한국어를 빨리 배우다. 한국 친구들을 사귀다.
> → _____.
>
> 철수 씨는 왜 결혼을 안 해요?
> 만나는 사람이 있다. 결혼을 하다.
> → _____.

2 문법적 공통점

(1) 조건의 의미기능을 지닌 연결어미들은 미래시제의 '-겠-'과 결합이 불가하다. 예문 ①을 통해 연결어미 '-(으)면', '-(으)려면', '-아야/-어야'와 '-겠-'의 결합은 비문을 형성함을 알 수 있다.

    ① ㄱ. *비가 <u>오겠으면</u> 내일 소풍은 안 간다.
       ㄴ. *집에 <u>가겠으려면</u> 틀린 거 3번씩 써라.
       ㄷ. *3번 다 <u>써겠어야</u> 집에 갈 수 있다.

(2) 후행절의 목표를 위한 전제조건으로서의 선행절이 모두 부정으로 표현되어 있는데, '-(으)면', '-(으)려면', '-아야/-어야'와 결합에 있어 자연스러움을 나타내고 있다.

    ② ㄱ. 철수가 <u>안 먹으면</u> 네가 먹을 수 있어.
       ㄴ. 영희와 <u>안 헤어지려면</u> 사과부터 해.
       ㄷ. 네가 꼴찌를 <u>안 해야</u> 같이 갈 수 있어.

3 문법적 차이점

(1) 선행절과 후행절의 동일 주어 제약에 있어서 '-(으)면'과 '-아야/-어야'는 제약을 받지 않는 반면 '-(으)려면'은 주어 일치 제약을 받는다.

③ ㄱ. <u>네가</u> 가면 <u>나도</u> 갈게

    ㄴ. (<u>나는</u>) 열심히 공부하면 (<u>나는</u>) 1등 할 수 있어.

④ ㄱ. <u>네가</u> 가야 <u>나도</u> 갈거야.

    ㄴ. (<u>네가</u>) 열심히 공부해야 (<u>네가</u>) 1등 할 수 있어.

⑤ ㄱ. <u>네가</u> 일등하려면 (<u>네가</u>) 공부 열심히 해야 해.

    ㄴ. *<u>네가</u> 가려면 <u>나도</u> 갈게.

- '-(으)면'과 '-아야/-어야' 연결문인 ③과 ④에는 동일 주어 제약현상이 나타나지 않는다.
- 예문 ⑤의 '-(으)려면' 연결문은 (⑤ㄱ)처럼 선행절과 후행절의 주어가 동일해야 한다.

(2) 시제 선어말어미와의 결합에 있어서도 연결어미 '-(으)면', '-아야/-어야'와 '-(으)려면'의 성격이 다르다.

⑥ ㄱ. 밥을 다 <u>먹었으면</u> 집에 가라.

    ㄴ. 밥을 다 <u>먹었어야</u> 집에 갈 수 있지.

    ㄷ. *밥을 다 <u>먹었으려면</u> …

(3) 서술어와의 결합에 있어서 '-(으)면'과 '-아야/-어야'는 종류에 따른 제약이 없는 반면, '-(으)려면'은 동사와만 결합 가능하다는 제약이 나타난다.

⑦ ㄱ. 가면, 아프면, -이면

    ㄴ. 가려면, *아프려면, *-이려면

    ㄷ. 가야, 아파야, -이야

(4) '-(으)면'과 '-(으)려면'의 경우 명령, 청유, 의문의 표현이 가능하지만 '-아야/-어야'는 명령과 청유 표현이 불가능하다. 한편, '-아야/-어야'의 의문 표현이 문법적일 때에는 '조건'의 의미가 아닌 강조의 반어적 성격을 가진다.

연결어미 '-(으)러', '-(으)려고', '-도록', '-게'

1 의미적 공통점

형 태	의 미
'-(으)러'	['-러 가다/오다'의 꼴로 쓰이어] '행동의 목적'을 나타낸다.
'-(으)려고'	장차 어떤 행동을 하려는 주어의 의도를 나타낸다.
'-도록'	뒷절의 내용이 일어나게끔, 의도적으로 이끌어 가는 방향이나 목적을 나타낸다.
'-게'	[동사, '있다/없다'에 쓰이어] 앞절이 뒷절에 대한 목적, 기준 등이 됨을 나타낸다.

사전적 정의를 통해 이들 연결어미들은 '목적'의 의미기능을 가지고 있음을 할 수 있다.

[예문]

A : 앤디 씨 어디를 가세요? → 친구를 만나러 가는 중이에요.

B : 왕붕 씨는 왜 한국에 왔어요? → 한국어를 배워 한국 회사에 취직하려고 왔어요.

C : 오늘 숙제 많아요? → 네, 오늘 밤 새도록 해도 다 못할 것 같아요.

D : 청소하게 문 좀 열어주시겠어요? → 네, 저는 물건들을 치울게요.

Q : 철수 씨 앤디 씨 어디 갔어요?
　　공부하다. 도서관에 가다.
　　→ _____.

　　왜 돈을 모으고 있어요?
　　유럽 여행을 가다. 돈을 모으고 있다.
　　→ _____.

　　요즘 잠을 잘 수가 없어요. 좋은 방법이 없을까요?
　　잠이 오다. 미지근한 물로 샤워하다.
　　→ _____.

　　오늘 매운 김치찌개가 먹고 싶어요.
　　매운 음식 건강에 좋지 않다. 싱겁다 드십시오.
　　→ _____.

2 문법적 공통점

(1) 목적의 연결어미들은 과거 및 미래시제 표현이 불가능하다. 즉, 목적의 '-(으)러', '-(으)려고', '-도록', '게'와 과거의 '-았-/-었-' 그리고 미래의 '-겠-'의 결합이 불가능함을 확인할 수 있다.

① ㄱ. 공부를 <u>하러/*했으러/*하겠으러</u> 도서관에 간다.
ㄴ. 공부를 <u>하려고/*했으려고/*하겠으려고</u> 도서관에 간다.
ㄷ. 공부를 <u>하도록/*했도록/*하겠도록</u>
ㄹ. 공부를 <u>하게/*했게/*하겠게</u>

(2) 목적의 연결어미들은 원칙적으로 동사와만 어울리고 형용사 및 '-이(다)'와는 결합이 불가능하다.

② ㄱ. 철수는 책을 <u>사러(사려고)</u> 서점에 갔다.
ㄴ. 철수가 밥을 <u>먹도록(먹게)</u> 도시락을 주어라.
ㄷ. 철수는 밤 <u>늦도록/늦게</u> 술을 마신다.

- 예문 (②ㄱ)과 (②ㄴ)은 '-(으)러', '-(으)려고', '-도록', '-게'와 동사가 결합한 문장으로 문법성을 드러내고 있다.
- (②ㄷ)에서는 '-도록'과 '-게'가 형용사 '늦다'와 결합이 가능함을 보이고 있다. 그러나 '-도록'과 '-게'에는 목적의 의미에서 '시간의 한계'라는 의미의 전이가 일어났다.

3 문법적 차이점

(1) '-(으)러'와 '-(으)려고'의 선행절과 후행절의 주어는 반드시 일치해야 함에 반해 '-도록'과 '-게'에는 그러한 제약이 나타나지 않는다.

③ ㄱ. (<u>철수는</u>) 밥을 먹으러(먹으려고) (<u>철수는</u>) 식당에 갔다.

195

ㄴ. *<u>철수는</u> 밥을 먹으러 <u>영호는</u> 식당에 갔다.

④ ㄱ. <u>철수가</u> 공부할 수 있도록 / 있게 <u>철수 부모님이</u> 불을 켜 주셨다.

　ㄴ. <u>공기가</u> 순환되도록 / 되게 <u>선생님은</u> 창문이 여셨다.

- 예문 ③에서 '-(으)러'와 '-(으)려고'가 동일 주어 제약을 따르고 있음을 알 수 있다.
- '-도록'과 '-게'가 사용된 ④에서는 그러한 제약이 나타나지 않는다.

(2) 이들 연결어미들은 결합 가능한 문장 종류에 차이가 나타나는 바, '-(으)러'와 '-도록' 그리고 '-게'가 모든 문장과의 결합이 가능함에 반해 '-(으)려고'는 명령, 청유문의 표현에 제약이 나타난다.

⑤ ㄱ. 밥 먹으러 <u>가자 / 가라 / 가니?</u>

　ㄴ. 철수가 공부하도록/게 {
　　이만 <u>가자.</u>
　　그만 <u>가라.</u>
　　집에 <u>가니?</u>

　ㄷ. *책을 사려고 서점에 <u>가자 / 가라.</u>

(3) 부정 표현에 있어서도 '-(으)려고', '-도록', '-게'는 자연스러운 반면, '-(으)러'는 성립하지 않는다.

⑥ ㄱ. 철수는 산에 <u>안 가려고</u> 자는 척 했다.

　ㄴ. 철수는 살찌지 <u>않도록 / 않게</u> 채식을 주로 한다.

　ㄷ. *철수는 책을 <u>안 사러</u> 서점에 간다.

　ㄹ. 철수는 책을 <u>사러</u> 서점에 <u>가지 않았다.</u>

- '-(으)러'는 (⑥ㄷ)처럼 부정 표현이 불가능한 것이 사실이다.
- 그러나 (⑥ㄹ)처럼 가능한 경우에는 전체부정의 의미가 된다.

Ⅷ. 한국어의 보조용언

'-아/-어 가다', '-아/-어 오다'

1 의미 : '진행'

[예문]

A : 마이클 씨 숙제 다 해 가요? → 네, 다 해 가요. 10분이면 될 거예요.
B : 연아는 언제부터 스케이트를 타 왔어요? → 초등학교 때부터 쭉 해 왔어요.

Q : 앤디 씨, 늦었어요. 그만 먹고 가요.
　　잠깐만요, 다 먹다. 조금만 기다려 주세요.
　　→ _____

　　마이클 씨는 봉사 활동을 오래 하셨어요?
　　10년 전부터 시간이 있을 때마다 고아원, 양로원 등에서 봉사활동을 했다.
　　→ _____

2 차이

(1) '-아/-어 가다' : 단순 진행

(2) '-아/-어 오다' : 현재까지의 상태 지속 및 반복적인 행위의 연속

　① ㄱ. 공부가 잘 <u>돼 간다</u>.
　　ㄴ. 어려서부터 나는 누나들과 사이좋게 <u>지내 왔다</u>.
　　ㄷ. 한 달에 한번 씩 <u>만나 왔다</u>.

- (①ㄱ)은 공부를 시작한 이후 길지 않은 시간 동안 어려움 없이 이루어진다는 의미
- (①ㄴ)은 어린 시절부터 현재까지의 상당한 기간 동안의 일정한 상태가 지속됨을 의미
- (①ㄷ)은 상당한 기간 동안 현재까지 반복적으로 만남을 가져 왔다는 의미

'–고 있다'

1 의미 : '진행'

> [예문]
>
> A : 붕붕 씨, 지금 뭐 하고 있어요? → 내일 발표 수업이 있어서 준비하고 있어요.
> B : 영호야, 아버지 뭐 하고 계시니? → 지금 올림픽 중계 보고 계세요.
>
> Q : 앤디 씨, 혹시 마이클 씨 봤어요?
>   네, 지금 도서관에서 시험 공부를 하다.
>   → _____.
>
>   진호 씨 정말 오랜만이에요. 요즘 어떻게 지내고 계세요?
>   학교에서 외국인 학습자들에게 한국어를 가르쳐요.
>   → _____.

2 특징

(1) '–고 있다'가 행동의 진행을 의미하기에 동사와는 결합이 자연스럽다.

　① 아이들이 운동장에서 축구를 하고 있다.

(2) 그러나 동작성을 띠지 않는 형용사와는 결합이 불가능하다.

　② *날씨가 덥고 있다.

'–아/–어 버리다'

1 의미 : '종결'

> [예문]
>
> A : '겨울 연가'라는 드라마 끝났어요? → 네, 정말 인기 많았는데 지난 주에 끝나버렸어요.
> B : 내일 숙제는 다 했어요? → 네, 집에 오자마자 다 해 버렸어요.

Q : 마이클 씨, 여자 친구와 다시 만나요?
　　아니오, 지난 달에 이민갔다. 참 좋은 친구였는데.
　　→ _____.

　　한 달 후 Topik 시험 때문에 요즘 잠이 잘 안 와요. 앤디 씨는 어때요?
　　저도 마찬가지예요. 결과야 어떻든 빨리 시험을 보면 좋겠어요.
　　→ _____.

2 특징

(1) 사실 기대에 어긋날 때, 실망스러운 결과가 나왔을 경우, 심리적 부담을 제거한 경우를 표현하는 양태적 의미를 가진다.

　　① ㄱ. 벌써 음료수를 다 마셔 버렸다.
　　　　ㄴ. 다음 주 강의 준비까지 다 끝내 버렸다.

　　• 예문은 모두 종결의 의미를 지니고 있다. 그런 가운데 (①ㄱ)에서는 아쉬움과 실망감이 그리고 (①ㄴ)에서는 심리적 부담감을 제거했다는 의미가 첨가되어 있다.

(2) 종결의 '-아/-어 버리다'는 현재 진행중임을 표현하는 '-ㄴ다/-는다'와 결합할 수 없다.

　　② *예습을 다 끝내 버린다.

'-아/-어 주다'

1 의미 : '봉사'

[예문]

A : 죄송한데, 문 좀 열어 주시겠어요? → 네, 열어 드릴게요.

B : 마이클 씨, 지우개 있으면 좀 빌려 주시겠어요? → 네, 빌려 드릴게요.

Q : 선생님, 오늘 날씨가 흐려서 교실이 좀 어두운 것 같아요.
그렇죠. 그럼 뒤에 앉아 있는 앤디 씨가 불 좀 켜다.
→ _____.

마이클, 앤디 씨, 버스나 지하철에서 서 계시는 노약자나 임산부를 보게 되면, 자리를 양보하다. 그것이 예의에요.
→ _____.

2 특징

(1) '-아/-어 주다'는 봉사의 의미를 전제하는 것으로, '주다'의 특수 존대 어휘인 '드리다'와 결합한 '-아/-어 드리다'도 동일한 의미를 띠고 있다.

① 강의실 문을 <u>열어 주다.(드리다)</u>

(2) 두 사람의 대화에서 '-아/어 주다'의 질문에 대한 대답에서는 '-아/어 드리다'로 답한다.

② ㄱ. 사진 좀 <u>찍어 주겠어요?</u>-네, 제가 <u>찍어 드릴게요.</u>
ㄴ. 제가 한국어를 <u>가르쳐 드릴까요?</u>-네, <u>가르쳐 주세요.</u>

'-아/-어 놓(두)다'

1 의미 : 행동의 완료

① ㄱ. 예습과 복습을 다 <u>해 놓고</u> 놀았다.
　　ㄴ. 예습과 복습을 다 <u>해 두고</u> 놀았다.

> [예문]
>
> A : 숙제 다 해 놓고 노는 거야? → 그럼, 아까 학교에서 다 해 놓았지.
> B : 여행 준비 다 해 두었어? → 다 해 뒀어. 내일 옷만 입고 가면 돼.
>
> Q : 내일 학교 친구들이 놀러 오는데, 준비할 게 있을까?
> 　　먼저 화장실하고 방 청소 좀 하다. 그리고 간단한 음식을 준비 하자.
> 　　→ _____.
>
> 　　선생님, 다음 주 문법 시험 보실 거예요?
> 　　그래, 그러니까 미리 시험 공부 좀 해라.
> 　　→ _____.

2 특징

(1) 두 형태의 의미를 '완료'로만 정의 내린다면 성격 차이를 제대로 설명할 길이 없다.

② ㄱ. 내일 시험을 위해 미리 <u>공부해 ?놓아라</u>.
　　ㄴ. 내일 시험을 위해 미리 <u>공부해 두어라</u>.

예문 (②ㄱ)보다는 (②ㄴ)이 좀 더 자연스럽다는 차이가 나타난다. 이는 '-아/-어
두다'에는 후에 일어날 상황에 대해 의식을 한다는 의미가 있다.

(2) '-아/-어 놓다'는 뒤이어 일어날 상황에 대해서는 의식을 하지 않는다는 의미가
전제된다.

③ ㄱ. 철수가 시합을 다 <u>망쳐 놓아서</u> 우리팀이 졌다.

　ㄴ. 철수가 시합을 다 <u>망쳐 *두어서</u> 우리팀이 졌다.

예문 ③은 아무런 책임감 없는 행동으로 인해 우리팀이 졌다는 의미기에 '-아/-어 놓다'가 자연스럽다.

'-아/-어 보다'

1 의미 : 경험과 시도 및 시행

[예문]

A : 김치가 맵지 않아요? → 먹어 봤는데 그렇게 맵지 않던데요.

B : 주말에 어디를 가면 좋을까요? → 창덕궁에 한 번 가 보세요. 좋아하실 거예요.

Q : 밍밍 씨 제주도에 가 봤어요?

　네, 지난 주에 갔다. 너무 이국적이었어요. 앤디 씨도 꼭 한 번 가다.

　→ _____.

　쇼핑을 하려면 어디로 가야 해요?

　동대문이나 남대문 시장에 가다. 싸고 예쁜 것들이 많이 있어요.

　→ _____.

2 용례

(1) 경험의 의미

① ㄱ. 나도 위인전을 <u>읽어 보았다.</u>

　ㄴ. 나도 위인전을 <u>읽어 본 적이 있다.</u>

예문 (①ㄱ)의 '-아/어 보다'가 경험의 의미로 사용된 예이다. 그런데 이 경우 (①ㄴ)처럼 '-아/-어 보(다)+-(으)ㄴ 적(일)이 있다'의 형태로도 많이 나타난다.

(2) 시도 및 시행

② ㄱ. 이 옷 한 번 <u>입어 보세요</u>.

ㄴ. 이 신발 한 번 신어 <u>봐도 돼요</u>?

3 특수 예

'-아/-어 보다'가 추측의 의미를 지니기도 하는데 이 경우 '-ㄴ/는가 보다'의 형태로 나타나며 보조형용사로 기능하게 된다.

'-고 싶다'

1 의미 : 희망, 바람

> [예문]
>
> A : 한국어를 잘 하면 뭐 하고 싶어요? → 한국 회사에 취직하고 싶어요.
> B : 돈을 벌면 꼭 하고 싶은 게 있어요? → 세계 여행을 한 번 하고 싶어요.
>
> Q : 문화체험 장소로 어디를 가면 좋을까요?
> 저는 롯데월드에 가다. 왜냐 하면 재미있는 놀이기구를 탈 수 있으니까요.
> → _____.
>
> 오늘 점심은 뭐 먹을까요? 특별히 먹고 싶은 음식 있어요?
> 오늘 비가 오니까 칼국수가 먹다.
> → _____.

2 특징

(1) 반드시 1인칭 주어와 결합한다는 제약이 있다.

① ㄱ. <u>나도</u> 에버랜드에 <u>가고 싶다</u>.

ㄴ. (<u>나는</u>) 일요일에는 집에서 <u>쉬고 싶다</u>.

(2) 화자가 아닌 다른 사람의 바람을 표현할 경우에는 '-고 싶어한다'로 나타난다.

    ② ㄱ. <u>그도</u> 에버랜드에 <u>가고 싶어한다</u>.
        ㄴ. <u>학생들이</u> 제주도를 <u>가고 싶어한다</u>.

'-아/-어 있다'

1 의미 : 상태의 지속

> [예문]
>
> A : 저기 앉아 있는 분은 누구세요? → 제 아버지예요. 옆에 계신 분은 어머니고요.
> B : 어제 교실에 책을 놓고 왔어요? → 책상에 놓여 있는 책이 붕붕 씨거군요.
>
> Q : 마이클은 아침에 창문을 열어 놓고 학교에 갔다. 그리고 저녁에 집에 돌아 와서, 그 사실을 알게 되었다. 마이클이 집에 왔을 때 창문이 <u>열다</u>.
> → _____.
>
> 오늘 아침 늦잠을 잤다. 지각을 할 것 같아 택시를 타고 학교로 갔다. 5층의 강의실까지 쉬지 않고 달려 갔다. 그런데 강의실 칠판에 "오늘 강의는 휴강입니다."는 내용이 <u>쓰다</u>.
> → _____.

2 용례

    ① ㄱ. 철수가 의자에 <u>앉아 있다</u>. ·
        ㄴ. 그림이 벽에 <u>걸려 있다</u>.
    ② ㄱ. 철수가 아기를 <u>안고 있다</u>.
        ㄴ. 그는 오늘 흰 모자를 <u>쓰고 있다</u>.

예문 ①의 '-아/-어 있다'와 ②의 '-고 있다'는 문장구성상 목적어의 유무에 따르는 차이가 나타난다. 즉 타동사의 구문에서는 '-고 있다'만 어울린다는 점이다. 이러한 동사에는 '입다, 잡다' 등도 포함된다.

'-기는 하다'

1 의미 : 인정 및 시인

> [예문]
>
> A : 붕붕 씨, 앤디 씨 어떤 사람이에요? → 앤디 씨, 착하기는 해요.
> B : 설악산 단풍이 어때요? → 단풍이 참 곱기는 해요.
>
> Q : 앤디 씨, 동생 공부는 잘 해요?
>   제 동생은 공부는 잘 해요. 그런데 너무 욕심이 많아요.
>   → _____.
>
>
>   마이클 씨, 한국어 공부 어때요? 어렵지 않아요?
>   한국어 공부 어렵지만 재미있어요. 그런데 쓰기는 정말 어려워요.
>   → _____.

2 용례

(1) 소극적 인정

① ㄱ. 영희가 <u>예쁘기는 하다</u>.
  ㄴ. 영희가 <u>예쁘긴 한데(하지만)</u> 성격이 안 좋아.

예문 (①ㄱ)은 다른 사람들이 그렇다고 하니까 마지못해 소극적으로 인정한다는
의미이다. (①ㄴ)은 다른 사람들의 생각을 일단 인정하고 나서 그 다음에 다른
부정적인 내용을 표현할 경우에는 '-기는 (한데, 하지만)'과 더 많이 결합해 사
용된다.

(2) 적극적 인정

② ㄱ. 설악산이 참 <u>아름답기는 하다</u>.
  ㄴ. 설악산이 참 <u>아름답기도 하다</u>.

예문 (②ㄱ)은 감탄형의 문장으로 적극적인 인정의 의미를 나타내는데, 이 경우 '-기도 하다'로 표현할 수도 있다.

IX. 한국어의 어문 규정

1. 한글 맞춤법

1.1. 내용

1 제1항 '한글 맞춤법은 표준어를 소리대로 적되, 어법에 맞도록 함을 원칙으로 한다'.

2 제2항 '문장의 각 단어는 띄어 씀을 원칙으로 한다'.

3 제3항 '외래어는 '외래어 표기법'에 따라 적는다'로 구성되어 있다.

1.2. 원칙

1 내용

'한글 맞춤법은 표준어를 소리대로 적되, 어법에 맞도록 함을 원칙으로 한다.'

2 요소

(1) 표준어 : "교양 있는 사람들이 두루 쓰는 현대 서울말"

(2) 소리대로 적는다 : 표준어 표기의 원리 중 하나로, '사람'을 [사람]으로, '구름'을 [구름]으로 적는다는 것이다.

(3) 어법에 맞게 적는다 : 표준어 표기의 또 다른 원리이다. 소리대로 적기만 하면 '꽃'은 환경의 차이에 따라 다양한 모습으로 나타난다.

    ① ㄱ. 꽃 + {-이, -을, -도, -만…}
       ㄴ. 꼬치, 꼬츨, 꼬또, 꼰만…

예문 (①ㄱ)의 명사 '꽃'이 다양한 조사와 결합할 때 소리나는 대로 표기한 것이 (①ㄴ)이다. 이렇게 소리나는 대로 표기할 경우 '꽃(花)'의 동일한 의미를 지니는 단어가 '꼬치, 꼬츨, 꼬또, 꼰만'과 같은 다양한 형태가 되어 문자 생활이 혼란하게 된다. 그러나 이들을 '꽃'으로 고정하여 아래와 같이 표기하면 그 의미 파악이 쉬울 것이다.

② 꽃이, 꽃을, 꽃도, 꽃만

이상과 같은 이유로 한국어의 표준어 규정은 '어법에 맞도록 한다'는 원칙을 더 부가하여 어떤 한 단어의 원형을 밝히어 적는다는 것을 규정하고 있다.

1.3. 한글맞춤법 내용

1 소리에 관한 것

(1) 규칙

한국어의 두음법칙은 어두에 'ㄴ, ㄹ'로 시작하는 한자음이 자리할 때 일어나는 제약현상으로, 구체적 조건에 따르는 표기의 용례는 다음과 같다.

	조 건		표 기	예 외
10항	녀, 뇨, 뉴, 니	→	여, 요, 유, 이	냥(兩), 년(年)
11항	랴, 려, 례, 료, 류, 리	→	야, 여, 예, 요, 유, 이	리(里), 리(理)
12항	라, 래, 로, 뢰, 루, 르	→	나, 내, 노, 뇌, 누, 느	

(2) 용례

① '신여성, 역이용, 내내월' : '여성, 이용, 내월'은 어두의 위치가 아니기에 두음법칙의 적용을 받지 않는 것처럼 보인다. 그러나 이들은 '신+여성', '역+이용', '내+내월'로 분석이 되기에 '여성, 이용, 내월'에 두음법칙이 적용된다. '한국여자대학, 해외여행, 비논리적'도 같은 이치이다.

② '개-연, 숫-용' : 고유어 뒤에 한자어가 결합한 구조이기에 '연, 용'을 하나의 단어로 인정하여 두음법칙을 적용한다.

③ '신년도', '고랭지' : 이들은 '신+연도', '고+냉지'로 분석되지 않고, '신년+도'와 '고랭+지'로 분석되기에 두 번째 자리에 위치한 것으로 보아 두음법칙의 적용을 받지 않는다.

④ 구조적 차이에 따라 '미-립자, 소-립자, 수-류탄, 파-렴치'로 분석되는 이들은 '미입자, 소입자, 수유탄, 파염치'로 써야 될 것 같지만, 사람들의 발음 습관이 본음의 형태로 굳어져 있다는 이유로 예외 사항으로 다룬다.

⑤ "한 단어 안에서 같은 음절이나 비슷한 음절이 겹쳐 나는 부분은 같은 글자로 적는다."는 규정

　　예 딱딱 : *딱닥 / 씩씩 : *씩식 / 짭짤하다 : *짭잘하다 / 연연불망(戀戀不忘) / 유유상종(類類相從) / 누누이(屢屢-이)[1]

(3) '량'과 '란'의 표기

'량'과 '란'의 표기는 한자어 다음에 오느냐 고유어 다음에 오느냐에 따라 아래와 같이 쓰인다.

어 휘	조 건	실 례
량 란	고유어나 외래어	일-양, 알칼리-양 어린이-난, 고십(gossip)-난
량 란	한자어	노동-량, 작업-량 공-란, 투고-란

---

1) '연연불망, 유유상종, 누누이'는 '연련(-불망), 유류(-상종), 누루(-이)'로 적어야 하지만 사람들의 발음형태가 [여 : 년-], [유유-], [누 : 누-]로 굳어져 '연연-, 유유-, 누누-'로 적는다. 그러나 그 밖의 경우는 (제2음절 이하에서) 본음대로 적는 것이 원칙이다.
　　예 낭랑(朗朗)하다, 냉랭(冷冷)하다, 늠름(凜凜)하다 등

(4) '렬(列, 烈, 裂, 劣)과 률(律, 率, 栗, 慄)'의 표기

'렬(列, 烈, 裂, 劣)과 률(律, 率, 栗, 慄)'의 표기는 '모음이나 ㄴ받침' 뒤에 결합

되느냐 아니냐에 따라 다음과 같이 표기한다.

어 휘	조 건	표 기	실 례
렬, 률	모음, ㄴ받침 뒤	열, 율	나열, 백분율
	그 외	렬, 률	명중률, 합격률

2 형태에 관한 것

(1) 어간과 어미

① 어간의 끝 'ㄹ'이 줄어질 적[2]

어간 끝 받침 'ㄹ'이 어미의 첫소리 'ㄴ, ㅂ, ㅅ' 및 '-(으)오, -(으)ㄹ' 앞에

서 줄어지는 경우 준대로 적는다.

㉠ 하늘을 <u>날으는</u> 비행기 → 하늘을 <u>나는</u> 비행기 (날(다)+는)

어머니의 <u>거칠은</u> 손 → 어머니의 <u>거친</u> 손 (거칠(다)+ㄴ)

② 어간의 끝 'ㅎ'이 줄어질 적[3]

형용사의 어간 끝 받침 'ㅎ'이 어미 '-네'나 모음 앞에서 줄어지는 경우, 준

---

2) 이 규정에 따르는 용례는 다음과 같다.

갈다	가니	간	갑니다	가시다	가오
놀다	노니	논	놉니다	노시다	노오
불다	부니	분	붑니다	부시다	부오
둥글다	둥그니	둥근	둥급니다	둥그시다	둥그오
어질다	어지니	어진	어집니다	어지시다	어지오

3) 이 규정에 따르는 용례는 다음과 같다.

그렇다	그러니	그럴	그러면	그렇니다	그러오
까맣다	까마니	까말	까마면	까맣니다	까마오
동그랗다	동그라니	동그랄	동그라면	동그랗니다	동그라오
퍼렇다	퍼러니	퍼럴	퍼러면	퍼렇니다	퍼러오
하얗다	하야니	하얄	하야면	하얗니다	하야오

대로 적어야 한다.

예 얼굴이 <u>누렇다</u> → <u>누러네, 누런, 누러니</u>

　　얼굴이 <u>노랗다</u> → <u>노라네, 노란, 노라니</u>

③ 어간의 끝 'ㅂ'이 'ㅜ'로 바뀔 적

어간의 끝 'ㅂ'이 'ㅜ'로 바뀔 때, 'ㅏ, ㅗ'에 붙은 'ㅂ' 받침 뒤에 어미 '-아(았)'가 결합하면 모음조화의 규칙에 따라, '가까와, 아름다와, 괴로워'로 적었었다. 그러나 바뀐 맞춤법에서는 현실적인 발음을 취하여 '워'로 적는다. 즉 '가까워, 아름다워, 괴로워' 등이다. 그러나 예외적으로 '돕다'와 '곱다'는 '도와, 고와'로 적고 있다.

(2) 종결형어미 '-오'와 연결형어미 '-이요'

[붙임 2] 종결형에서 사용되는 어미 '-오'는 '요'로 소리나는 경우가 있더라도 그 원형을 밝혀 '오'로 적는다. (ㄱ을 취하고, ㄴ을 버림)

ㄱ	ㄴ
이것은 책이오.	이것은 책이요.
이리로 오시오.	이리로 오시요.
이것은 책이 아니오.	이것은 책이 아니요.

[붙임 3] 연결형에서 사용되는 '이요'는 '이요'로 적는다. (ㄱ을 취하고, ㄴ을 버림)

ㄱ	ㄴ
이것은 책이요, 저것은 붓이요, 또 저것은 먹이다.	이것은 책이오, 저것은 붓이오, 또 저것은 먹이다.

(3) 준말

① 제39항 : 어미 '-지' 뒤에 '않-'이 어울려 '-잖-'이 될 적과 '-하지' 뒤에

'않-'이 어울려 '-찮-'이 될 적에는 준 대로 적는다.

② 제40항 : 어간의 끝음절 '하'의 'ㅏ'가 줄고 'ㅎ'이 다음 음절의 첫소리와 어울려 거센소리로 될 적에는 거센소리로 적는다. [붙임 2] 어간의 끝음절 '하'가 아주 줄 적에는 준 대로 적는다.

	ㄱ	ㄴ	ㄱ	ㄴ
39항	적지 않은	적잖은	변변하지 않다	변변찮다
40항	간편하게	간편케	흔하다	흔타
붙임2)	거북하지	거북지	생각하건대	생각건대

③ '서슴치/서슴지' : 준말의 일반적 원칙에 따라 '무심하다, 당하다, 허송하다'에 어미 '-지'가 결합하면 준말 형태는 '무심치, 당치, 허송치'가 된다. 즉 어간의 'ㅏ'가 준 '무심ㅎ-, 당ㅎ-, 허송ㅎ-'에 '-지'가 결합한 형태가 되기 때문이다. 그러나 '서슴-'은 어간으로서 '하'가 없는 말이다. 아래의 예에서 보듯 올바른 표기는 '서슴+지'가 된다.

③ ㄱ. *학생들이 수업 시간에 <u>서슴치</u> 않고 잔다.
   ㄴ. 학생들이 수업 시간에 <u>서슴지</u> 않고 잔다.

④ '삼가다' : 실제 생활에서 '음식물 반입을 삼가해 주십시오.'로 많이 사용하지만 이는 잘못된 표현으로 '음식물 반입을 삼가 주십시오'로 해야 한다.[4]

---

4) 본문에 언급한 용례 외에도 그 쓰임에 혼동을 일으키는 많은 것들이 있는데, 몇 가지만 살피기로 한다.

(1) "다르다/틀리다"
   ㄱ. *나는 네 의견과 <u>틀려</u>. → 나는 네 의견과 <u>달라</u>.
   ㄴ. *형과 동생인데 어찌 저렇게 <u>틀릴까</u>? → 형과 동생인데 어찌 저렇게 <u>다를까</u>?

(2) "안/않"
   ㄱ. 앞으로 남자는 <u>안</u> 만날 거야. / 철수야, 선생님 <u>안</u> 계시니?

3 그 밖의 것

(1) 그러므로/그럼으로, 하므로/함으로

이들 단어들은 의미와 그 구조에서 차이를 드러낸다. 즉 어간 '그러-, 하-'에 어미 '-므로'가 결합한 구조로 '그러니까, 그렇기 때문에'와 '하기 때문에'의 의미를 가진다.

④ ㄱ. 철수는 부지런하다. <u>그러므로</u> 잘산다.

ㄴ. 철수는 열심히 일한다. <u>그럼으로</u> 보람을 느낀다.

⑤ ㄱ. 철수는 <u>부지런하므로</u> 잘산다.

ㄴ. 철수는 열심히 <u>일함으로</u> 보람을 느낀다.

(2) 반드시/반듯이

① '반드시' : '꼭, 틀림없이'의 의미로 '약속은 반드시 지켜라'처럼 쓰인다.

ㄴ. 다시는 사랑하지 <u>않을 거야</u>. / 철수야, 선생님 계시지 <u>않니</u>?

'안'의 (ㄱ)과 '않'의 (ㄴ)은 어떠한 차이가 있을까? '안'은 서술어를 꾸며주는 부사어('아니'의 뜻)이고, '않'은 '-지 않-'의 형태로 어미와 결합하여 문장의 서술어로 기능하고 있다.

(3) "있음/있슴"

과거의 '있읍니다'의 '-읍니다'가 '-습니다'로 바뀐 것에 착안하여, 이의 명사형이 '있슴'이라고 잘못 생각하고 있다. 문법론에서 다루었듯이 한국어에서 용언을 명사형으로 바꾸는 접사는 '-(으)ㅁ, -기, -{(으)ㄴ/는}것' 밖에 없다. 따라서 어간인 '있'과 '-(으)ㅁ'의 결합으로 구성된 '있음'이 올바른 형태이다.

(4) "아니오/아니요"

ㄱ. 이게 철수(의) 책이니?

ㄴ. 예.

ㄴ'. *아니오/아니요, 민수 책이에요.

(ㄱ)의 질문에 대한 부정문의 '아니오'와 '아니요' 중 어느 것이 올바른 표현일까? 바로 '아니요'이다. 즉 '아니요'는 긍정·부정을 물어보는 판정의문문에 대한 대답으로 사용되며, 감탄사로 기능하고 있다. 반면, '아니오'는 '아니다'를 기본형으로 하여 어말어미와 결합하여 사용되거나(이건 철수의 책이 아니오.) 관형사형어미 '-(은)ㄴ'과 결합(철수의 것이 아닌 책)하기도 한다.

② '반듯이' : '반듯하다'는 뜻으로 '반듯'에 접미사 '-이'가 결합한 구조로 '고개 를 반듯이 들어라'이다.

(3) 던(지)/든(지)

① '던지' : 지난 일을 나타내는 연결어미이다. ㉠ 그 날 얼마나 <u>울었던지</u> 몰라.

② '든지' : 어느 것이 선택되어도 관계가 없는 물건이나 일의 내용을 열거할 때 사용하는 보조사이다. ㉠ <u>가든지 오든지</u> 마음대로 해라.

(4) 너머/넘어

① '너머' : 실제적으로 넘는 동작이 아니고 어느 뒤에 있는 공간을 가리킨다.

② '넘어' : 동사 '넘-'에 '-어'가 연결된 구조로 동사 '넘-'의 의미가 그대로 살 아 있는 경우이다.

⑦ ㄱ. 산 <u>너머</u> 집
　　ㄴ. 토끼가 산을 <u>넘어</u> 간다.

(5) 부치다/붙이다

① '붙이다' : '붙이다'는 '붙다'에 사동사 '-이-'가 결합하여 '붙다'의 의미가 있다.

② '부치다' : '붙다'의 의미가 없다. 구체적 용례는 『한글맞춤법』 제6장 57항을 참조.5)

---

5)

부치다	힘이 부치는 일이다. 편지를부친다. 논밭을 부친다. 빈대떡을 부친다. 식목일에 부치는 글. 회의에 부치는 안건 인쇄에 부치는 원고 삼촌 집에 숙식을 부친다.	붙이다	우표를 붙인다. 책상을 붙였다. 흥정을 붙인다. 불을 붙인다. 감시원을 붙인다 조건을 붙인다. 취미를 붙인다. 별명을 붙인다.

(6) 솔직히/솔직이

'이/히' 표기와 관련한 맞춤법 규정은 다음과 같다.

제 51 항 부사의 끝 음절이 분명히 '이'로만 나는 것은 '-이'로 적고, '히'로만 나거나
'이'나 '히'로 나는 것은 '히-'로 적는다.
1. '이'로만 나는 것

가붓이	깨끗이	나붓이	느긋이	둥긋이
따뜻이	반듯이	버젓이	산뜻이	의젓이
가까이	고이	날카로이	대수로이	번거로이
많이	적이	헛되이	겹겹이	번번이
일일이	집집이	틈틈이		

2. '히'로만 나는 것

극히	급히	딱히	속히	작히
족히	특히	엄격히	정확히	

3. '이, 히'로 나는 것

솔직히	가만히	간편히	나른히	무단히
각별히	소홀히	쓸쓸히	정결히	과감히
꼼꼼히	심히	열심히	급급히	답답히
섭섭히	공평히	능히	당당히	분명히
상당히	조용히	간소히	고요히	도저히

이 규정에 따라 '솔직히'의 표기가 옳으며, 자주 혼동을 일으키는 '깨끗이'가 올
바른 표기이다.

4 띄어쓰기 규정

(1) 조사의 띄어쓰기

'꽃에서부터' : 조사는 겹쳐 나오더라도 그 앞말에 붙여 쓴다.

(2) 의존, 단위명사의 띄어쓰기

제 42 항　의존 명사는 띄어 쓴다.

아는 것이 힘이다.　　　　　　나도 할 수 있다.
먹을 만큼 먹어라.　　　　　　아는 이를 만났다.
네가 뜻한 바를 알겠다.　　　　그가 떠난 지가 오래다.

제 43 항　단위를 나타내는 명사는 띄어 쓴다.

한 개　　　　　　차 한 대　　　　　금 서 돈
소 한 마리　　　　옷 한 벌　　　　　열 살
조기 한 손　　　　연필 한 자루　　　버선 한 죽
집 한 채　　　　　신 두 켤레　　　　북어 한 쾌

다만, 순서를 나타내는 경우나 숫자와 어울리어 쓰이는 경우엔 붙여 쓸 수 있다.

두시 삼십분 오초　　제일과　　삼학년　　　　　육층
1446년 10월 9일　　2대대　　16동 502호　　제1실습실
80원　　　　　　　10개　　7미터

제 44 항　수를 적을 적에는 '만(萬)' 단위로 띄어 쓴다.

십이억 삼천사백오십육만 칠천팔백구십팔
12억 3456만 7898

제 45 항　두 말을 이어 주거나 열거할 적에 쓰이는 다음의 말들은 띄어 쓴다.

국장 겸 과장　　　　　　　열 내지 스물
청군 대 백군　　　　　　　책상, 걸상 등이 있다.
이사장 및 이사들　　　　　사과, 배, 귤 등등
사과, 배 등속　　　　　　　부산, 광주 등지

220

제 46 항 단음절로 된 단어가 연이어 나타날 적에는 붙여 쓸 수 있다.

그때 그곳   좀더 큰것   이말 저말   한잎 두잎

(3) 주의할 띄어쓰기

① '밖에' : '밖에'의 경우, 사용법에 따라 두 가지로 나타난다.

> 조사 : <u>너밖에</u> 그 일을 할 사람이 없다.
> 명사 : 그 사람이 문 <u>밖에</u> 서 있다.

'밖에'는 형태만 같을 뿐 구조가 다르다. 조사는 그 앞말에 붙인다는 조항에 따라 명사 '너'에 붙여 쓴 것이다. 그러나 명사 '밖'에 조사 '에'가 결합한 구조는 앞말과 띄어 쓴다.

② '한바' : '한바'에서 '바'의 띄어쓰기도 용법에 따라 두 가지로 나눈다.

> 동사 어간+어미 ㄴ바 : 집에 <u>간바</u> 밥이 없었다.
> 동사 어간+관형사형 ㄴ+바 : 시에서 연락하여 <u>온 바</u> 다음과 같다.

'간바'는 동사 어간 '가'에 어미 '-ㄴ바'가 결합한 것으로 붙여 쓴다. 반면 '온 바'는 동사 어간 '오'와 관형사형 'ㄴ' 다음의 의존명사인 관계로 띄어 쓴다.

③ '만' : '만'은 앞말에 붙어 '한정, 비교'의 의미를 지니는 경우와 시간의 경과를 나타내는 의존명사의 쓰임이 구별된다.

> 보 조 사 : <u>철수만</u> 공부를 열심히 한다.
> 의존명사 : 철수는 영희를 삼 년 <u>만</u>에 만났다.

④ '할걸' : '할걸' 역시 동일한 형태지만 띄어쓰기가 다른 두 가지로 구분한다.

221

{ 어간+어미 : 지금 공부 안 했다가는 <u>후회할걸</u>.
{ 관형사형+의존명사 : <u>후회할 걸</u> 왜 그랬어?

전자는 어간 '후회하-'에 어미 '-ㄹ걸'이 결합한 말로 붙여 써야 하며, 후자는
의존명사가 들어있는 '후회할 것을'의 정도로 해석될 수 있는 띄어쓰기이다.

⑤ '데' : '데'의 경우도 '걸'과 같은 두 가지 용법을 지닌다. 하나는 어미 '-ㄴ
데'와 의존명사 '데'가 그것이다.

{ 어   미 : 철수가 <u>무엇인데</u> 그런 소릴 하니?
{ 의존명사 : 철수를 설득하는 <u>데</u> 시간이 걸린다.

명사 '무엇'에 서술격조사 '이다' 그리고 어미 'ㄴ데'가 결합한 '무엇인데'는
붙여 써야 되며, '장소, 경우, 처지' 등을 나타내는 의존명사인 '데'는 띄어
써야 한다.

⑥ '번' : '번'은 단어의 자격이냐 아니면 의존명사의 자격이냐에 차이가 있다.

{ 단   어 : 한 <u>번</u>은 잘 했지만 두 <u>번</u>은 쉽지 않지?
{ 의존명사 : <u>한번</u> 해 봅시다. / <u>한번</u> 엎어진 물

'번'이 단어의 자격을 지닐 때에는 띄어 써야 하지만, '한, 두…'와 더불어 쓰
이면 차례나 일의 횟수를 나타내는 의존명사로 붙여 쓴다.

(4) 보조용언의 띄어쓰기

보조용언은 띄어 씀을 원칙으로 하되, 경우에 따라 붙여 씀도 허용한다. 다만,
앞 말에 조사가 붙거나 앞말이 합성동사인 경우, 그리고 중간에 조사가 들어갈
적에는 그 뒤에 오는 보조용언은 띄어 쓴다.

① '듯하다' : '듯하다'는 어간에 직접 결합하느냐 아니면 관형사형 다음에 결합하느냐에 따라 띄어쓰기에 차이가 있다.

> 어간+듯 : 그 여자의 변덕이 죽 <u>끓듯</u> 하다.
> 보조 용언 : 올해는 좋은 일이 <u>있을 듯하다</u> / <u>있을듯하다</u>.

'듯 하다'는 어미 '-듯'과 '하다'의 구조로서 어간 '끓-'에 '-듯'이 직접 결합하여 붙여 쓴 것이고, '듯하다'는 전체가 보조용언으로 앞말에 붙여 쓰기도, 띄어쓰기도 가능하다.

② '만하다' : '만하다'는 용례에 따라 두 가지 구조의 모습을 보인다. 즉 '보조 용언'과 '보조사＋용언'이 그것이다.

> 보조용언 : 아파트에 아직 <u>쓸 만한</u> 가전제품을 많이 버렸다.
> 보 조 사 : 인형이 <u>애만</u> 하다.

'만하다'는 보조용언으로서 용언의 관형사형(쓸)에 이어질 경우 띄어쓰는 것이 원칙이고, '쓸만한'으로 붙여 쓰는 것도 허용한다. 그러나 보조사 '만'에 용언 '하다'가 결합한 구조는 앞말에 붙은 '만'과 용언 '하다'는 띄어야 올바른 표기가 된다.

(5) 고유명사 및 전문 용어의 띄어쓰기

제 48 항   성과 이름, 성과 호 등은 붙여 쓰고, 이에 덧붙는 호칭어, 관직명 등은 띄어 쓴다.

김양수(金良洙)	서화담(徐花潭)	채영신 씨
최치원 선생	박동식 박사	충무공 이순신 장군

다만, 성과 이름, 성과 호를 분명히 구분할 필요가 있을 경우에는 띄어 쓸 수 있다.

남궁억/남궁 억　　　독고준/독고 준　　　황보지봉(皇甫芝峰)/황보 지봉

제 49 항　성명 이외의 고유명사는 단어별로 띄어 씀을 원칙으로 하되, 단위별로 띄어 쓸 수 있다. (ㄱ을 원칙으로 하고, ㄴ을 허용함)

ㄱ	ㄴ
대한 중학교	대한중학교
한국 대학교 사범 대학	한국대학교 사범대학

제 50 항　전문 용어는 단어별로 띄어 씀을 원칙으로 하되, 붙여 쓸 수 있다. (ㄱ을 원칙으로 하고, ㄴ을 허용함)

ㄱ	ㄴ
만성 골수성 백혈병	만성골수성백혈병
중거리 탄도 유도탄	중거리탄도유도탄

2. 표준어 규정

2.1. 표준어의 정의

1 표준어 : 표준어는 교양 있는 사람들이 두루 쓰는 현대 서울말

2 방　언 : 서울 지역이 아닌 곳의 여러 지역의 말로, 서울·경기 방언, 경상도 방언 전라도 방언, 충청도 방언, 제주도 방언, 강원도 방언으로 구분함

2.2. 발음 변화에 따른 표준어

1 자음

　(1) 다음 단어들은 거센소리를 표준어로 삼는다.

　　예 녘, *녁 / 부엌, *부억 / 살-쾡이, *살-괭이 / 칸, *간6)

　　－다음 단어들은 거센소리가 아닌 형태를 표준어로 삼는다.

　　　예 가을-갈이, 거시기, 분침

　(2) 어원에서 멀어진 형태로 굳어 널리 쓰이는 것은, 표준어로 삼는다.

　　예 강낭-콩, *강남-콩 / 사글-세, *삭월-세

　　－다만, 어원적으로 원형에 더 가까운 형태를 표준어로 삼는다.

---

6) '초가삼간', '윗간'의 경우에는 '간'을 사용한다.

⑩ 갈비, *가리 / 밀-뜨리다, *미-뜨리다 / 적-이, *저으기

(3) 다음은 의미 구별함이 없이, 한 가지 형태만을 표준어로 삼는다.

⑩ 돌(*돐) / 둘-째7)(*두-째) / 셋-째, 넷-째 / 빌리다 (*빌다)

① '돌잔치'와 '돐잔치' : 현행 맞춤법에서는 '돌'로 통일하기로 하였다. 따라서 생일이나 주기의 뜻을 나타내는 말은 모두 '돌'로 써야 한다.

ㄱ. 오늘은 철수 아기의 첫돌/*돐 잔치이다.
ㄴ. 오늘은 학교의 스무 돌/*돐이 되는 날이다.

② '빌다'와 '빌리다' : '이 자리를 빌어 감사의 말씀을 드립니다'는 표현에서 '빌어'는 '빌려'로 써야 맞다. '빌리다'는 '借, 貸'의 의미이다. 반면 '빌다'는 '乞, 祝'의 의미로만 쓰인다.

(4) 수컷을 이르는 접두사는 '수-'로 통일한다.

제 7 항 수컷을 이르는 접두사는 '수-'로 통일한다.(ㄱ을 표준어로 삼고, ㄴ을 버림.)		
ㄱ	ㄴ	비 고
수-꿩	수-퀑, 숫-꿩	'장끼'도 표준어임.
수-나사	숫-나사	
수-놈	숫-놈	
수-사돈	숫-사돈	
수-소	숫-소	'황소'도 표준어임.
수-은행나무	숫-은행나무	

-다음 단어의 접두사는 '숫-'으로 한다.

⑩ 숫-양, 숫-염소, 숫-쥐

---

7) '둘째'는 십 단의 이상의 서수사에 쓰일 때에는 '두째'로 한다. ⑩ 열두-째, 스물두-째

– '수–/암–'은 뒤에서 나는 거센소리를 인정하여 표기로 반영하기도 하고, 그렇지 않은 경우도 있는데, 전자에는 '강아지, 개, 것, 기와, 닭, 당나귀, 돌쩌귀, 돼지, 병아리'만 해당된다. 후자는 그 외의 경우이다.

2 모음

(1) 양성모음이 음성모음으로 바뀌어 굳어진 단어는 음성모음 형태를 표준어로 삼는다.

제 8 항 양성모음이 음성모음으로 바뀌어 굳어진 다음 단어는 음성모음 형태를 표준어로 삼는다. (ㄱ을 표준어로 삼고, ㄴ을 버림.)

ㄱ	ㄴ	비 고
깡충–깡충–둥이	깡총–깡총–둥이	큰말은 '껑충껑충'임.
		← 童–이. 귀–, 막–, 선–, 쌍–, 검–, 바람–. 흰–.
발가–숭이	발가–송이	센말은 '빨가숭이', 큰말은 '벌거숭이', '뻘거숭이'임.
보퉁이	보통이	
봉죽	봉족	← 奉足. ~꾼, ~들다.
뻗정–다리	뻗장–다리	
아서, 아서라	앗아, 앗아라	하지 말라고 금지하는 말.
오뚝–이	오똑–이	부사도 '오뚝–이'임.
주추	주초	← 柱礎. 주춧–돌.

다만, 어원 의식이 강하게 작용하는 다음 단어에서는 양성모음 형태를 그대로 표준어로 삼는다. (ㄱ을 표준어로 삼고, ㄴ을 버림.)

ㄱ	ㄴ	비 고
부조(扶助)	부주	~금, 부좃–술.
사돈(査頓)	사둔	밭~, 안~.
삼촌(三寸)	삼춘	시~, 외~, 처~.

(2) 'ㅣ'모음 역행 동화 현상의 표준어는 '음운 변동'에서 확인할 것

(3) 다음 단어는 모음이 단순화한 형태를 표준어로 삼는다.

⑩ 괴팍–하다, *괴퍅–하다 / 미루–나무, *미류–나무 / 으레, ⁺으례

(4) 다음 단어에서는 모음의 발음 변화를 인정하여, 발음이 바뀌어 굳어진 형태를 표준어로 삼는다.

    ㉠ -구려, *-구료 / 깍쟁이, *깍정이 / 나무라다, *나무래다 / 미수, *미시

       상추, *상치 / 주책, *주착 / 허드레, *허드래 / 호루라기, *호루루기

(5) '웃-' 및 '윗-'은 명사 '위'에 맞추어 '윗-'으로 통일한다.

    ㉠ 윗-눈썹, 니, 도리, 머리, 목, 몸, 바람, 입술, 수염, 잇몸, 자리

    - 다만, 된소리나 거센소리 앞에서는 '위-'로 한다. ㉠ 위-짝, 쪽, 채, 층, 치마, 턱, 팔
    - 다만, '아래, 위'의 대립이 없는 단어는 '웃-'으로 발음되는 형태를 표준어로 삼는다. ㉠ 웃-돈, 어른, 옷

(6) 한자 '구(句)'가 붙어서 이루어진 단어는 '귀'로 읽는 것을 인정하지 않고 '구'로 통일한다. ㉠ 구절(句节), 결구(结句), 대구(对句), 어구(语句)

    - 다만, '귀-글', '글-귀'는 이를 표준어로 삼는다.

3 준말

(1) 준말이 널리 쓰이고 본말이 잘 쓰이지 않는 경우에는, 준말만을 표준어로 삼는다. ㉠ 김, *기음 / 뱀, *배암 / 생-쥐, *새앙-쥐

(2) 준말이 쓰이고 있더라도, 본말이 널리 쓰이고 있으면 본말을 표준어로 삼는다.

    ㉠ 궁상-떨다, *궁-떨다 / 돗-자리, *돗 / 아래-로, *알-로

(3) 준말과 본말이 다 같이 널리 쓰이면서 준말의 효용이 뚜렷이 인정되는 것은, 두 가지를 다 표준어로 삼는다. ㉠ 거짓-부리, 거짓불 / 노을, 놀 / 머무르다, 머물다 / 오-누이, 오-뉘(오-누) / 찌꺼기, 찌기

4 단·복수 표준어

(1) 의미 차이 없는 비슷한 발음의 형태는 그 중 널리 쓰이는 것만을 표준어로 삼는다.

> ⑩ 귀-고리, *귀엣-고리 / 냠냠-거리다, *얌냠-거리다 / 멸치, *며루치(메리치) / 봉숭아, *봉숭화 / 천장 *천정

(2) 다음의 단어는 모두를 표준어로 삼는다.

> ⑩ 네, 예 / 쇠-, 소- / 괴다, 고이다 / 꾀다(꼬이다) / 쐬다(쏘이다) / 죄다(조이다) / 쬐다(쪼이다) / 구린-내, 쿠린-내

2.3. 어휘 선택의 변화에 따른 표준어

1 고어

사어가 되어 쓰이지 않게 된 단어는 고어로 처리하고, 현재 널리 사용되는 단어를 표준어로 삼는다. ⑩ 난봉, *봉 / 낭떠러지, *낭 / 자두, *오얏

2 한자어

(1) 고유어와 한자어 계열의 단어 중 한자어 계열의 단어가 용도를 잃게 된 것이면, 고유어 계열을 표준어로 인정한다.

> ⑩ 가루-약, *말-약 / 까막-눈, *맹-눈 / 마른-빨래, *건-빨래

(2) 고유어 단어가 죽고 그에 대응하는 한자어 단어가 쓰이면, 한자어를 표준어로 삼는다. ⑩ 단-벌, *홑-벌 / 총각-무, *알타리-무

3 방언

(1) 방언이던 단어가 표준어보다 더 널리 쓰이게 된 것은, 그것을 표준어로 삼는다. 이 경우, 원래의 표준어는 그대로 표준어로 남긴다.

> ⑩ 멍게, 우렁쉥이 / 물-방개, 선두리 / 애-순, 어린-순

(2) 방언이던 단어가 널리 쓰이게 됨에 따라 표준어이던 단어가 안 쓰이게 된 것은, 방언이던 단어를 표준어로 삼는다.

    ⑩ 귀밑-머리, *귓-머리 / 빈대-떡, *빈자-떡 / 코-주보, *코-보

4 단 · 복수 표준어

(1) 의미가 똑같은 형태의 경우, 압도적으로 널리 쓰이는 형태 하나만을 표준어로 인정한다.

    ⑩ 길-잡이, *길-앞잡이 / 까치-발, *까치-다리 / 담배-꽁초, *담배-꽁치(담배-꽁추) / 샛-별, *새벽-별 / 술-고래, *술-보 / 애-벌레, *어린-벌레 / 칡-범, *갈-범

(2) 한 가지 의미를 나타내는 형태 몇 가지가 널리 쓰이며 표준어 규정에 맞으면, 그 모두를 표준어로 삼는다.

    ⑩ 가는-허리, 잔-허리 / 가뭄, 가물 / 고깃-간, 푸줏-간 / 꼬까, 때때, 고까 / 나귀, 당나귀 / 민둥산, 벌거숭이-산 / 살-쾡이, 삵 / 애꾸눈-이, 외눈-박이 / 엿-가락, 엿-가래 / 척, 체 / 한턱-내다, 한턱-하다

문법색인

부 록
ㅡ중국어 해설ㅡ

Ⅰ. 韩国语概要

1. 韩国语的概念

1.1. 国语和韩国语

1 国　语：自己國家的語言，本國語。

　→ 不區別与其他外國語的共同点和差异点的概念性語言。

2 韩国语：韓國民族的語言.

　→ 區別与其他外國語的共同点和差异点的概念性語言。

1.2. 韩国语的构成

1 理论领域

　(1) 中心构造：音韵论(音声学)，语法论(形态论)，意义论(词汇论)

　(2) 周边构造：国语史，方言论，文字论

2 实用领域

　(1) 韩国语政策：韩语拼写法，标准韩国语细述，外来语标记法，罗马拼音标记法，韩国纯粹化

　(2) 教育政策：韩国语教育和韩国语教育论

1.3 韩国语的研究

1 横向方法论：在特定时期中，根据地点的差异而进行的韩国语研究.

2 纵向方法论：根据连续的时间的变化而进行的韩国语研究

239

2. 韩国语的特征

2.1 音韵上的特征

1 音韵体系 ┬ 分節音韻 ──┬ 輔音
　　　　　　　│　　　　　└ 元音
　　　　　　　└ 超分節音韻

2 音节构成：輔音(C)＋元音(V)＋輔音(C)

3 三枝的相关束：'ㄱ : ㅋ : ㄲ, ㄷ : ㅌ : ㄸ, ㅂ : ㅍ : ㅃ, ㅈ : ㅊ : ㅉ'的 對立

2.2. 形态上的特征

1 形态上的类别：曲折语, 孤立语, 添加语, 抱合语

2 胶着语的特征

(1) 语干＋语尾：책을 <u>읽다</u>. 책을 <u>읽었니</u>? 책을 <u>읽어라</u>. 책을 <u>읽자</u>.

(2) 体词＋助词：사람<u>이</u>, 사람<u>을</u>, 사람<u>에게</u>

→ 与英语和汉语不同, 韩语不是依靠单词形态和顺序的变化, 而是依据在语干和体词后面添加要素来体现语法。

2.3. 语法上的特征

1 文章构成类型：S＋O＋V形 中心

(1) 主语＋谓语：철수가 운다.

(2) 主语＋宾语＋谓语：철수가 커피를 마신다.

(3) 主语＋副词＋谓语：철수가 도서관에 간다.

(4) 主语＋副词＋宾语＋谓语：철수가 아빠에게 꽃을 드렸다.

2 自由语顺构造：成分的位置比较自由移动

3 修饰语＋被修饰语的构造

4 其他：主语或宾语等省略的情况，双主语句或双宾语句

2.4. 词汇上的特征

1 由固有语和外来语(汉语系统)构成

2 象征语，感觉语，亲族语和敬语的发达

3 单数和夏数的概念

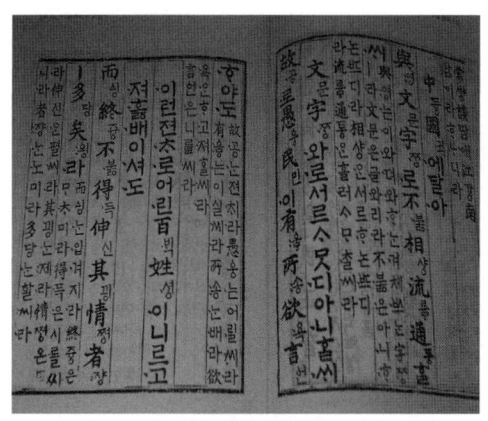

韓國文字的創制(訓民正音)

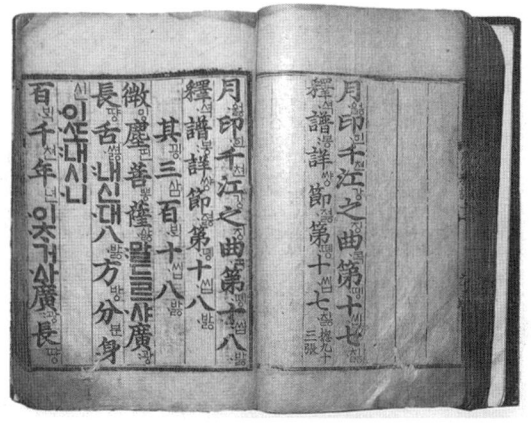

用韓國文字記録的散文(月印千江之曲)

3. 韩语和韩国文字

3.1. 韩国文字的概念

1 定义

한 + 글 : 伟大的字, 大的字

'伟大的', '大的'

2 创制

(1) 时期

① 创制：1443年 12月(世宗 26年)

② 练习：1445年(龙飞御天歌)

③ 颁布：1446年 9月(世宗 28年)

(2) 创制者

① 主创制者：世宗大王

② 协助参与者：郑麟趾, 成三问, 申叔舟, 李垲, 崔恒, 朴彭年, 李善老, 姜希安 等集贤殿学者

3.2. 文字的体系

1 文字的起源

(1) 训民正音制字解

正音二十八字 各象其形而制之 (正音的28个字都是模仿各自的模样而创制而成的)

242

(2) 郑麟趾序文

　　名曰训民正音象形(命名为训民正音并进行象形)

2 字音的体系

(1) 基本文字：ㄱ, ㄴ, ㅁ, ㅅ, ㅇ

(2) 象形发音和加划的原理[1]

　　① ㄱ：舌根阻挡声门的形状　　　　→ ㅋ → ㆁ

　　② ㄴ：舌尖顶住上齿后部的形状　　→ ㄷ → ㅌ

　　③ ㅁ：双唇紧闭形状　　　　　　　→ ㅂ → ㅍ

　　④ ㅅ：牙齿的形状　　　　　　　　→ ㅈ → ㅊ

　　⑤ ㅇ：声门的形状　　　　　　　　→ ㆆ → ㅎ

創制韓國文字的世宗大王 銅像(德壽宮)

---

1) ㆁ, ㄹ, ㅿ：异体字 (其他形象的文字)

3 元音的体系

(1) 基本文字：ㆍ，ㅡ，ㅣ

(2) 象形及合音原理

① ㆍ：天的模樣

② ㅡ：大地的模樣

③ ㅣ：人的模樣

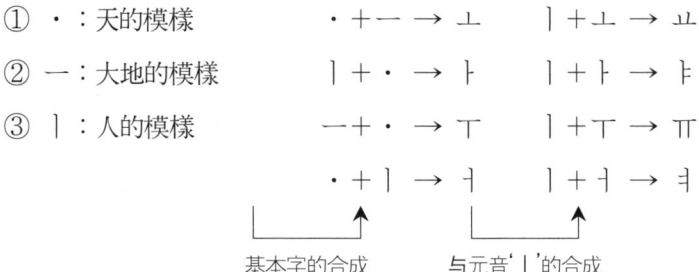

基本字的合成　　　　与元音'ㅣ'的合成

Ⅱ. 韩国语的语音

1. 韩国语的音韵

1.1. 音声和音韵

1 音声的概念

 (1) 定义：通过人的发声器官而发出的具体的声音。

 (2) 音声的实现：就算是一样的音声，随着发音的人不同和每次发音前后发出声音的不同，音所具有不同的性质。

2 音韵的概念

 (1) 定义：区分意义的最小单位。元音和辅音。

 (2) 特征：和音声的实现不同，是所有人头脑中所共同记忆的抽象性的观念性的声音。

1.2. 韩语的辅音

1 辅音的概念

 (1) 定义：气流经过喉咙或口腔时受到阻碍而产生的音。

 (2) 特征：独自不能发声，必须得与元音结合才能发声。

2 辅音的体系

 (1) 根据发音位置的分类：双唇音(两嘴唇)，齿颈音(上牙床-舌尖)，硬腭音(舌面)，软腭音(舌头后部)，喉音(嗓子)

(2) 根据发音方法的分类：爆破音，摩擦音，破擦音，鼻音，流音

发声方法＼发声位置		双唇音	齿颈音	硬腭音	软腭音	喉音
爆破音	平音	ㅂ	ㄷ		ㄱ	
	硬音	ㅃ	ㄸ		ㄲ	
	激音	ㅍ	ㅌ		ㅋ	
塞擦音	平音			ㅈ		
	硬音			ㅉ		
	激音			ㅊ		
摩擦音	平音		ㅅ			ㅎ
	硬音		ㅆ			
鼻音		ㅁ	ㄴ		ㅇ	
流音			ㄹ			

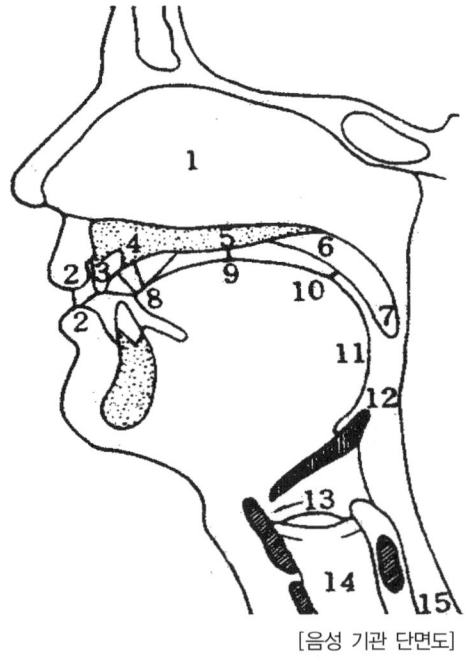

1. 鼻腔
2. 嘴唇
3. 牙
4. 上齿龈
5. 硬腭(센입천장)
6. 軟腭(여린입천장)
7. 小舌
8. 舌端
9. 舌前
10. 舌后
11. 舌根
12. 喉頭(울대마개)
13. 聲帶
14. 气管
15. 食道

[음성 기관 단면도]

3 辅音的发音方法

(1) 爆破音：肺部的气流在口腔中收到阻塞，之后又随即迸发而产生的声音. 此类代表音有 'ㅂ, ㄷ, ㄱ'.

(2) 摩擦音：缩小口腔或是喉咙的空间形成窄缝，气流从窄缝中挤出的同时造成上下的摩擦而形成的声音。此类代表音有 'ㅅ, ㅎ'.

(3) 塞擦音：口腔首先紧闭，随即某处稍稍打开缝隙的同时气流从中挤出发出的声音。此类代表音有 'ㅈ'.

(4) 鼻音：爆破音, 摩擦音, 塞擦音的空气, 以进入口腔气流相反的方向进入鼻腔而得。

(5) 流音：与一般的辅音不同, 是对空气的阻塞最小的声音。此类代表音有'ㄹ'.

4 辅音的名称和顺序

(1) 名称

기역 : ㄱ	니은 : ㄴ	디귿 : ㄷ	리을 : ㄹ	미음 : ㅁ	비읍 : ㅂ	시옷 : ㅅ
이응 : ㅇ	지읒 : ㅈ	치읓 : ㅊ	키읔 : ㅋ	티읕 : ㅌ	피읖 : ㅍ	히읗 : ㅎ

쌍기역 : ㄲ	쌍디귿 : ㄸ	쌍비읍 : ㅃ	쌍시옷 : ㅆ	쌍지읒 : ㅉ

(2) 特别名称：韩文字母名称的收音可和其后的元音连音, 'ㄷ, ㅈ, ㅊ, ㅋ, ㅌ, ㅍ, ㅎ'的特别情况下发音如下。

디귿이[디그시]	디귿을[디그슬]	디귿에[디그세]
지읒이[지으시]	지읒을[지으슬]	지읒에[지으세]
치읓이[치으시]	치읓을[치으슬]	치읓에[치으세]
키읔이[키으기]	키읔을[키으글]	키읔에[키으게]
티읕이[티으시]	티읕을[티으슬]	티읕에[티으세]
피읖이[피으비]	피읖을[피으블]	피읖에[피으베]
히읗이[히으시]	히읗을[히으슬]	히읗에[히으세]

(3) 顺序(字典排版)

ㄱ, ㄲ, ㄴ, ㄷ, ㄸ, ㄹ, ㅁ, ㅂ, ㅃ, ㅅ, ㅆ, ㅇ, ㅈ, ㅉ, ㅊ, ㅋ, ㅌ, ㅍ, ㅎ

1.3. 韩国语的元音

1 元音的概念

(1) 定义：气流不受阻碍从喉咙或口腔中释放出来而产生的声音。

(2) 特征：不受与辅音结合与否的限制，不与辅音结合也能独立发音。

2 元音的种类

(1) 单元音：从始至终没有变化的音。

(2) 双元音：声音从开始到结束的过程中舌头或嘴唇模样发生变化的音。

3 单元音的体系

(1) 舌头的位置：前舌元音，后舌元音

(2) 舌头的高度：高元音，中元音，低元音

(3) 嘴唇模样：平唇元音，圆唇元音

舌头位置 / 嘴唇模样 / 舌头的高度	前舌元音		后舌元音	
	平 唇	圆 唇	平 唇	圆 唇
高 元 音	ㅣ	ㅟ	ㅡ	ㅜ
中 元 音	ㅔ	ㅚ	ㅓ	ㅗ
低 元 音	ㅐ		ㅏ	

4 元音的名称和顺序

(1) 名称

아：ㅏ, 야：ㅑ, 어：ㅓ, 여：ㅕ, 오：ㅗ, 요：ㅛ, 우：ㅜ, 유：ㅠ, 으：ㅡ, 이：ㅣ

(2) 顺序(字典排版)

① ㅐ, ㅒ, ㅔ, ㅖ, ㅘ, ㅙ, ㅚ, ㅝ, ㅞ, ㅟ, ㅢ

② ㅏ, ㅐ, ㅑ, ㅒ, ㅓ, ㅔ, ㅕ, ㅖ, ㅗ, ㅘ, ㅙ, ㅚ, ㅛ, ㅜ, ㅝ, ㅞ, ㅟ, ㅠ, ㅡ, ㅢ, ㅣ

  * ○ 类的元音是单元音

5 元音的标准发音

(1) 谓语活用时的 '저, 쪄, 쳐' 发音成 [저, 쪄, 쳐]。

(2) 除了 '예, 례' 以外, 其他的 'ㅖ' 发音成 [에]。 ㉖ 계집 → [계 : 집], [게 : 집]

(3) 以辅音开头的元音是 'ㅢ'的词, 'ㅢ'发音成 [ㅣ]。 ㉖ 무늬[무니], 희망[히망]

(4) 除去 '의' 是单词开头的情况, 其他的 '의' 都发音成 [ㅣ]; '의'当助词时, 发音成 [ㅔ]。

  ㉖ 주의[주의 / 주이], 우리의[우리의 / 우리에],

  강의의[강의의 / 강의에 / 강이의 / 강이에]

1.4. 韩国语的音节

1 音节的概念

(1) 定义 : 与意义无关可发音的声音单位。

(2) 特征 : 元音是音节形成的核心, 前后可和辅音结合。

2 音节的构成

강 : ㄱ ＋ ㅏ
  初声 中声
  ㅇ
  终声

251

3 音节的形成

(1) 规则

① 为了形成韩国语的音节，必须要存在元音。

② 除了'ㅇ'外的所有辅音都可以成为音节的开头。

③ 能做音节结尾的辅音有7个 (ㄱ, ㄴ, ㄷ, ㄹ, ㅁ, ㅂ, ㅇ)。

(2) 类型

① 單獨元音　　　　：아이, 애

② 輔音＋元音　　　：가수, 고기

③ 元音＋輔音　　　：악어, 억

④ 輔音＋元音＋輔音：강남, 설날

1.5. 韩国语的长短和连接

1 区分层面的机能

(1) 定义：在一种语言里，扮演区分A和B意思的角色。

(2) 要素：辅音和元音，元音发音的长短和连接。

2 音的长短

(1) 意义分化的例子：말：(言) － 말(马), 밤：(栗) － 밤(夜), 눈：(雪) － 눈(眼)

(2) 长音发音规则

① 只在单词的第一个音上用长音是原则

㈎ 눈보라[눈：보라] : 첫눈[천눈] / 말씨[말：씨] : 참말[참말]

－合成词的第二个音节之后也可有明显的长音

㈎ 반신반의[반：신 바：늬/반：신바：니] 재삼재사[재：삼재：사]

② 谓词的单音节语干和语尾 '-아/-어'结合简缩成一个音节的情况, 也用长音发音[1]

　　예 보아→봐[봐:] / 되어→돼[돼:] / 하여→해[해:]

(3) 短音的发音

　① 在具有长音音节的词中, 短音音节的谓词语干后连接以元音开头的词尾的情况。

　　예 감다[감:따]→감으니[가므니], 밟다[밥:따]→밟으면[발브면]

　② 谓词语干后连接表被动, 使动的缀词的情况。

　　예 감다[감:따]→감기다[감기다], 밟다[밥:따]→밟히다[발피다]

3 音的连接

(1) 意义：通过音节和音节之间的停顿阅读来实现不同的意思。

(2) 范例

　① 아버지가방에들어가신다.

　　ㄱ. 아버지가 방에 들어가신다.

　　ㄴ. 아버지 가방에 들어가신다.

　② 나물좀다오.

　　ㄱ. 나 물 좀 다오.

　　ㄴ. 나물 좀 다오.

---

1) 但, '오아→와, 지어→져, 찌어→쪄, 치어→처' 等不用长音发音。

2. 韩国语音韵的变化

2.1. 音韵变化的概念

1 音韵变化的定义

    (1) 定义：音韵根据其前后语言环境的不同而发生变化的情况。

    (2) 特征：音韵的变动分为必须的变动和随意的变动。

2 音韵变动的种类

    (1) 音節的尾音   (2) 輔音同化   (3) 齶音化   (4) 變緊音

    (5) 元音同化   (6) 脫落和縮減   (7) 中間音現象

3 音韵变动的实例

    (1) 찌개의 국물이 너무 매워요.
       →   [궁물]   :變化形態：ㄱ → ㅇ

    (2) 경주는 신라의 수도였다.
       →   [실라]   :變化形態：ㄴ → ㄹ

2.2. 音节尾音现象

1 音节尾音的概念

    (1) 定义：音节尾音即收音，指对发音的收音的制约。

(2) 特征：在发音上，能够充当收音的，有且只有 'ㄱ，ㄴ，ㄷ，ㄹ，ㅁ，ㅂ，ㅇ' 7种。

2 音节尾音的发音

(1) 代表音规则

ㄱ	ㄲ	ㄴ	ㄷ	ㄹ	ㅁ	ㅂ	ㅅ	ㅆ	ㅇ	ㅈ	ㅊ	ㅋ	ㅌ	ㅍ	ㅎ
↓	↓	↓	↓	↓	↓	↓	↓	↓	↓	↓	↓	↓	↓	↓	↓
ㄱ	ㄱ	ㄴ	ㄷ	ㄹ	ㅁ	ㅂ	ㄷ	ㄷ	ㅇ	ㄷ	ㄷ	ㄱ	ㄷ	ㅂ	ㅇ

(2) 双收音的发音[2]

　① 前面辅音发音的情况：ㄳ, ㄵ, ㄼ*, ㄽ, ㄾ, ㅄ ⓔ 넋[넉], 여덟[여덜], 값[갑]

　② 后面辅音发音的情况：ㄺ*, ㄻ, ㄿ ⓔ 닭[닥], 삶[삼ː], 읊다[읍따]

(3) 收音＋元音的形式形态素(语尾等)

　① 单收音和双收音＋元音的语尾助词

　　→ 后音节，即发音时转换为语尾的第一个音。ⓔ 깎아[까까], 꽃을[꼬츨]

　② 겹받침＋元音的语尾助词

　　→ 收音中后面的辅音发音时转换为后面音节的第一个音。ⓔ 앉아[안자], 젊어[절머]

(4) 收音后面是以元音 'ㅏ，ㅓ，ㅗ，ㅜ，ㅟ' 等开头的实质形态素的情况，发音时发代表音，并做为后面音节的第一个音。

　－双收音的情况，發音時兩个輔音中僅一个轉換爲后面音節的第一个音。

　　ⓔ 넋 없다[넉업다]→[너겁따], 닭 앞에[닥앞에]→[다가페]

---

2) * 밟다[밥ː따]例外.
　* 'ㄺ'在謂詞的情況下 在'ㄷ, ㅈ, ㅅ'的前面發 [ㄱ] ⓔ 맑다[막따], 늙다[늑따]
　　　　　　　　　　　在'ㄱ'的前面發 [ㄹ] ⓔ 맑게[말께], 늙게[늘께]

(5) 收音＋以 ㅏ, ㅓ, ㅗ, ㅜ, ㅟ 开头的实质形态素

① (겹)收音＋实质形态素 → 发音时转换为代表音并做为后面音节的第一个音。

> 예 밭 아래 : [받아래]→[바다래], 늪 앞 : [늡앞]→[느밥], 꽃 위 : [꼳위]→[꼬뒤]

(6) 收音 'ㅎ'的发音

① 'ㅎ(ㄶ, ㅀ)' 连接 'ㄱ, ㄷ, ㅈ'的情况, 与后面音节的第一个音结合, 发音为 [ㅋ, ㅌ, ㅊ]。

> 예 놓고[노코], 좋던[조 : 턴], 쌓지[싸치], 않던[안턴], 닳지[달치]

－收音 'ㄱ(ㄺ), ㄷ, ㅂ(ㄼ), ㅈ(ㄵ)' 后面音节的第一个音是 'ㅎ' 的情况, 也是把两个音结合, 发音为 [ㅋ, ㅌ, ㅍ, ㅊ]。

> 예 각해[가카], 밝히다[발키다], 맏형[마텽], 좁히다[조피다], 넓히다[널피바], 꽂히다[꼬치다], 앉히다[안치다]

－根据规定, 发音为 'ㄷ' 的 'ㅅ, ㅈ, ㅊ, ㅌ' 的情况也遵守此规则。

> 예 옷 한 벌[온한벌→오탄벌], 낮 한때[낟한때→나탄때], 꽃 한 송이[꼳한송이 → 꼬탄송이], 숱하다[숟하다→수타다]

② 'ㅎ(ㄶ, ㅀ)' 后面连接 'ㅅ'的情况, 'ㅅ' 发音为 [ㅆ]。

> 예 닿소[다쏘], 많소[만 : 쏘], 싫소[실쏘]

③ 'ㅎ' 后面连接 'ㄴ' 的情况, 发音为 [ㄴ]。[3] 예 놓는[논는], 쌓네[싼네]

④ 'ㅎ(ㄶ, ㅀ)' 后面连接以元音开头的语尾或缀词的情况, 'ㅎ' 不发音。

> 예 낳은[나은], 많아[마 : 나], 닳아[다라]

---

3) 但是 'ㄶ, ㅀ' 后面连接 'ㄴ' 的情况, 'ㅎ' 不发音。 和 '않네'[안네], '않는'[안는], '뚫네'[뚤네 → 뚤레], '뚫는'[뚤는 → 뚤른]的情况相同。

2.3. 辅音同化

1 辅音同化的概念

    (1) 定义：相邻的两音韵中的一个音韵受另一个的影响而变为相似或相同的音的现象。

    (2) 特征：发生在前面音节结尾的辅音和后面音节开头的辅音之间。

2 辅音同化的情况

    (1) $\begin{Bmatrix} ㅂ \\ ㄷ \\ ㄱ \end{Bmatrix} + \{ㄴ, ㅁ\} \rightarrow \begin{Bmatrix} ㅁ \\ ㄴ \\ ㅇ \end{Bmatrix} + \{ㄴ, ㅁ\}$

    예 밥물 : [밤물]
    예 듣는 : [든는]
    예 국물 : [궁물]

    (2) $\begin{Bmatrix} ㅁ \\ ㅇ \end{Bmatrix} + ㄹ \rightarrow \begin{Bmatrix} ㅁ \\ ㅇ \end{Bmatrix} + ㄴ$

    예 담력 : [담녁]
    예 강릉 : [강능]

    (3) $\begin{Bmatrix} ㅂ \\ ㄷ \\ ㄱ \end{Bmatrix} + ㄹ \rightarrow ㄴ \rightarrow \begin{Bmatrix} ㅁ \\ ㄴ \\ ㅇ \end{Bmatrix} + ㄴ$

    예 섭리 →[섭니]→[섬니]
    예 몇 리→[멷리]→[멷니]→[면니]
    예 백로 →[백노]→[뱅노]

    (4) $\begin{Bmatrix} ㄹ+ㄴ \\ ㄴ+ㄹ \end{Bmatrix} \rightarrow ㄹ+ㄹ$

    예 칼날→[칼랄], 물난리→[물랄리]
    예 신라→[실라], 선릉→[설릉]

    ① 但是，以下单词中的 'ㄹ' 发音为 [ㄴ]。

예 의견란[의 : 견난]	임진란[임 : 진난]	생산량[생산냥]
결단력[결딴녁]	공원령[공권녁]	동원령[동 : 원녕]
상견례[상견네]	횡단로[횡단노]	이원론[이 : 원논]

입원료[이뷘뇨]　　　　구근류[구근뉴]

② 非上述辅音同化的情况, 发音不得发生变化。

> 감기[감 : 기](×[강 : 기]) 옷감[옫깜](×[옥깜]) 꽃길[꼳낄](×[꼭낄])
> 젖먹이[전머기](×[점머기]) 문법[문뻡](×[뭄뻡]) 꽃밭[꼳빧](×[꼽빧])

③ 原则上以下谓词的语尾发音为[어], 但[여]也适用。

> 되어[되어 / 되여], 피어[피어 / 피여], 이오[이오 / 이요], 아니오[아니오 / 아니요]

2.4. 腭音化

1 腭音化的概念

(1) 定义：不是腭音的音(ㄷ, ㅌ)在遇到元音 'ㅣ' 或半元音 'ㅣ'时, 'ㄷ, ㅌ'变为腭音 'ㅈ, ㅊ' 的现象。

(2) 特征：补发生在同一形态素之中,[4] 显现为如下形态。

$$
\begin{Bmatrix} ㄷ \\ ㅌ \end{Bmatrix} + \ 'ㅣ'(ㅑ, ㅕ, ㅛ, ㅠ) \rightarrow \begin{Bmatrix} ㅈ \\ ㅊ \end{Bmatrix}
$$

2 腭音化的情况

(1) 'ㄷ' → 'ㅈ'의 경우　　　　> 해돋이 → [해도디] → [해도지]

(2) 'ㅌ' → 'ㅊ'의 경우　　　　> 같이　→ [가티]　→ [가치]

(3) 'ㄷ' + 접미사 '히' → [티] → [치]　　> 닫히다 → [다티다] → [다치다]

---

4) 如, 单词'잔디'本身是一个形态素的关系, 即使 'ㄷ' 符合腭音化的条件也不变为 [잔지]发音。

2.5. 变紧音

1 变紧音的概念

(1) 定义：在某种音韵环境之后，变为类似 'ㄲ，ㄸ，ㅃ，ㅆ，ㅉ'的音来发音的情况。

(2) 特征：只有在无声音后面才发声。

2 紧音化的情况

(1) $\left.\begin{matrix}ㄱ\\ㄷ\\ㅂ\end{matrix}\right\} + \left.\begin{matrix}ㄱ\\ㄷ\\ㅂ\\ㅅ\\ㅈ\end{matrix}\right\} \rightarrow \left.\begin{matrix}ㄱ\\ㄷ\\ㅂ\end{matrix}\right\} + \left.\begin{matrix}ㄲ\\ㄸ\\ㅃ\\ㅆ\\ㅉ\end{matrix}\right\}$

  예 약국[약꾹], 국밥[국빱], 깎다[깍따]…
  예 걷다[걷따], 잇고[읻꼬], 낮잠[낟짬]…
  예 곱돌[곱똘], 덮개[덥깨], 값진[갑찐]…

(2) 词干收音 'ㄴ，ㅁ'+'ㄱ，ㄷ，ㅅ，ㅈ' → 'ㄴ，ㅁ'+'ㄲ，ㄸ，ㅆ，ㅉ'

  예 신고[신꼬], 삼고[삼꼬]   注意5) 안기다[안기다], 감기다[감기다]

(3) 词干收音'ㄼ，ㄾ'+'ㄱ，ㄷ，ㅅ，ㅈ' → 'ㄲ，ㄸ，ㅆ，ㅉ'

  예 넓게[널게→널께], 핥다[할다→할따]

(4) 冠形词形'-(으)ㄹ'+'ㄱ，ㄷ，ㅂ，ㅅ，ㅈ' → 'ㄲ，ㄸ，ㅃ，ㅆ，ㅉ'

  예 할 것을[할꺼슬], 할 수록[할쑤록], 할 진대[할찐대]

2.6. 元音同化

1 元音'ㅣ'逆行同化的概念

(1) 定义：相邻的元音之间的音韵变动，即，前舌元音'ㅣ'前面的'ㅏ，ㅓ，ㅗ，ㅜ'变为'ㅐ，

---

5) 被动，使动，词缀的 '-기-'是此规定的例外，不变紧音。

ㅔ, ㅚ, ㅟ'的现象。

(2) 特征：'ㅏ, ㅓ, ㅗ, ㅜ'＋'ㅣ' → 变为'ㅐ, ㅔ, ㅚ, ㅟ', 叫做元音'ㅣ'的逆行同化[6]。

2 元音'ㅣ'的逆行同化与标准语

(1) 一般原则：根据元音'ㅣ'的逆行同化所产生的变形不是标准语[7]。

(2) 例外事项：*-나기 / -내기, *동당이-치다 / 동댕이-치다, *남비 / 냄비

(3) 用法不同的表现：'-장이'와 '-쟁이'

　　① '-장이'：拥有技术的人连接的词缀. 意思为技术者.

　　② '-쟁이'：不用'-장이'的情况下, 都用'-쟁이'

3 元音调和

(1) 定义：阳性元音(ㅏ, ㅑ, ㅗ, ㅛ, ㅘ)和阳性元音之间, 阴性元音(ㅓ, ㅕ, ㅜ, ㅠ, ㅝ, ㅡ)和阴性元音之间搭配的现象。

(2) 元音调和的情况

　　① 谓词语干＋语尾　예 깎아, 깎아서, 깎았다, 꺾어, 꺾어서, 꺾었다.

　　② 拟声词和拟态词　예 야옹, 살랑살랑, 멍멍, 설렁설렁

2.7. 音韵的缩减和脱落

1 音韵的缩减

(1) 定义：两个音韵相遇而化为一个音韵发音的情况。

(2) 种类：辅音的缩减, 元音的缩减

(3) 音韵缩减的情况

---

6) 意思是, 非前舌元音 'ㅏ, ㅓ, ㅗ, ㅜ' 受到在其之后的前舌元音 'ㅣ' 的影响而转变为前舌元音 'ㅐ, ㅔ, ㅚ, ㅟ'。
7) '아지랑이'和 '아지랭이' 中哪个是标准语的拼写法요? 正确答案是 '아지랑이'。

① 輔音的縮減：

$$\left\{\begin{array}{c}\lnsp{ㄱ} \\ \rnsp{ㄷ} \\ \\ \rnsp{ㅂ} \\ \rnsp{ㅈ}\end{array}\right\} + ㅎ \rightarrow \left\{\begin{array}{c}\rnsp{ㅋ} \\ \rnsp{ㅌ} \\ \\ \rnsp{ㅍ} \\ \rnsp{ㅊ}\end{array}\right\}$$

예 각하[가카], 밝히다[발키다]

예 맏형[마텽], 좋다[조타]

예 좁히다[조피다], 넓히다[널피다]

예 젖히다[저치다], 앉히다[안치다]

② 元音的縮減：아＋이 → 애, 보＋이다 → 뵈다, 오＋아서 → 와서, 되＋어 → 돼

2 音韵的脱落

(1) 定义：两个音韵相遇时有一个音韵不发音的情况。

(2) 种类：辅音脱落, 元音脱落

(3) 音韵脱落的情况

① 辅音脱落：간난 → 가난, 솔＋나무 → 소나무

② 元音脱落：가＋아서 → 가서, 쓰＋어 → 써

2.8. 中间音现象

1 中间音现象的概念

(1) 定义：构成合成名词时, 若有声音和无声音(松音)相遇, 后面的松音变成紧音发音的现象。

(2) 特征：和腭音化一样的结果, 但条件不同。

2 中间音现象的情况

(1) 例外：与变紧音不同, 中间音现象是韩国语的随意性音韵变动, 有很多例外的情况。

예 고래＋기름 → [*고래끼름], [고래기름]
기와＋집 → [*기와찝], [기와집]

(2) 表记法：合成名词(名词＋名词)构成时, 其中若有任意一个名词为固有词, 在表记法上

261

添加 '人'。

① 固有词＋固有词：⑩ 초＋불 → 촛불[초뿔], 배＋사공 → 뱃사공[배싸공]

② 固有词＋汉字词：⑩ 전세＋집 → 전셋집[전세찝]

③ 纯汉字词之间采用中间音现象的原则[8]：⑩ 초(焦)＋점(点) → 초점[초쩜]

(3) 'ㄴ'音的重加：有声音和无声音相遇时，无声音不发为紧音而是加上一个 'ㄴ' 音或是两个 'ㄴ' 音重叠发音。

① 元音 ＋ 以ㄴ，ㅁ开头的词：⑩ 코＋날 → 콧날[콘날], 이＋몸 → 잇몸[인몸]

② 后面以元音 'ㅣ' 或半元音 'ㅣ' 开头的音：⑩ 장＋옆 → 장옆[장녑], 논＋일 → 논일 [논닐], 솔＋잎 → 솔잎[솔립], 아래＋이 → 아랫니[아랜니]

(4) 意义的差异：同一单词中间音现象发生与不发生时的意义不同。

⑩ 잠자리 → [잠짜리](睡觉的地方), [잠자리](蜻蜓)
　 나무집 → [나무찝](卖木头的商店), [나무집](用木头做成的房子)
　 산　불 → [산뿔](山上着的火), [산불](活着的火)

---

8) 但是，以下6个汉字词的情况，作为例外不采用中间音的情况。고(库)＋간(间) → 곳간, 세(贳)＋방(房) → 셋방, 수 (数)＋자(字) → 숫자, 차(车)＋간(间) → 찻간, 퇴(退)＋간(间) → 툇간, 회(回)＋수(数) → 횟수.

III. 韩国语的形态

－单词和词类－

1. 韩国语的语法单位

1.1. 语法单位

1 定义：涉及到韩国语句子或文章单位的语法用语。

2 种类：音韵－音节－形态素－单词－语节(句)－句子－文章

1.2. 阶层式的单位

1 例文：철수가 한글을 쓰다.

2 构造

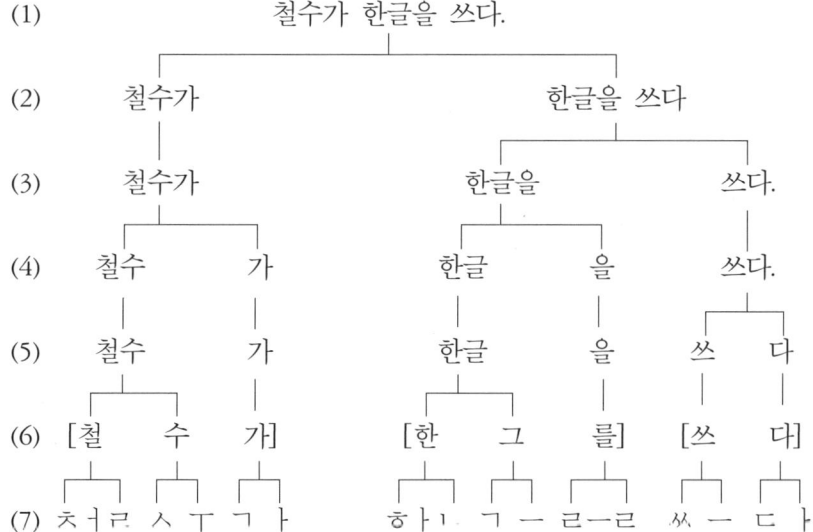

1.3. 用语说明

1 音　韵：语尾的辨别性要素，指辅音和元音，因此 例(7)的语法单位名称叫做"音韵"。

2 音　节：发音的单位，以元音为中心的 例(6)的语法单位。

3 形态素：有意义的最小的语法单位。单独的音节[철]和[수]不具备"叫철수的人"这样的意思。例(5)即为此类。

4 单　词：具有意义的最小的独立形式。形态素例(4) '-가, -을, 쓰-, -다' 不能单独用在文章上，从单词这个阶层开始才可以单独使用。

5 语　节：从发音来说，中间不可休息停顿；因不得不停顿而放弃时，与书写时间隔的单位一致例(3) 。

6 句　节：两个以上的语节连接起来而成，附属在中心词上的一连串词组叫做"句"，这样的"句"在主－饰关系上叫做"节"例(2) 。

7 句　子：以完结内容的形式表达说话人的想法或感情的单位，句子汇集在一起以段落和文章的形式扩大例(1)。

2. 单词和词类

2.1. 形态素和单词

1 形态素：具有意义的最小的语言单位。

2 单　词：形态素聚集而形成的独立语言单位。

3 形态素 ≦ 单词

4 分析的实例

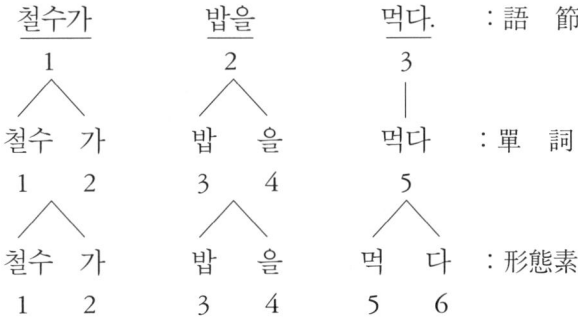

2.2. 形态素的种类

1 是否独立存在

(1) 独立形态素：在句子中能够独立使用的形态素。　分析资料的第 1, 3

(2) 依存形态素：在句子中不能独立使用，一定要跟其他形态素相互搭配才能使用的形态素。

分析资料第 2, 4, 5, 6

2 意义上的形态

(1) 实质形态素：具有实际的词汇意义的形态素。分析材料：第 1, 3, 5

(2) 形式形态素：只有与实际形态素一起才能使用的，表示语法关系的形态素。分析材料：第 2, 4, 6

3 形态素的关系

(1) 所有的独立形态素都一定是实质形态素。（○）

(2) 所有的实质形态素都一定是独立形态素。（×）

→ 独立形态素在句子中可以独立使用，这一点本身就意味着它具有实质性的词汇意义，从而可以成为句子成分的独立要素。

예 가 : 아침에 뭐 먹었습니까? 　나1 : 밥을 먹었습니다.

　나2 : 밥.

→ 但是，就算是具有实质性词汇意义的形态素也有必须依靠着别的形态素才能使用，而不能独自使用的情况，谓词的词干就是这种情况。

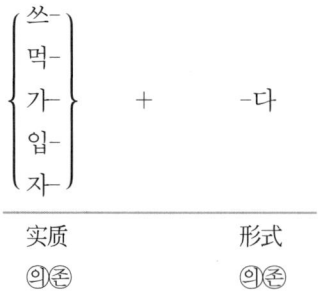

2.3. 词类的概念

1 定义：具有相同性质单词的集合。

268

2 标准：形态，功能，意义。

3 分类

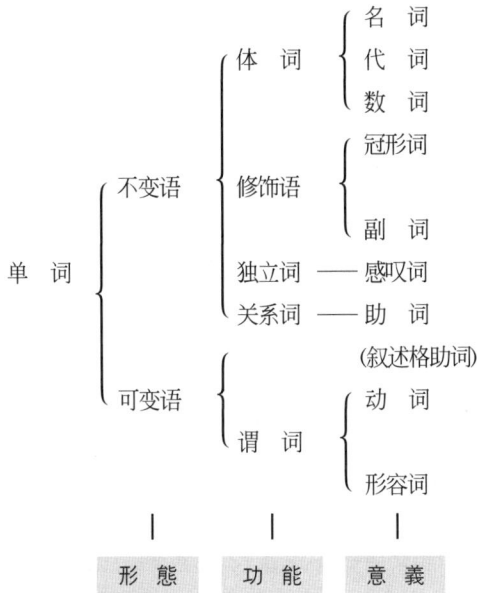

4 各个词类的性格

(1) 独立语：名词，代词，数词，动词，形容词，冠形词，副词，感叹词[1]

(2) 依存语：助词

---

1) 这些词类的独立性程度为"感叹词＞体词＞谓词＞副词＞冠形词"的顺序

269

3. 各个词类的特征

3.1. 体词类

1 名词

(1) 定义：表达事物名称的单词的集合。

(2) 种类

① 根据使用范围的分类

- 普通名词：对一般事物一一使用的名词。㈎ 책상, 나무, 의자 等

- 固有名词：对特定的人与事物使用的名词。㈎ 동대문, 세종대왕 等

② 根据有无独立性的分类

- 独立名词：不需其他语言帮助，可独自使用的名词。一般固有名词属于此类。

- 依存名词[2]：不能独立使用，必须在冠形词下才能使用的名词。

  ㈎ 분, 것, 데, 수, 줄, 바, 뿐 等

---

[2] 使用依存名词的句子，依据句子成分的性格如下细分化。
- 普遍性：与各格助词结合充当多种多样的句子成分。　　㈎ 분, 이, 것, 데 …
- 主语性：与主语助词结合主要用作主语使用。　　　　　㈎ 지, 수, 리, 나위 …
- 叙述性：与叙述格助词结合只用作叙述语使用。　　　　㈎ 따름, 뿐, 터, 따름 …
- 副词性：为句子成分中用作副词的依存名词。　　　　　㈎ 양, 척, 체, 만큼 …
- 单位性：为表达前面出现的名词的数量单位的依存名词。㈎ 분, 마리, 병, 평 …

名词	单位	名词	单位	名词	单位
책	권	생선, 동물	마리	종이	장
맥주	병	커피	잔	꽃	송이
나무	그루	고기	근	사람	명, 분
과일	개	자동차	대	옷	벌

(3) 功能

① 加上助词可充当多种句子成分。

- 主　语：<u>철수가</u> 밥을 먹는다.
- 叙述语：이 곳이 <u>도서관</u>이다.
- 宾　语：학생이 <u>그림을</u> 그린다.
- 补　语：그는 <u>학생이</u> 아니다.
- 冠形语：<u>철수의</u> 차는 멋있다.
- 状语：<u>현금으로</u> 계산한다.
- 独立语：<u>가족</u>, 한국에서 살아가는 힘이다.

② 不变语没有形态变化。

③ 可以被冠形语修饰。

2 代词

(1) 定义：代替所指的名词, 主要代替所指的人, 事物或场所等。

(2) 种类

① 人称代词：指代人的代词

	非常尊敬	一般尊敬	一般自謙	非常自謙
第1人称	—	—	나, 우리	저, 저희
第2人称	당신,3) 어른	당신, 그대	자네, 그대	너, 너희
第3人称	당신	이, 그, 저(이, 분)	이, 그, 저(사람)	이, 그, 저(애, 놈)

② 指示代词：指示事物或场所的代词

	近　指	中　指	遠　指	疑　問	否定式
事　物	이것	그것	저것	무엇, 어느것	아무것
場　所	여기	거기	저기	어디	아무데

(3) 功能：不变语, 格变化, 主语角色

3 数词

(1) 定义：指事物的数量或顺序的词。

---

3) 第2人称 '당신'通常只在詩句或請人,夫婦之間使用, 日常生活中使用'당신'是不礼貌的表現.

271

(2) 种类

① 量词：表示量的数词。

② 序数词：表顺序的数词

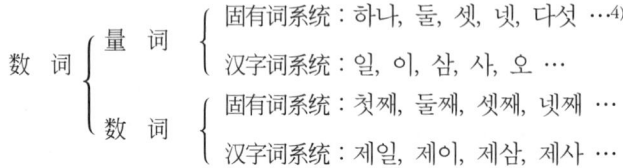

(3) 功能：不变语，多种句子成分，不可用做夏数

(4) 用法5)

① 表示数量时，除了'百，千，万'等，一律使用固有数词。

② 修饰固有名词后面的名词的情况，形态发生变化。

하나, 둘, 셋, 넷 + 사람 → {한, 두, 세, 네} 사람

스물 + 사람 → 스무 사람

③ 固有语表示顺序时，在表数量的'하나, 둘, 셋…'上加上'-째'来表示。但是，只有 '하나'用'첫째'表示。'열하나, 스물하나…아흔하나'的情况，则按照规则表示

---

4) 열(10), 스물(20), 서른(30), 마흔(40), 쉰(50), 예순(60), 일흔(70), 여든(80), 아흔(90)是固有词，'백(百), 천(千), 만(万)'是汉字词。

5) ① 使用固有词数词的情况

对人或物进行直接数数时使用固有数词。 所以，对于表达数字的普通的单位名词也 优先采用固有数词，并且，表达时间，年龄和次数，个数的'번, 층, 동'也使用固有数词。

㉠ 사과가 하나, 둘, 셋…, 한 개, 두 개, 세 개… / 지금 시간은 세 시 / 올해 내 나이는 스무 살이다 / 이 책을 다섯 번 읽었다. / 지각을 한 결과 강의실까지 다섯 층을 뛰어 올랐다. / 우리 아파트 동 수는 총 다섯 동이다.

② 使用汉字词的情况

使用汉字词的情况为：表示时间时的分秒的情况，与表达年龄时的依存名词'세'结合时，使用'일, 개월, 년'等表示天数时，使用表示外来词单位的依存名词和数学计算中。

㉠ 지금 시간은 세 시 삼십 분 십초 / 오늘은 이천십년 이월 칠일이다 / 올해 내 나이는 이십 세이다 / 일 년은 십이 개월 삼백육십오 일이다. / 기름 일 리터로 약 십 킬로미터를 간다. / 이 더하기 삼 은 오이다.

为 '열한째, 스물한째, … 아흔한째'. 并且, 和数量词一样, '스물' 表示为 '스무째'.

3.2. 体词和夏数

1 体词的概念

　(1) 定义 : 在句子的构成中扮演中心角色的机能性单词。

　(2) 种类 : 名词, 代词, 数词

　(3) 功能 : 通过与不同助词的结合具有充当多种句子成分的资格。

2 体词的夏数

　(1) 标志 : '-들', '-희'

　(2) '-들' 的用法

　　① 可数名词＋'-들' ㉮ 학생들이 교실에서 공부하고 있다.

　　② 表不可数名词或场所代词＋'-들' : 不可

　　　*여름에는 비들이 많이 온다. *여기들이 경원대학교이다.

　　　例外 : 加上 '-들' 表示句子主语的夏数, 如 :

　　　㉮ 빨리 물들 마셔라. 여기들 앉아 있어라. 어서들 들어오너라.

　(3) '-희'的用法

　　① 与人称代名词'저, 너'结合

　　　㉮ 너희 어디 가니? 네, 저희는 영화보러 가는 중이에요.

　　② '-희'与 '-들'也能够结合使用

　　　㉮ 너희들 어디 가니? 네, 저희들은 영화보러 가는 중이에요.

273

3.3. 关系语

1 助词[6]的概念

(1) 定义：在体词（名词，代词，数词）后面表现其与前面的话的关系的单词。

(2) 种类

　① 格助词：与体词结合来表示该体词在句子中的资格的助词。

　② 辅助词：不是表示在句中的资格，表示了特定意义的助词。

　③ 连接助词：连接两个以上的单词或文章的助词。

(3) 特征

　① 作为形式形态素，并由于是依存形态素不具备独立性，需依靠着前面的成句而使用。

　② 不当作不变语使用，和叙述助词 '-이다' 连用。

　③ 不仅和体词，和副词，语尾以及其它助词都可以结合。

2 格助词

(1) 主语助词：标志主语的助词，'-이/-가'是代表形态。[7]

　① 有收音的体词＋이　㉠ 학생이 많다. 책상이 쓰러지다.

　② 没有收音的体词＋가　㉠ 사과가 맛있다. 아기가 웃고 있다.

(2) 賓語助詞：標志賓語的助詞，'-을/-를'是代表形態。

　① 有收音的体词＋을　㉠ 선생님이 학생을 꾸짖다.

　② 没有收音的体词＋를　㉠ 어머니가 아이를 업는다.

(3) 补格助词：标志补语的助词，序数词 '되다, 아니다' 前面的 '-이/-가' 是代表形态。

　① 물이 <u>얼음이</u> 되다.　　구름이 <u>비가</u> 되다.

---

6) 对于个别助词的详细使用方法参照Ⅵ章。
7) 此外，还有与敬语名词连接的 '-께서' 和与不定集体名词结合的 '-에서'。

274

② 그는 <u>학생이</u> 아니다.　　이것은 <u>배가</u> 아니다.

(4) 叙述格助词 : 表示叙述语的助词, 有 '-이다'.[8]
　　① 철수는 <u>학생이다</u>. 이것은 <u>사과이다</u>.
　　② 인간은 <u>이성적 동물이다</u>.

(5) 冠语格助词 : 标志冠语的助词, '-의' 是代表形态。
　　① <u>철수의</u> 옷은 깨끗하다.
　　② 이 옷은 <u>철수의</u> 옷이다.

(6) 状语助词 : 标志状语的助词, 种类繁多。
　　① 场所 : 학생들이 도서관<u>에서</u> 공부한다.
　　② 工具 : 철수는 연필<u>로</u> 편지를 쓰다.
　　③ 资格 : 우리는 학생<u>으로</u> 할인을 받았다.
　　④ 原因 : 시끄러운 소리<u>에</u> 잠을 잘 수 없었다.
　　⑤ 方向 : 철수는 학교<u>에</u> 갔니?
　　⑥ 对象 : 꽃<u>에</u> 물을 주다.
　　⑦ 比较 : 너<u>보다</u> 내가 더 배고프다.
　　⑧ 共同 : 한국<u>과</u> 중국은 이웃이다.

(7) 称谓助词 : 标志成为被叫对象的助词, 有 '-아/-야' 等。
　　① 没有收音的体词＋-야 ⑩ 철수<u>야</u>, 학교에 가자.
　　② 有收音的体词＋-아 ⑩ 영철<u>아</u>, 우리 밥 먹자.

---

8) 叙述格助词 '-이다' 的否定形式是 '-이/가 아니다'.
　　例) ㄱ. 마이클은 한국사람<u>이</u> 아니다.
　　　　ㄴ. 이 개는 우리 개<u>가</u> 아니다.

275

3 辅助词

(1) 主题和对比

① 主题 : 한국은 중국의 동쪽에 위치한다.

② 对比 : 낮말은 새가 듣고, 밤말은 쥐가 듣는다.

코끼리는 크고, 토끼는 작다.

(2) 排他和限定

① 오늘 철수만 학교에 왔다.

② 오늘 학교에 온 사람은 철수뿐이다.

③ 오늘 학교에 온 사람은 철수밖에 없다.[9]

(3) 包含和添加

① 돼지는 사과도 먹었다.

② 돼지는 사과까지 먹었다.

③ 돼지는 사과마저 먹었다.

(4) 选择

① 라면이나 먹자. 사과나 먹자.

② 빵이나마 먹자. 사과나마 먹자.

③ 빵이라도 먹자. 사과라도 먹자.

④ 밥이든지 / 사과든지 바나나든지

4 连接助词

(1) 种类 : '-와/-과',[10] '-하고', '-에(다)', '-(이)며', '-(이)랑' 等。

---

9) '排他' 和 '限定' 的 '밖에' 一般用作否定形式。.

10) 連接助詞 '-와/-과' 在最后一个名詞上不可使用。即, 'A와/과 B' 是正确的, 但是 'A와/과 B와/과' 是不正确的。

(2) 使用范例

① 철수는 영어<u>와</u> 중국어를 좋아한다. 책<u>과</u> 공책

② 철수는 책<u>하고</u> 공책<u>하고</u> 지우개<u>하고</u> 많이 샀다.

③ 백화점에서 옷<u>에(다)</u> 신발<u>에(다)</u> 구경을 했다.

④ 지하철<u>이며</u> 버스<u>며</u> 택시<u>며</u> 없는 것이 없다.

⑤ 나는 아버지<u>랑</u> 동생<u>이랑</u> 공원에서 놀았다.

5 体词和助词

(1) 体詞和助詞相連接, 表示句子的語法關系。

예 학생{-이, -을, -에게, -과 …}

① 但, 只需体詞就能表明句子的語法關系時, 助词可以省略。

예 그 사람(<u>이, 은</u>) 누구니? / 밥(<u>을</u>) 먹었어?

② 名詞原則上与所有助詞結合, 但是有例外的情況。

예 자립명사 : 불굴<u>의</u> 의지 / 마찬가지{<u>의, 이다, 로</u>}
　　의존명사 : 의존명사편 참조.

(2) 以輔音結束的体詞与以元音開頭的助詞連接時, 体詞和助詞区分書寫。

예 떡이, 떡을, 떡에, 떡도, 떡만 / 꽃이, 꽃을, 꽃에, 꽃도, 꽃만
　　흙이, 흙을, 흙에, 흙도, 흙만 / 값이, 값을, 값에, 값도, 값만

3.4. 谓词

1 谓词的概念

(1) 定义：具有对句子的主体进行叙述的功能的单词。

(2) 构造

먹　　다
(语干)　　(语尾)

먹　　는　　　다
(语干)　　(先语末语尾)　(语末语尾)

(3) 种类：动词, 形容词

① 动词：表示句子主体活动的单词。

- 动作动词：人的动作　⑩ 가다, 오다, 먹다, 자다, 부르다, 보다 等
- 作用动词：事物的动态　⑩ 피다, 흐르다, 뜨다, 죽다, 닮다 等

② 形容词：表示句子主体的性质和状态的单词。

- 性狀形容詞 { 性質：붉다, 예쁘다 等
　　　　　　　　状態：좋다, 싫다 等

主观性形容词的职能

1. 定義

性状形容词中能够表现受心理性, 物理性因素的影响而发生变化的状态的形容。表现说话人心理状态的大部分是形容词的原因也称为"心理形容词"。

2. 用法

(1) 第1人称主语句子

ㄱ. 나는 대학 합격에 너무 기뻤다.

ㄴ. *너는 대학 합격에 너무 기뻤다.

ㄷ. *그는 대학 합격에 너무 기뻤다.

(2) 第2, 3人称主语句子

ㄱ. 너는 대학 합격에 기뻐했다.

ㄴ. 그는 대학 합격에 기뻐했다.

如(1)所示, 主观性形容词（心理形容词）在叙述文中必须也只能与第1人称主语相结合。但是, 如(2)所示, 第2, 3人称要在叙述语语干后加'-아/어하다'使之动词化后句子才成立。

• 指示形容词：㉠ 이러하다, 저러하다, 그러하다 等

动词和形容词的区分

1. 和 '-ㄴ다/-는다' 结合时

   (动词) 먹다 : 먹는다   (形容词) 높 다 : 높는다(×)

      가다 : 간다   예쁘다 : 예쁜다(×)

2. 加冠形词语尾 '는'时

    动词(는)   形容词-(으)ㄴ

   먹다 : 먹는 철수   높 다 : 높은 산

   가다 : 가는 철수   예쁘다 : 예쁜 꽃

3. 与命令式语尾 '-아라/-어라' 结合

    动词(○)   形容词(×)

   먹다 : 먹어라   높 다 : 높아라(用作感叹时可以)

   가다 : 가라   예쁘다 : 예뻐라

---

(4) 있다 / 없다, -이다

 ① '있다' 使用的特殊性

  • 做为动词的使用：使用命令式, 请求式的语尾, 和叙述形式 '-ㄴ다/-는다' 结合。

   ㉠ 숙제하고 집에 있어라 / 있자 / 철수는 주말에 고향에 있는다고 했어.

  • 做为形容词的使用：不可用为命令式, 请求式, 叙述形式和 '-다' 结合。

   ㉠ *머리 위에 축구공이 있어라 / 있자 / 영희는 오늘 해야 할 일이 있다.

  • 做为冠形词使用：和做为动词与形容词的用法无关, 与动词的冠形词相同, 常采取 '-는' 的形态。

   ㉠ 집에서 숙제하고 있는 철수 / 학교에서 할 일이 있는 영희

 ② '없다' 使用的特殊性

- 使用的特征：不可与命令式与请求式结合，叙述形式与 '-(ㄴ)다' 结合。

  예 교실에 학생들이 <u>없다</u>. *교실에 학생들이 <u>없어라</u> / <u>없자</u>.

- 做为冠形词使用：做为冠形词使用时与 '없다' 用作动词时的使用方法一样。

  예 학생들이 <u>없는</u> 교실 / 동생이 <u>없는</u> 철수

③ '-이다' 的特殊性

- 叙述语的特殊性：与动词，形容词和 '있다'，'없다'连接 都可用作叙述语，在句子中扮演叙述语的角色。但不同点是， '-이다' 本身并不能充当叙述语的功能，必须要和前面的要素结合才可。

- 使用范例

  예 철수는 <u>학생이다</u>. / 사장은 바로 <u>그이다</u>. / 일 더하기 일은 <u>이이다</u>.
  　　　名詞＋이다　　　　　　　代詞＋이다　　　　　　　數詞＋이다

2 谓词的使用

(1) 定义：语干上连接不同的语尾来改变句子的性格。

(2) 样式

　　먹　＋ { -는다(다).
　　　　　　-니?
　　　　　　-어라.
　　　　　　-자.
　　　　　　-는구나! }

　语干 ＋ 语尾

(3) 种类

① 终结形：结束句子的使用形态

- 叙述式：철수가 밥을 <u>먹는다</u>.

- 疑问式：철수가 밥을 <u>먹니</u>?

- 命令式：철수야, 밥 <u>먹어라</u>.

- 请求式：철수야, 밥 <u>먹자</u>.
- 感叹式：철수가 밥을 <u>먹는구나</u>!

② 连接式：使句子与句子相连的使用形态

- 对等连接：밥을 <u>먹고</u> 공부를 한다.
- 从属连接：가을이 <u>오면</u> 나뭇잎이 진다.
- 辅助连接：철수가 도서관에서 공부를 <u>하고</u> 있다.

③ 转成式：改变句子功能的使用形态

- 名词形：철수는 <u>웃음(웃＋음)</u>이 많다.
- 冠形词形：<u>웃는(웃＋는)</u> 사람에게 복이 온다.

(4) 活用语(词干变形)和基本概念

① 活用語 $\begin{cases} 謂\quad\quad詞：動詞, 形容詞 \\ 叙述格助詞：'–이다' \end{cases}$

② 基本概念

- 语　干：使用时不发生变化的部分，如上述例子中的 '먹–'。
- 语　尾：使用时发生变化的部分。
- 基本形：语干＋'–다' 的形式，为字典上的登载标准。

3 规则变形与不规则变形

(1) 定义：判断谓词发生变形时语干和语尾的变化是否规则的标准。

(2) 种类

① 规则变形：'으' 的脱落，'ㄹ' 的脱落，'–아/–어' 的替换，'으' 的插入。

② 不规则变形：'ㅅ' 的不规则，'ㄷ' 的不规则，'ㅂ' 的不规则，'르' 的不规则，'여' 的不规则，'러' 的不规则，'거라' 的不规则，'ㅎ' 的不规则

(3) 规则变形

① '으' 的脱落现象

- 使用范例：쓰(다) $+ \left\{ \begin{array}{l} -\text{어} \\ -\text{었다} \end{array} \right.$ $\rightarrow$ 써 $\rightarrow$ 썼다

- 条件：以 '으' 结尾的语干＋元音的语尾('-아/-어'나 '-았/-었')

- 例子：쓰다, 끄다, 따르다, 기쁘다, 담그다 等

② 'ㄹ' 的脱落现象

- 使用范例：울(다) $+ \left\{ \begin{array}{l} -\text{ㄴ} \\ -\text{ㅂ} \\ \\ -\text{ㅅ}- \\ -\text{오} \end{array} \right.$ $\rightarrow$ 우니 $\rightarrow$ 웁니다 $\rightarrow$ 우시오 $\rightarrow$ 우오

- 条件：以 'ㄹ' 结尾的语干＋形为 'ㄴ, ㅂ, -시-, -오' 的语尾

- 例子：살다, 물다, 달다, 돌다 等

③ 语尾 '-아/-어' 的替换

- 使用范例：$\left\{ \begin{array}{l} \text{잡(다)} \\ \text{먹(다)} \end{array} \right. + \text{'-아/-어'}$ $\rightarrow$ 잡＋아 $\rightarrow$ 먹＋어

- 条件：阳性元音＋阳性元音 / 阴性元音＋阴性元音

④ '으' 的插入现象

- 使用范例：먹(다) $+ \left\{ \begin{array}{l} -\text{ㄴ} \\ -\text{ㄹ} \\ -\text{ㅂ} \\ -\text{ㅅ}- \\ -\text{오} \\ -\text{며} \end{array} \right.$ $\rightarrow$ 먹은 $\rightarrow$ 먹을 $\rightarrow$ 먹습니다 $\rightarrow$ 먹으시오 $\rightarrow$ 먹으오 $\rightarrow$ 먹으며

- 条件：以除 '=' 外的收音结尾的语干＋语尾'ㄴ, ㄹ, ㅂ, -시-, -오, -며'
- 例子：잡다, 먹다, 받다, 솟다, 좋다 等

(4) 不规则变形

① 语干的变化

종　류	조　건	용　례
ㅅ 不规则	• 收音 ㅅ + 元音 → ㅅ 脱落 • 잇(다) { + 고 → 잇고 　　　　 { + 어(서) → 이어서	不规则) 잇다, 짓다 規　則) 벗다, 솟다
ㄷ 不规则	• 收音 ㄷ + 元音 → 变为收音 ㄹ • 걷(다) { + 고 → 걷고 　　　　 { + 어(서) → 걸어서	不规则) 듣다, 묻다(問) 規　則) 닫다, 묻다(埋)
ㅂ 不规则	• 收音 ㅂ + 元音 → 오/우 • 돕(다) { + 고 → 돕고 　　　　 { + 아(서) → 도와서	不规则) 눕다, 덥다 規　則) 입다, 잡다
ㄹ 不规则	• 语干 르 + 元音 　→ '으' 脱落, 语干上添加 ㄹ • 흐르(다) + 어(서) : 흐ㄹ+어서 　　　　　　　　　↓ 　　　　　　　　흐ㄹㄹ+어서 　　　　　　　　　↓ 　　　　　　　　흘러서	不规则) 가르다, 고르다 規　則) 따르다, 들르다
우 不规则	• 语干 ㅜ + 元音 → ㅜ脱落 • 푸(다) { + 고 → 푸고 　　　　 { + 어(서) → 퍼서	'푸다' 하나

② 语尾的变化

종　류	조　건	용　례
여不规则	• 语干 '하' + '아/어' → -여 • 일하(다) { + 고 → 일하고 　　　　　 { + 아 → 일하여	'하다'以及以'하다' 结尾的所有谓词

종 류	조 건	용 례
러 不规则	• 语干 ㅡ + '아/어' → 添加 러 • 푸르(다) { + 고 → 푸르고 　　　　　 + 어 → 푸르러	只有 이르다(到), 푸르다, 누르다.
너라 不规则	• 语干 '오' + '아라/어라' → 너라 • 오(다) + -아라 → 오너라	'오다'和以'오다'结尾的所有谓词

③ 语干及语尾的变化

종 류	조 건	용 례
ㅎ 不规则	• 语干 'ㅎ' + '아/어' → 语干 ㅎ 脱落, 语尾发生变化 • 파랗(다) { + 고 → 파랗고 　　　　　 + 아 → 파래 　　　　　 + ㄴ → 파라+ㄴ → 파란	以'ㅎ'为收音的形容词 ※ 语干和语尾变化 ※ 只语干变化

4 韩国语的语尾

(1) 语尾的构造

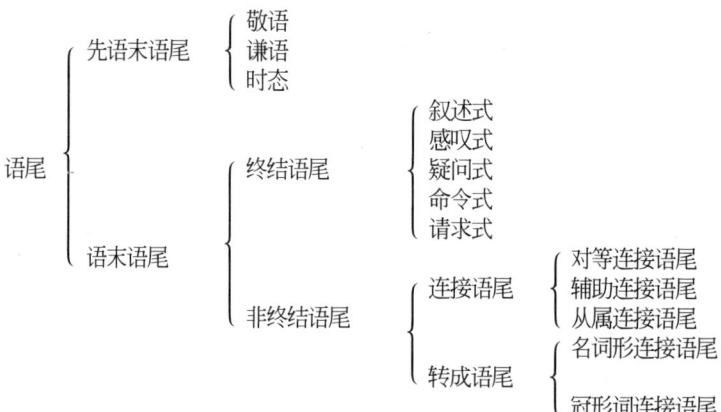

(2) 先语末语尾

① 定义：在语干和语末语尾之间表示尊敬，自谦和时态的形态素。

② 种类

- 表示敬语的语尾：'-(으)시'

- 表示谦语的语尾：'-옵-'

- 表示时间的语尾

  现在) '-는-', '-ㄴ-'

  过去) '-았/었/였-', '-더-'(回想)

  将来) '-겠-'

③ 特征

- 按照 '语干＋先语末语尾＋语末语尾' 的顺序。

- 必须要有语末语尾。

- 按照'尊称>自谦>时制'的顺序. 예) 가＋시＋더＋라

(3) 语末语尾[11]

① 终结语尾的种类

叙述式	-(ㄴ)다, -네, -오, -(스)ㅂ니다, -아, -아요
感叹式	-(는)구나, -(는)구먼, -(는)구려, -(는)군, -(는)군요
疑问式	-(느)냐, -(는)가, -오, -(스)ㅂ니까, -어, -어요
命令式	-아라, -게, -오, -(으)시오, -아, -아요
请求式	-자, -세, -(으)ㅂ시다, -시지요, -어, -어요

② 连接语尾的种类

对等式	-고, -(으)며, -(으)나, -지만, -든지, -(으)면서
从属式	-(으)면, -거든, -아/어/여서, -니까, -는데, -다가, -(으)려고, -도록, -자(마자), -(으)ㄹ수록
辅助式	-아, -어, -지, -고, -게

---

11) 对于个别语尾的详细使用方法参照Ⅶ章。

③ 转成语尾的种类

名词形	-(으)ㅁ, -기
冠形词形	-(으)ㄴ, -는, -(으)ㄹ

(4) 语尾结合的限

① 动词几乎可以和所有的语尾结合。[12]

② 形容词与动词不同，在与语尾接合上受到限制。

- 现在形的 '-ㄴ다/-는다' : *꽃이 <u>예쁜다</u>. *산이 <u>높는다</u>.
- 命令形的 '-아라/-어라' : *<u>예뻐라</u>, *<u>높아라</u>
- 请求形的 '-자' : *<u>예쁘자</u>, *<u>높자</u>
- 目的和意图的 '-(으)러', '-(으)려' : *<u>예쁘러</u>, *<u>예쁘려고</u>

③ 叙述格助词也是和形容词类似的性质，有加入 '-로' 的情况。

- 꽃이 <u>예쁘구나</u>!(形容词) - 이것이 <u>꽃이로구나</u>!(叙述格助词系)

5 基本谓词和辅助谓词

(1) 定义

① 基本谓词：在辅助谓词膀前面，具有句子主体的主要叙述语的意义。

② 辅助谓词：在基本谓词的后面辅助基本谓词意思的谓词。

(2) 构造

① 基本谓词＋辅助谓词

먹다(食)
있다(有) → 먹 ＋ -고 ＋ 있다
　　　　　　(食)　　　　　　　(進行)

基本谓词	:	谓词	＋	辅助谓词	＋	谓词
		基本谓词		辅助性连接语尾		辅助谓词

---

12) 但是 '데리다, 더불다, 가로다' 等雖然是動詞，在与語尾接合上還是受到限制。卽，如同 '데리＋고', *'데리＋
자', *'데리＋ㄴ다'。

② 基本谓词＋基本谓词

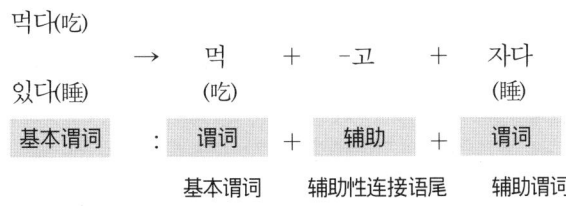

먹다(吃)

있다(睡)　　→　먹　＋　-고　＋　자다
　　　　　　　 (吃)　　　　　　　(睡)

基本谓词　：　谓词　＋　辅助　＋　谓词

　　　　　基本谓词　　辅助性连接语尾　　辅助谓词

(3) 辅助谓词的种类[13]

意義	種類	例文
进 行	가다, 오다, 있다	일이 잘 되어 가다. 친구들과 사이좋게 지내 오다. 철수가 축구를 하고 있다.
终 结	내다, 버리다, 말다	편지를 찢어 버리다.
服 务	주다, 드리다	과일을 깎아(서) 주다(드리다).
尝 试	보다	광화문에 한 번 가 보다.
所 有	두다, 놓다	돈을 책장 위에 얹어 두다(놓다).
使 动	하다, 만들다	누구를 가게 하느냐?
被 动	지다, 되다	사람은 언젠가 죽게 된다.
估 量	보이다	저 책이 좋아 보인다.
希 望	싶다	학교에 가고 싶다.
否 定	않다, 말다, 못하다	동물은 말을 하지 못한다.
推 测	보다, 싶다	집에 가는가 보다.
状 态	있다, 계시다	의자에 하루 종일 앉아 있다(계시다).
让 步	하다	실력이 뛰어나기는 하다.

3.5. 修饰语

1 修饰语的概念

(1) 定义：放在句子之前对其内容进行详细修饰的单词。

---

13) 个别辅助谓词的详细使用方法参照Ⅶ章。

(2) 种类

$$修饰语 \begin{cases} 冠形词 \\ 副\ \ 词 \end{cases}$$

2 冠形词的概念

(1) 定义：放在体词之前对体词进行详细修饰的语句。

(2) 种类

① 性状冠形词：修饰体词的性质或状态的冠形词。　예 새 옷{책, 집}

② 指示冠形词：具有指示性的冠形词。　예 이{그, 저} 옷{책, 집}

③ 数冠形词：表示事物的数量的冠形词。　예 사과 열 개, 한 사람

(3) 用法

① 不能用作不变语，不可与副词结合。

② 所有的冠形词都是冠形语，但是并不是所有的冠形语都是冠形词。

- 이 옷은 새 옷이다. → 이, 새：即是冠形词又是慣性语。

- 이 옷은 어제 산 옷이다. → 산：动词, 慣性语 (动词的冠形词型)

- 예쁜 꽃이 많이 피었다. → 예쁜：形容词, 冠形词 (形容词的冠形词型)

3 副词的概念

(1) 定义：主要[14)]在谓词的前面做详细修饰的语句。

(2) 种类

① 成分副词：对句子成分进行修饰的副词 예 빨리 달린다.

② 句子副词：对句子整体进行修饰的副词

　　예 과연, 그 아이는 천재이다. (과연 ~ 이다 构造)

---

14) 偶爾也有副詞修飾冠形詞, 副詞, 名詞, 代詞, 數詞等的情况。
- 修飾冠形：이 책은 아주 헌 책이다.
- 修飾代詞：바로 그가 선생님이다.
- 修飾副詞：그는 매우 빨리 달린다.
- 修飾數詞：이제 겨우 하나를 했다.

<u>설마</u>, 철수가 거짓말을 했<u>을까</u>? (설마 ~ (으)ㄹ까? 구조)

<u>제발</u>, 비가 그쳤<u>으면</u> 좋겠다. (제발 ~ (으)면 구조)

- 断定的表现 : '과연, 정말, 실로, 모름지기' 等副词
- 疑心(疑惑) 及 推测 : '설마, 설령, 아마, 비록, 만일' 等副词
- 希望的表现 : '제발, 부디, 아무쪼록' 等副词

③ 连接助词

連接關系			例
單詞, 分句連接			또, 또는, 및, 혹은 …
句子連接	順接	原因	왜냐하면…
		結果	그러므로, 그러니까, 따라서…
		解說	그러면, 그래서, 이른바…
	轉折		그러나, 하지만, 그렇지만…
	并列及添加		그리고, 또한, 또는, 게다가…
	轉換		그런데, 아무튼…

(3) 使用方法

① 不能使用为不变语, 可以和辅助词结合。

② 可用作状语, 但连接句子的时候扮演独立语的角色。

3.6. 独立语

1 独立语的概念

(1) 定义 : 与其它的文章成分没有特别的关联, 具有独立性的单词。

(2) 种类 : 感叹词

2 感叹词的概念

(1) 定义：表现说话人的惊叹，感觉，称呼和回答的单词。

(2) 种类：아차, 아이고, 여보, 예, 오냐, 뭐, 저 等

(3) 使用方法

　① 具有独立性，本身可构成一个句子。

　② 不可进行活用，也不可与助词结合。

4. 单词的形成

4.1 单词的概念

1 定义

单词由一个或一个以上的具有意义的形态素以独立形式构成。但，"助词"虽然不具备自立性但是具备分离性，因此也看作单词。

2 种类

(1) 单一词：由一个形态素形成的单词 ㉄ 나무, 의자, 구름, 사람 등

(2) 夏合词：由两个以上的形态素形成的单词 ㉄ 맨손, 지붕, 꽃밭, 손발 등

$$
① \ 派生词：\begin{cases} 实质形态素＋形式形态素 \ ㉄ \ 지붕, 먹이 \ 등 \\ 形式形态素＋实质形态素 \ ㉄ \ 맨손, 덧저고리 \ 등 \end{cases}
$$

② 合成词：实质形态素＋实质形态素 ㉄ 꽃밭, 꼬치안주 등

3 谓词

(1) 实质形态素：以词根的形式，在单词的构成中具有实质意义的部分.

(2) 形式形态素：以词缀的形式，在单词构成中接于词根之后，以限制其意义的部分.

① 词头：位于词根之前的词缀 ㉄ 햇-＋{밤, 곡식 …}

② 词尾：位于词根之后的词缀 ㉄ {먹-, 높-, 길-}＋-<u>이</u>

291

谓词的活用和单词的形成	
① 谓词的活用 词干＋词尾 (○) 词干＋词缀 (×)	② 单词的形成 词根＋词缀 (○) 词根＋词尾 (×)

③ 使用范例

철수는 공부한다.
철수는 공부하니?
철수는 공부하는구나!
철수야, 공부해라.
철수야, 공부하자.

공부하 { −ㄴ다 / −니? / −는구나 / −아라 / −자 }　　공부＋하다

　　　　　词干　　词尾　　　　词根＋词缀

4.2. 派生词的形成

1 基于词头的派生法

(1) 定义：词头[15]接于词根之前,在限定词根意义的同时形成新的单词.

(2) 种类

① 词头＋体词：㉠ 맨손, 맏아들, 햇밤 등

② 词头＋动词：㉠ 엿보다, 짓밟다, 설익다 등

③ 词头＋形容词：㉠ 새파랗다, 시퍼렇다 등

④ 词头＋副词：㉠ 맨먼저, 외따로 등

词 头	意 义	实 例	词 头	意 义	实 例
갓–	금시	갓스물	개–	야생	개살구
군–	가외	군 불	날–	미숙	날고기
덧–	겹침	덧 니	돌–	야생	돌 배
들–	야생	들 깨	선–	미숙	선무당
숫–	순수	숫처녀	참–	참됨	참기름
첫–	처음	첫사랑	풋–	미숙	풋고추
핫–	솜둔	핫바지	홀–	짝 없는	홀아비

---

15) 韩国语的词头不能变换词类, 仅仅在意义上进行限定。

2 基于词尾的派生法

(1) 定义：词尾[16]接于词根之后，不仅限定词根的意义，也使原来的词类向其它词类转化.

(2) 种类

① 名词派生

- 名词＋词尾 → 名词 ㉖ 선생님, 잠꾸러기, 가난뱅이, 일꾼 등
- 谓词词干＋词尾 → 名词 ㉖ 덮개, 놀이, 크기, 쓰기 등

② 动词派生

- 动　词＋词尾 → 动词 ㉖ 깨뜨리다, 넘치다 등
- 名　词＋词尾 → 动词 ㉖ 공부하다, 일하다 등
- 形容词＋词尾 → 动词 ㉖ 밝히다, 높이다 등
- 副　词＋词尾 → 动词 ㉖ 철렁거리다, 덜렁거리다 등

③ 形容词派生

- 形容词＋词尾 → 形容词 ㉖ 깊숙하다, 차갑다 等
- 名　词＋词尾 → 形容词 ㉖ 학생답다, 슬기롭다, 대견스럽다[17] 等
- 动　词＋词尾 → 形容词 ㉖ 미덥다, 그립다 等
- 形容词＋词尾 → 形容词 ㉖ 새롭다
- 副　词＋词尾 → 形容词 ㉖ 차근차근하다

④ 副词派生

- 名　词＋词尾 → 副词 ㉖ 진실로, 낱낱이, 분명히 등
- 动　词＋词尾 → 副词 ㉖ 도로, 마주, 미로소 등

---

16) 韩国语的词尾不同于词头,可以变换词类。

17) '-답-'　：表示具有怎样的资格. ㉖ 학생답다, 어른답다

　 '-롭-'　：与抽象名词结合. 不用于具体名词和字音之后. ㉖ *사랑롭다

　 '-스럽-'：表示接近于某种性格. ㉖ 바보스럽다. 어른스럽다

293

• 形容词＋词尾 → 副词 例 같이, 많이, 급히 等

4.3. 合成词的形成

1 合成词的概念

(1) 定义：由两个词根组合在一起, 形成一个具有新的意义的单词.

(2) 种类

① 词汇性合成词：符合韩国语单词排列顺序的合成词

例 冠词＋名词(새마을), 副词＋谓词(잘되다), 名词＋名词(길바닥), 谓词的冠词形＋名词(어린이), 谓词词干＋补助性的连接词尾＋谓词词干(돌아가다)

例 主语＋叙述语(힘들다), 目的语＋叙述语(본받다), 副词语＋叙述语(앞서다)

② 非词汇性合成词：不符合韩国语单词排列顺序的合成词

例 谓词词干＋谓词词干(굶주리다), 谓词词干＋名词(늦더위), 副词＋名词(부슬비)

2 合成词的类型

(1) 合成名词

① 名　词＋名词：길바닥, 소나무, 촛불, 눈웃음 等

② 冠　词＋名词：새마을, 큰집, 새해, 이것 等

③ 冠词形＋名词：날짐승, 열쇠, 어린이, 건널목 等

④ 词　干＋名词：늦더위, 접칼 等

⑤ 副　词＋名词：부슬비, 산들바람, 촐랑새 等

(2) 合成动词

① 主　语＋叙述语：힘들다, 빛나다, 병들다 等

② 宾　语＋叙述语：본받다, 공부하다, 숨쉬다 等

③ 副词语＋叙述语：앞서다, 뒤서다, 앞세우다 等

④ 本动词＋辅助成分＋补助动词：돌아가다, 잡아먹다 等

⑤ 词　干＋词　干：굶주리다, 오가다, 듣보다 等

(3) 合成形容词

① 主语＋叙述语：손쉽다, 낯설다, 철없다 等

② 词干＋词　干：굳세다, 높푸르다, 검붉다 等

(4) 合成副词

① 名词＋名词：밤낮　　② 冠形词＋名词：온종일

(5) 其他合成词

① 反复合成词 ㉥ 집집, 사람사람　　② 拟声拟态副词 ㉥ 울긋불긋

3 合成词的派生

(1) 定义：在合成词的构造形态上添加词缀派生出来的词.

(2) 构造

{詞根＋詞根}＋詞綴
合成词

(3) 实例

① {해-돋}＋이 → {해(가) 돋(다)}＋-이 ㉥ 품갚음

② {나-들}＋이 → {나(다) 들(다)}＋-이 ㉥ 미닫이

③ {다-달}＋이 → {달＋달}＋-이 ㉥ 틈틈이

4.4. 汉字词的形成

1 汉字词的概念

(1) 特性：汉字的每个形态素都具有本身的意义，由于这种形态素的特性使汉字具有超强的造词能力。

(2) 类型

① 主语＋叙述语：일출(日出), 야심(夜深)

② 叙述语＋宾语：독서(读书), 구직(求职), 애국(爱国)

③ 叙述语＋副词语：하산(下山), 승차(乘车), 귀향(归乡)

④ 副词语＋叙述语：북송(北送), 과용(过用)

⑤ 修饰语＋被修饰语：국보(国宝), 국민(国民), 고분(古坟)

(3) 标记

① 根据汉字词的首音法则。 ⓔ 礼节：례절→예절, 伦理：륜리→윤리

② '려, 료, 류' 类汉字词的首音为元音 'ㄴ' 之后的 'ㄹ'脱落

ⓔ 罗列：나렬→나열

③ '불'(不)在 ㄷ, ㅈ 之前 'ㄹ'脱落. ⓔ 不当：불당 → 부당, 不定：불정 → 부정

2 具有词缀性质的汉字

(1) 具有词头作用的汉字

词 头	意 义	实 例
가(假)-	临时的设备	가건물, 가시설
무(無)-	没有	무주택, 무사고
미(未)-	未完成	미완성, 미해결
부(副)-	副	부회장, 부사장
불(不)-	不	불량, 불가, 부정
신(新)-	新	신도시, 신사고
최(最)-	最	최신, 최고

(2) 具有词尾作用的汉字

词 尾	意 义	实 例
-가(家)	具有专门知识的人	화가, 음악가, 미술가
-공(工)	从事专门职业的人	목공, 기능공
-원(員)	从事某种职业的人	공무원, 회사원
-부(婦)	从事某种职业的女性	가정부, 파출부
-배(輩)	群体	선후배, 불량배
-수(手)	从事某种职业的人	가수, 운전수
-사(師)	技术熟练的专业人员	교사, 의사, 목사
-자(者)	精通某一领域的人	과학자, 기술자
-화(化)	使...达到...	근대화, 전문화

(3) 漢字語 '-적(的)'的用法

① 漢字語 '-적'不能和固有語詞綴 '-스럽'連接的形態素結合, 相反的情況也是一樣。

예 ㄱ. 고통스럽다-*고통적

ㄴ. *개방스럽다-개방적

② 漢字語 '-적'一般不能和表示具体性對象連接, 并且只能和表示叙述格助詞 '-이다'或副詞格助詞 '-으로'連接。

예 ㄱ. *동해적, *활자적

ㄴ. 그 사람은 너무나 인간적이다.

ㄷ. 어린이들도 인격적으로 대하자.

③ 漢字語 '-적'在和具有否定意義的漢字語詞頭連接時, 不能与'미(未)'和'무(無)'連接, 而是与 '비(非)'連接。

예 ㄱ. 그 사람은 너무나 비인간적이다.

ㄴ. 어린이들도 비인격적으로 대하지 마라.

4.5. 单词的意义

1 意义类型

(1) 中心意义：单词的基本意思及核心意思，即下面 1表示的意思

(2) 延伸意义：根据具体的上下文得以使用的意思，即 2－13 表示的意思。

(3) 实例：以单词 '높다' 为例

    1. 上下所隔的距离长

    2. 从下到上的差距大

    3. 能用数字表示的温度, 湿度, 压力等比标准数值大

    4. 品质, 水准, 能力, 价值等比普通要高

    5. 价格或比率等比普通要高

    6. 地位或身份等比普通要高

    7. 音调位于音阶的上位或振动频率高的情况

    8. 名字或姓名为大众所熟知的状态

    9. 处于气高万丈, 气势汹汹的状态

    10. 某类意见比起其他意见要多或处于优势

    11. 梦想报复等很远大

    12. 声音的强度大

    13. {和 '功能性'之类的词一起使用} 发生的几率比别的要大

2 韩国语词汇

(1) 语种体系

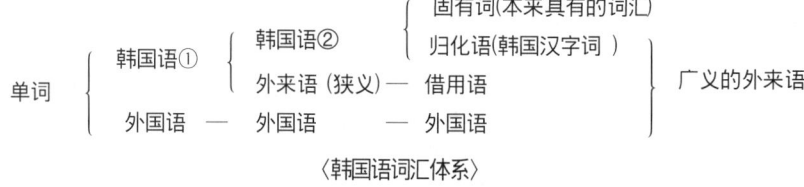

〈韩国语词汇体系〉

(2) 各语种的特征

    ① 固有词：汉字词＝多义的：具体的

如'생각' : 有 사고(思考), 사유(思惟), 고찰(考察), 숙고(熟考), 의견(意见), 견해 (见解) …'等多种表现形式。

② 固有词：汉字词＝评语：敬语

'나이' : 연세(年岁) ; '이빨' : 치아(齿牙), '집 : 댁(宅)'

(3) 韩国语词汇的形态

① 方　言：因地域或社会差异而形成的语言。

标准语：国家规定的人为性的语言

② 禁忌语：会引起听话人不快或反感的单词

委婉语：将禁忌语以含蓄委婉或动听方式表达的语言

③ 惯用语：将两个以上的单词结合以表达特别的意义

俗　语：比惯用语更为具体，更包含教育意义

4.6. 单词的意义关系

1 直接性的意义关系

(1) 同义关系

① 定义：两个或两个以上单词的发音不同，意义相同，即被称为同义词或异音同义词.

② 实例：책방－서점, 속옷－내의

(2) 异义关系[18]

① 定义：两个或两个以上单词的发音相同而意义不同的情况，即被称为同音词或同音

---

18) 多义词为具有相关联的2个以上意义的词。即，多义词的意义由居于中心位置的基本意义和从基本意义上繁衍派生出来的派生意义组成。如果基本意义和派生意义没有任何相关性的话，二者则仅为同义词的关系。

　　　　异义词.

　　② 实例：말－마, 言, 斗 / 배－腹, 梨, 舟

(3) 近义关系

　　① 定义：两个或两个以上单词的发音不同，但意义相近，这样的情况则被称为近义词.

　　② 实例：꼬리－꽁지, 소변－오줌, 집－댁

(4) 反义关系

　　① 定义：成对的意义相反，互相对立的词，即为反义词，同时具有反义语,对立语, 相对
　　　　语等多种称谓。

　　② 实例[19]：죽다－살다, 있다－없다, 남자－여자

　　　　　　　　짧다－길다, 깊다－얕다, 높다－낮다

　　　　　　　　금－은－동, 수－우－미－양－가, 무지개색

2 间接性的意义关系

(1) 实例

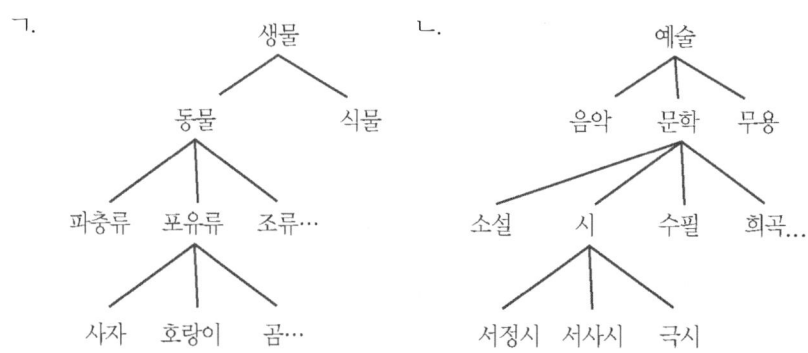

　　① '생물'和 '예술'：是包含所有分支的单词的上位语，下面的分支也与其相同。

---

19) 反义词分为两种情况，一是其中一个词的否定式即为其反义词的情况，二是其中一个词的否定式并不为其反义词的情况。

② 下位的单词：同생물, 예술有关并位于它们之下的下位语

(2) 特征

　① 上位语：一般的, 概括的, 抽象的单词

　　 下位语：个别的, 限定的, 具体的单词

　② 上位语和下位语不是绝对的关系, 而是相对的关系.

IV. 韩国语语句

－句子成分和句子结构－

1. 韩国语的句子成分

1.1. 句子成分的概念

1 定义：句子的构成及其要素

2 基本句

    (1) 动词句：什么怎么办.

        예 철수가 노래를 <u>부른다</u>. 학생들이 <u>공부한다</u>. 물이 얼음이 <u>된다</u>.

    (2) 形容词句：什么怎么样.

        예 꽃이 <u>예쁘다</u>. 그 학생이 남자가 <u>아니다</u>.

    (3) 名词句：什么是什么.

        예 저 사람은 <u>선생님이다</u>. 철수는 <u>학생이다</u>.

3 种类

    (1) 主成分：构成句子的不可或缺的成分.

    (2) 附属成分：修饰主成分使其意义更具体的成分

    (3) 独立成分：不能同其他句子成分直接相连的成分

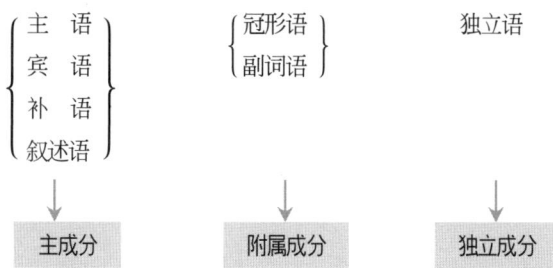

1.2. 句子成分的要素

1 单词

   (1) 例文 : 철수-가 노래-를 부른다.
             单词 单词 单词 单词   单词

   (2) 成分 : 主语   宾语   谓语

2 句(词组)

   (1) 例文 : 아주 새 차가   있 다.   철수는 매우 빨리 달린다.
          名词词组   副词词组

                                 動詞詞組

   (2) 成分 :   主语   叙述语   主 语   叙述语

3 节(分句)

   (1) 例文 : 철수가 노래를 부르는 것이 취미이다.
             名词分句

   (2) 成分 :   主 语   叙述语

306

2. 韩国语的主要成分

2.1. 概念

1 定义 : 构成文章所需要的必要成分.

2 种类 : 主语, 叙述语, 宾语, 补语

2.2. 主语

1 定义 : 主语是句子陈述的对象, 说明是谁或什么, 是叙述语的主体.

2 成立

(1) 体词[1]＋主格助词

(2) 例句 : 예 백두산이 높다. 김치가 맵다.

　　　　 세종대왕께서 한글을 만드셨다.

　　　　 우리나라에서[2] 올림픽이 개최되었다.

3 特征

(1) 主语是尊敬阶名词时, 之后的叙述语要用 '-(으)시-'的尊敬语形式.

(2) 有补助词为主格助词的情况, 也有表现为 "补助词＋主格助词" 的情况

　　예 내장산은 단풍으로 유명하다. 설악산도 단풍으로 유명한 산이다.

　　　여기부터가 DMZ이다.

---

1) 如在句子成分要素中所见, 句和节都可以与主语助词结合做为主语来使用

2) 与'-에서'結合成爲主語,表示集体意義的无情名詞.

307

(3) 第三人称的主语在句子中反复出现时用‘자기’来表示

    예) 철수는 <u>자기가</u> 공부를 잘 한다고 생각한다.

(4) 话者与听者间之间对话的情况, 句子为命令句的情况, 性状形容词为叙述语的情况时, 省略主语.

    예) 지금 (<u>너희</u>) 뭐 하니?-응, (<u>우리</u>) 뭐 먹을까 생각하고 있어.

        (<u>너</u>) 조용히 하고 빨리 숙제해라.

        (<u>나</u>) 기분이 좋다.

2.3. 叙述语

1 定义 : 叙述语是对主语动作或状态的陈述或说明, 指出"做什么", "是什么" 或 "怎么样". 是对主语进行说明的部分.

2 成立

(1) 谓词3) : 动词, 形容词

(2) 体词＋叙述格助词 ‘-이다’ 예) 한국의 국기는 <u>태극기이다</u>.

(3) 叙述分句 예) 한국은 <u>제주도가 유명하다</u>.

(4) 体词单独成句 (‘이다’的省略) 예) 한국 우승의 원동력은 <u>끈기</u>.

3 特征

(1) 根据叙述语的要求, 所需要表现的主成分的个数叫做位数.

   ① 一位叙述语 : 主语必不可少的叙述语 예) 무궁화가 <u>핀다</u>.

   ② 两位叙述语 : 除主语外其他成分也必需的叙述语

      예) 나는 윷놀이를 <u>한다</u>. 성남은 서울이 <u>아니다</u>. 만리장성은 중국에 <u>있다</u>.

---

3) ‘本谓语＋补助谓语’是一个叙述语. 예) 부모님이 <u>보고 싶다</u>.

③ 三位叙述语：主语, 目的语, 副词语都必要的, 有关授予动词, 发话动词, 使动词等
特殊及物动词形式.

> 예 나는 친구에게 한지를 <u>주었다</u>. 딸이 아버지에게 사실을 <u>말했다</u>. 엄마가 아기에게 젖
> 을 <u>먹였다</u>.

(2) 叙述语制约着主语和宾语的选择.

① 感情名词＋웃다, 울다 / 敬语名词＋존경하다
② 감다－눈 / 다물다－입 / 액체, 기체－마시다

2.4. 宾语

1 定义：基本文中有关 '무엇을' 的部分, 及物动词行为的承担对象.

2 成立

(1) 体词＋宾语助词

(2) 例子 예 학생들이 <u>한국어를</u> 배운다. 우리는 <u>한국 사람을</u> 좋아한다.
학생들이 <u>하나를</u> 배우면 <u>열을</u> 안다. 우리는 <u>그를</u> 믿는다.

3 特征

(1) 宾语助词不仅与体词结合, 还可以与词组, 分句, 句子结合使用.

(2) 宾语助词可以省略,并可以为辅助词或是"辅助词＋宾语助词"的形式所替代.

> 예 나는 <u>한국Ø</u> 좋아해요. 철수는 노래방에서 <u>춤도</u> 췄어요. 나는 <u>아내만을</u> 사랑한다.

(3) 一个句子中可以出现两个以上的宾语[4]

> 예 어머니께서 <u>용돈을</u> <u>천원을</u> 주셨다.

---

4) 有在意义上 '宾语＋宾语'＝全体＋'部分, 数量, 种类' 的情况。但一般情况下仅在一个宾语后连接助词更为自然, 即为
"어머니께서 용돈 천원을 주셨다." 或 "어머니께서 용돈을 천원 주셨다."

2.5. 补语

1 定义：对叙述语的意义和职能进行补充说明的部分，表现为叙述语 '되다', '아니다' 前面

结合 '-이/-가' 的形式,。

2 成立

(1) 体词＋补格助词 '-이/-가'

(2) 范例 ㉎ 물이 얼음이 된다.

고래는 포유동물이 아니다.

3 特征

(1) 构造

$$
主语 + \left\{ \begin{array}{c} 谁 \\ 什么 \end{array} \right\} + \left\{ \begin{array}{c} 되 \ 다 \\ 아니다 \end{array} \right\}
$$

补语

(2) 叙述成分的构成要素

主语 ＋ 补语 ＋ 叙述语

叙述成分

3. 韩国语的附属和独立成分

3.1. 概念

1 附属成分：在句子构成过程中细致修饰主成分的部分，主要为冠形语和副词语(状语)

2 独立成分：在句子中同其它成分不具备特别关系的成分，独立语

3.2. 冠词

1 定义：位于体词之前并修饰体词意义的成分.

2 成立

　　(1) 冠形词　　　　　　　　　⑩ 철수는 <u>새</u> 옷을 샀다.

　　(2) 体词＋冠形格助词 '-의'　　⑩ 철수는 <u>독도의</u> 사진을 지니고 있다.

　　(3) 谓词冠词型5) : '-는, -(으)ㄴ, -(으)ㄹ, -던'

　　　　⑩ ｛动词 : 경복궁에 <u>가는</u> 철수 / 비빔밥을 <u>먹는</u> 철수
　　　　　　形容词 : 얼굴이 <u>예쁜</u> 영희 / 크기가 <u>작은</u> 가방

　　　　⑩ 动词 : 창덕궁에 <u>간</u> 철수 / 떡을 <u>먹은</u> 철수

　　　　⑩ ｛动词 : 창경궁에 <u>갈</u> 철수 / 저녁에 <u>먹을</u> 김치
　　　　　　形容词 : 얼굴이 <u>예쁠</u> 거야 / 성격이 <u>좋을</u> 거야

3 特征

　　(1) 冠形格助词 '-의' 的意义多样. ⑩ 아버지<u>의</u> 그림(所有, 作品, 对象)

---

5) 同为谓词的动词与形容词原则上不能修饰名词，要使其可以修饰名词则要将动词进行变形。

311

(2) 一个句子中出现多个冠形语的情况有一定的顺序.

    예) <u>저 두 젊은</u> 유학생은 고급반 학생들이다.(指示－数量－状态) 冠形语

(3) 不能单独使用, 必须位于被修饰的体词之前.

3.3. 副词语(状语)

1 定义：一般用于叙述语之前对其意思进行限定

2 成立

    (1) 副词   예) 제주도는 <u>매우</u> 아름답다. / <u>설마</u>, 우리가 지겠어?

    (2) 体词＋副词格助词   예) <u>여름에는</u> 바다로 산으로 피서를 간다.

                       예) <u>에버랜드에서</u> 재미있게 놀았다.

    (3) 副词性的依存名词词组   예) <u>옷을 입은 채</u> 물 속에 들어갔다.

    (4) 副词分句   예) 비가 <u>소리도 없이</u> 내린다.

3 特征

    ① 与同是修饰语的冠形词不同, 副词语可以单独使用, 也可以与辅助词结合并移动位置。

        예) 세월이 <u>빨리도</u> 가는구나.

             (어리석게) 철수는 (어리석게) 친구를 (어리석게) 믿었다. (어리석게)

             밥 남았니? 아니면 다 먹었니? / <u>다</u>.

    ② 被否定词 '아니, 못' 成分副词中的 '잘, 좀' 及其他副词语, 冠形语或体词修饰的副词

        语难以进行位置的移动

        예) 철수는 아직 결혼을 <u>안(못)</u> 했다.

          * 철수는 <u>안(못)</u> 아직 <u>안(못)</u> 결혼을 했다.

    ③ 虽然一般情况下副词语是附属成分, 但是根据谓词的不同有必须使用的副词语

예 같다, 비슷하다, 닮다 等谓语 : 저 아이는 <u>엄마와</u> 꼭 닮았다.

　　주다, 삼다 等谓语 : 그 분은 철수를 <u>양자로</u> 삼았다.

3.4. 独立语

1 定义 : 称呼语, 感叹语, 应答语, 连接词等同其它句子成分无特别关系的成分。

2 成立

　(1) 感叹词　　　　　　예 <u>어머나</u>, 벌써 수업시간이 끝나구나.

　(2) 体词＋呼格助词　예 <u>철수야</u>, 빨리 와서 밥 먹어라.

　(3) 句子提示语　　　예 <u>사랑</u>, 이 얼마나 아름다운 단어인가?

　(4) 句子连接副词　　예 한국에 왔다. <u>그리고</u> 한국어를 공부한다.

3 特征

　(1) 虽然状语同所修饰的部分有直接关系, 但独立语与之后的内容并无直接关系.

　(2) 即使去掉独立语, 余下的部分仍能构成完整的句子。

4．句子的结构

4.1. 句子的分支

1 基准：主语和叙述语关系的次数.

2 种类

$$句子\begin{cases}单句 \\ 夏句\end{cases}\begin{cases}包含句 \\ 连续句\end{cases}$$

4.2. 句子中的句子

1 定义：由主语和叙述语组成的独立句的整体做为大的句子结构成份，为主句；在其之中包含的句子则为分句。

2 构造

| 句子1 | (分句) | 句子2 | (包含句) |

3 种类

　　(1) 名词分句

　　　　① 定义：构成"主-叙"关系，同名词具有一样的功能.

　　　　② 词尾：'-(으)ㅁ'，'-기'，'(으)ㄴ/는 -것'

314

③ 范例

- 철수가 중국에 <u>갔음이</u> 밝혀졌다.
- 농부들은 <u>농사가 잘 되기를</u> 기원한다.
- 나는 <u>철수가 중국에 간 것을</u> 믿을 수 없다.
- 나는 <u>철수가 중국에 갔다는 것을</u> 믿을 수 없다.

④ 特征

- 对名词形语尾 '－(으)ㅁ'和 '－기'的选择由叙述语的性格确定.

  例 '－(으)ㅁ' : 알다, 밝혀지다, 드러나다, 기억하다 等
  '－기' : 바라다, 기다리다, 쉽다, 좋다, 나쁘다 等

- '－(으)ㅁ' 的名词分句一般可以与 '(으)ㄴ/는 －것' 的结构互换. 但是和 '－기'

  很难互换

  例 <u>철수가 영어를 공부함은</u> 취업을 하기 위해서이다.

  → <u>철수가 영어를 공부하는 것은</u> 취업을 하기 위해서이다.

  → *<u>철수가 영어를 공부하기는</u> 취업을 하기 위해서이다.

(2) 叙述分句

① 定义 : 构成 "主-叙" 关系, 具有叙述语的作用.

② 词尾 : 不和特定的语尾相结合.

③ 范例

- 한국은 <u>교육열이 높다.</u>
- 이천은 <u>도자기가 유명하다.</u>

④ 特征

- 叙述分句的叙述语(높다, 유명하다) 大部分是形容词.
- 叙述分句的主语(교육열, 도자기)或为全句主语(한국, 이천)的一部分, 或为全句

  主语所有, 要不就是与全句主语有密切的关系

315

(3) 冠形分句

① 定义 : 构成 "主-叙" 关系, 具有冠形语的作用.

② 词尾 : '-(으)ㄴ', '-는', '-(으)ㄹ', '-던'

③ 范例

- 나는 <u>경주가 신라의 수도였다는</u> 말을 들었다.
- 나는 <u>바다와 산이 유명한</u> 강원도를 좋아한다.

④ 特征

- 冠形分句的种类如下.

  - 长的分句 '以终结形结尾的句子＋(-고 하)는'的结构。

  - 短的分句 '谓词词干＋冠词形词尾'的结构。

- 被长冠形分句修饰的名词有 '소식, 소문, 연락, 질문, 정보, 명령' 等。⑨ 철수 가 이사를 간다는 <u>소식(소문, 연락, 질문, 정보)</u>

- 被短冠形分句修饰的名词有 '기억, 사건, 경험' 等。⑨ 싸운 <u>기억(사건, 경험)</u>

(4) 副词分句

① 定义 : 构成 "主-叙" 关系, 具有副词语的作用.

② 词尾: 副词化词缀 '-이-'6)

③ 范例

- <u>생각했던 것과 같이</u> 불고기는 맛있다.
- 저 외국인의 발음은 <u>물 흐르듯이</u> 자연스럽다.
- 수도권은 <u>다른 지역과 달리</u> 문화적 혜택을 본다.

---

6) 与 '없이, 같이, 달리' 或 '-듯이, -게, -도록' 等连接使用.

(5) 引用分句

① 定义：为主-叙关系中对他人的话进行引用，在句子中为副词语的成分。

② 种类：直接与间接引用

• 直接引用：引用语尾使用 '～라고, 하고'

> 예) 철수는 "대학 졸업 후 삼성전자에 취업하고 싶다!" 라고 말했다.
> 마이클은 "한국의 비빔밥은 정말 맛있어요" 하고 말했다.
> 저 쪽에서 고양이 소리가 "야옹야옹" 하고 들린다.

• 间接引用：引用语尾使用 '～고'，根据句子的不同种类谓词的语尾呈现不同的形式.

句子类型	时 态	形 态	范 例
陈述句	现 在	动 词	'-(느)ㄴ다'고 해요
		形容词	'-다'고 해요
		名 词	'-(이)라'고 해요
	过 去	动词/形容词	'-았/었/였다'고 해요
	未 来	动词/形容词	'-(으)ㄹ 거라'고 해요
请求句			'-자'고 해요
命令句			'-(으)라'고 해요
疑问句		动词/形容词	'-(으)냐'고 해요
		名词+이다	'-(이)냐'고 해요
感叹句		动 词	'-(느)ㄴ다'고
		形容词	'-다'고 해요

陈述句

现在) 가다→ 간다고, 먹다→ 먹는다고, 좋다→ 좋다고

　　　학생(의사)이다→ 학생이라고, 의사라고

過去) 갔다→ 갔다고, 먹었다→ 먹었다고, 좋았다→ 좋았다고

未來) 갈 것이다→ 갈 거라고, 먹을 것이다→ 먹을 거라고

　　　예쁠 것이다→ 예쁠 거라고, 좋을 것이다→ 좋을 거라고

感叹句 간다고, 먹는다고 / 예쁘다고, 좋다고

疑问句 가냐고, 먹냐고 / 좋냐고 / 학생이냐고(철수냐고)

请求句 가자고, 먹자고

命令句 가라고, 먹으라고

④ 特征

- 直接引用句的第一人称 저(제) 在间接引用句中变为 '자기'

  예 철수는 "<u>저</u>도 화성 문화체험에 가겠습니다."라고 말했다.
    → 철수는 <u>자기</u>도 화성 문화체험에 가겠다고 했다.

- 直接引用句中的指示词 '여기' 在间接引语例变为 '거기'

  예 철수가 "<u>여기</u>에 있어라"라고 말했다.
    → 철수가 <u>거기</u>에 있으라고 했다.

- 直接引语中的敬语在间接引语中变为 '하라' 体.

  예 선생님께서 "과제물 빨리 <u>내십시오</u>"라고 말씀하셨다.
    → 선생님께서 과제물 빨리 <u>내라고</u> 말씀하셨다.

- 直接引语的叙述语 '주다' 在间接引语里变为 '달라'

  예 철수 : "물 좀 <u>주십시오</u>" → 철수가 물 좀 달라고 했다.
  예 철수 : "형, 앤디 씨 한국어 공부 좀 <u>도와주세요.</u>"
    → 철수가 형에게 앤디 씨 한국어 공부 좀 <u>도와주라고</u> 했다.

4.3. 连续夏句

1 定义 : 彼此具有独立意义的两个句子通过连接词而结合形成的新的句子.

2 构造

句子1 ＋ 连接语尾 ＋ 句子2

3 种类

(1) 并列复句

① 句子前后的意义, 关系皆对等的复句

② 词尾 : '-고, -(으)며, -(으)나, -지만, -든지, -거나' 等[7]

③ 范例

- 철수는 밥을 <u>먹고</u> 학교에 간다.
- 철수는 책을 <u>읽으며</u>, 영희는 편지를 쓴다.
- 철수는 책을 <u>읽으나</u>, 영희는 그렇지 않다.
- 철수는 책을 <u>읽지만</u>, 영희는 밥을 먹는다.
- 밥을 <u>먹든지</u>, 라면을 <u>먹든지</u>, 빵을 <u>먹든지</u> 해라.
- 책을 <u>읽거나</u>, 숙제를 <u>하거나</u>, 심부름 <u>가거나</u> 해라.

(2) 主从复句

① 前后句子呈主从关系的复句

② 词尾 : '-(으)면, -거든, -다가, -아/어/여서, -(으)니까' 等

③ 种类[8]

用 法	语 尾	用 法	语 尾
条件, 假设	-(으)면, -거든	動作的中斷	-다, -다가
理由, 原因	-아서, -니까	補充, 添加	-(으)ㄹ수록
相反结果	-아도, -라도	意圖	-(으)려고, -고자
说明	-는데, -되, -니	目的	-(으)러
动作的延续	-자, -자마자	行爲的結束	-도록

---

7) 个别连接词尾的具体用法参照第Ⅴ章.
8) 个别连接词尾的具体用法参照第Ⅴ章.

④ 范例

- 열심히 <u>공부하면</u> 대학에 합격할 수 있어.
- 교실에서 음식을 <u>먹으면</u> 안 돼요.
- 집에 <u>가거든</u> 꼭 전화해라.
- 도서관에서 <u>공부하다가</u> 책을 읽었다.
- 어제 늦게까지 <u>공부해서</u> 피곤하다.
- 시간이 나면 친구를 <u>만나서</u>⁹⁾ 뭐 하세요?
- 점심을 많이 <u>먹으니까</u> 졸음이 오는구나.
- 내일부터 <u>휴가니까</u> 가족들과 여행을 가려고 해요.
- 한국어 공부를 <u>할수록</u> 재미있다.
- 아무리 배가 <u>고파도</u> 손부터 씻어라.
- 많이 <u>피곤하더라도</u> 숙제는 꼭 하세요.
- 밥을 <u>먹으려고</u> 학교 식당에 가요.
- 제 친구는 키가 <u>큰데</u>,¹⁰⁾ 저는 작아요.
- 동대문 시장에 <u>쇼핑하러</u> 갔는데, 그 곳에서 선생님을 만났어요.
- 집 밖을 <u>나가자</u> 비가 오기 시작했어요.
- 밥을 <u>먹자마자</u> 학교로 뛰어 갔어요.
- 공부를 열심히 <u>하도록</u> 공부방을 만들어 주었다.

(3) 句子和单词连接的差异

① 句子的连接

철수와 민수는 대학생이다. 　　{ 철수는 대학생이다.
　　　　　　　　　　　　　　 민수는 대학생이다.

---

9) '-아/어/여서'除理由, 原因外, 也可以作爲做了某件事以后的"順序"的意義使用. 即 "학교에 <u>가서</u> 뭐 하세요?" — "학교에 <u>가서</u> 공부하고 도서관에 <u>가서</u> 숙제하고 식당에 <u>가서</u> 밥 먹어요." 相同.

10) 此情況的 '-(으)ㄴ데'具有相反的意思, 与形容詞結合. 也能与 '있다, 없다'와는 '-는데'結合.

② 单词的连接

철수와 민수는 도서관에서 만났다. $\left\{ \begin{array}{l} \text{*철수는 도서관에서 만났다.} \\ \text{*민수는 도서관에서 만났다.} \end{array} \right.$

↓

철수와 민수가 같이 도서관에서 만났다.

③ 单词连接情况的特殊叙述语

要求主语为包含不止一个叙述语(A와/과 B)的复合主语。提出这类要求的叙述语有 '만나다, 마주치다, 싸우다, 닮다, 같다, 다르다, 결혼하다, 좋아하다, 약속하다, 비슷하다' 等.

5. 句子与文章

5.1. 对话的概念

1 定义：将句子的意思明确地表达出来的状况 (话者, 听者, 场景)的集合体.

2 构造

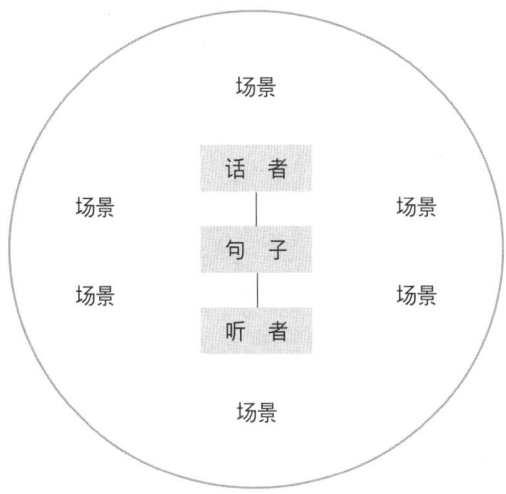

3 情景的重要性

(1) 句子构造的差异

　　① 以复句的解释：철수와 영호가 공부한다.(看见各自学习的样子)

　　② 以单句的解释：철수와 영호가 공부한다.(看见一起学习的样子)

(2) 明确话者身份

如果是 철수 正在学习的情况下，应大体明确 "철수 뭐 하니?" 这句话的说话人应是老师或父母的角色

(3) 句子类型的差异

"한국의 청자는 빛이 곱다." 虽然为一般陈述句，但如果是看到展览馆的瓷器觉得真的很美说出的话，此句则为感叹句。

5.2. 省略和指示词

1 句子成分的省略

前后文已经通过对话告知的内容(旧信息)， 其主语和宾语可以省略；但在提问新信息的内容时主语不能省略。

(1) 旧信息

① 철수는 대학에 진학하기 위해 한국어를 열심히 공부했다.

② 그리고 마침내 (철수는) 올해 신입생이 되었다.

(2) 新信息

① 어제 무슨 일이 있었어요?

② ㄱ.*집들이 했어요.

　　ㄴ. 철수 씨 부부가 집들이 했어요.

2 指示词的作用

(1) 种类 : 이, 그, 저, 이리, 그리, 저리, 이러하다, 저러하다, 그러하다

　　　　　冠形词　　　　　副词　　　　　　　　　　形容词

323

이이(분), 그이(분), 저이(분), 이것, 그것, 저것 등
代词

(2) 意义和用法

　　① 이 : 所指对象离话者近.

　　② 그 : 所指对象离听者近.

　　③ 저 : 所指对象离话者和听者都很远.

(3) 转述前面所提[11]

　　① 对对方已说过的对话内容再次提及用 '그' 来表现.

　　　예 철　수 : 선생님, 공부하는 게 힘들어 죽겠어요.

　　　　　선생님 : 아무리 힘들어도 <u>그런</u> 말은 쓰지마.

　　② 对话者已说过的对话内容再次提及时 '이'和 '그' 两者皆可使用.

　　　예 한국 속담에 "열 번 찍어 안 넘어 가는 나무 없다"는 말이 있잖아. 나는 <u>이(그)</u> 말의
　　　　표현이 너무 가슴에 와 닿아.

　　③ 提及只有话者自己知道的内容时只能使用 '이'.

　　　예 아버지, 어머니, <u>이것</u>만은 꼭 알아주세요. 제가 너무 사랑한다는 것을.

5.3. 疑问及回答

1 疑问

(1) 种类 : 肯定疑问, 否定疑问

(2) 限制

　　① 在实际对话的现场不能使用否定疑问句

---

11) 在提及前面已经说过内容时指示词 '저'不能使用.

324

예 {교실에서 공부를 하고 있음} *공부하지 <u>않으세요</u>? / 공부하세요?

② 在包含肯定意义的情况下也不能使用否定疑问句

　예 내일 시험은 한 사람도 빠지지 말고 다 보도록 하세요.

　　* 철수야 너도 시험 <u>안 볼 거지</u>? / 철수야 너도 시험 볼 거지?

③ 在实际情况为否定内容的情况下不能使用肯定疑问句

　예 {공부하고 있지 않음} *<u>공부하세요</u>? / 공부하지 않으세요?

2 回答

(1) 种类 : 肯定回答, 否定回答

(2) 用法

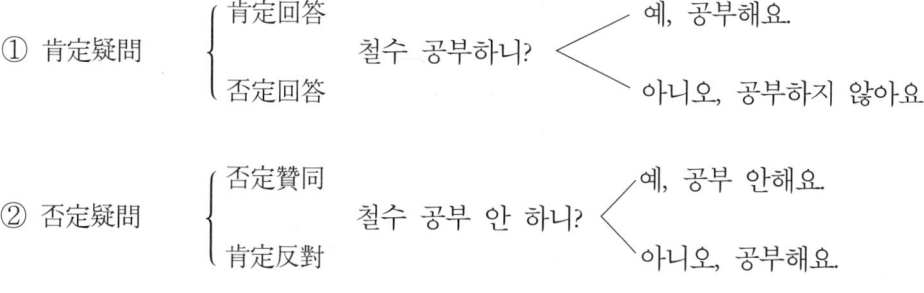

③ 假設肯定的否定疑問

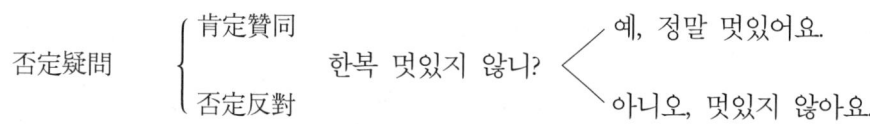

325

V. 韩国语的语法要素

1. 韩国语的使动，被动句

1.1. 使动的概念

1 定义：主动是指动作由主体本身发出或实现的形式，反之使动是在别人的驱使下而进行的动作形式。

2 种类

학생이 울다.

(1) 使動詞的形式　　　　　　: 　선생님이 학생을 울리다.

(2) '-게 하다' 的表現形式　: 　선생님이 학생을 울게 하셨다.

1.2. 使动的用法

1 使动结构

(1) 谓词词干＋使动词缀 ('-이-, -히-, -리-, -기-, -우-, -구-, -추-')

'-이-' : 녹이다, 보이다, 높이다　　　'-히-' : 익히다, 입히다, 밝히다

'-리-' : 날리다, 물리다　　　　　　'-기-' : 웃기다, 벗기다

'-우-' : 깨우다, 지우다, 태우다　　　'-추-' : 낮추다

(2) 特殊使动词

흐르다 : 흘리다　　　　　걷다 : 거두다　　　　　없다 : 없애다

젖다 : 적시다　　　　일다 : 일으키다　　　　돌다 : 돌이키다

서다 : 세우다　　　　자다 : 재우다　　　　타다 : 태우다

차다 : 채우다　　　　뜨다 : 띄우다　　　　크다 : 키우다

쓰다 : 씌우다

2 使动的用法

(1)　　　　　　　　　　主　語＋自動詞　　　　　얼음이　녹 다
　　　　　　　　　　　　　↓　　　↓　　　　　　　↓　　　↓
　　　　新主語＋賓　語＋使動詞　　　　불이　얼음을　녹이다

(2)　　　　　　　　主　語＋賓　語＋他動詞　　　철수가　책을　읽었다.
　　　　　　　　　　　↓　　　↓　　　↓　　　　　↓　　　↓　　↓
　　　新主語＋副詞語＋賓　語＋使動詞 : 선생님이 철수에게 책을 읽히셨다.

3 其他的使动

(1) '-게 하다' 使動[1]

　　① 謂語是不及物動詞的主動句 '-게 하다' 的使動表現如下

　　　　ㄱ. (　　　) 얼음이 녹는다.(主动句)
　　　　　　　　　↓　　　↓
　　　　ㄴ. 아이들이 얼음을 녹게 한다.(使动句)
　　　　　　　新主语　宾语　谓语

　　② 謂語是及物動詞的主動句 '-게 하다' 的使動表現如下

　　　　ㄱ. (　　　) 아이가 우유를 먹는다.(主动句)
　　　　　　　　　↓　　　↓　　　↓
　　　　ㄴ. 할머니가 아이에게 우유를 먹게 한다.(使动句)
　　　　　　　新主语　　壮语　宾语　谓语

---

1) 由使動詞綴不能表現的使動表現几乎能用 '-게 하다'的形式全部實現。

③ 謂語是形容詞的主動句 '–게 하다'的使動表現如下

ㄱ. (　　　) 그 성벽이 높다. (主动句)

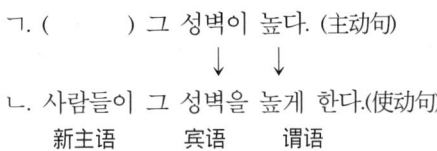

ㄴ. 사람들이 그 성벽을 높게 한다.(使动句)
新主语　　　宾语　　　谓语

(2) '–시키다' 使動

'–하다' 形態的動詞可以用詞綴'–시키다'來變成使動詞。但是，和上述的兩種使動表現不同，在使用上有很多制約。与 '–게 하다'能够替換使用 '–시키다' 使動也能够再与 '–게 하다'連接使其使動化。

ㄱ. 반복하다2)－반복시키다(반복하게 하다, 반복시키게 하다)
ㄴ. 발표하다－발표시키다(발표하게 하다, 발표시키게 하다)
ㄷ. 변화하다－변화시키다(변화하게 하다, 변화시키게 하다)
ㄹ. 설치하다－설치시키다(설치하게 하다, 설치시키게 하다)
ㅁ. 연습하다－연습시키다(연습하게 하다, 연습시키게 하다)
ㅂ. 운동하다－운동시키다(운동하게 하다, 운동시키게 하다)
ㅅ. 이해하다－이해시키다(이해하게 하다, 이해시키게 하다)
ㅇ. 입원하다－입원시키다(입원하게 하다, 입원시키게 하다)
ㅈ. 훈련하다－훈련시키다(훈련하게 하다, 훈련시키게 하다)

4 意义上的特征

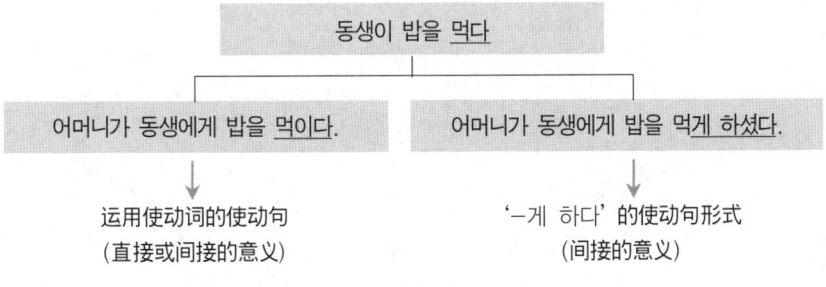

동생이 밥을 먹다

어머니가 동생에게 밥을 먹이다. → 运用使动词的使动句 (直接或间接的意义)

어머니가 동생에게 밥을 먹게 하셨다. → '–게 하다'的使动句形式 (间接的意义)

---

2) 例文出自이선웅(韓國語教員養成過程(Ⅰ), 2006：72).

331

1.3. 被动的概念

1 定义：主动是动作主体通过自己的力量而进行的动作行为状态，反之被动则表示的是主体被另一主体推动而实现的状态.

2 种类

(1) 被動詞的形式

(2) '-어지다'[3])的表現形式

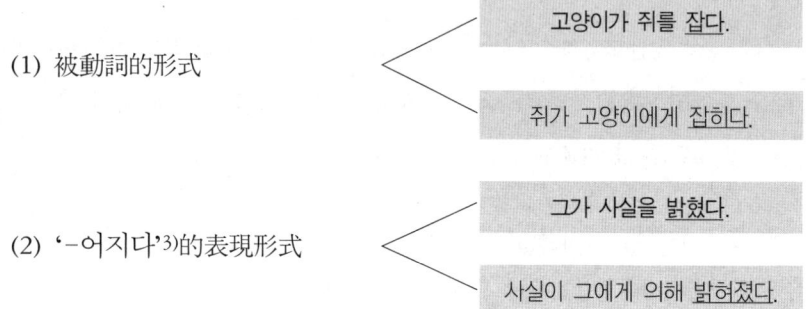

고양이가 쥐를 잡다.

쥐가 고양이에게 잡히다.

그가 사실을 밝혔다.

사실이 그에게 의해 밝혀졌다.

1.4. 被动的用法

1 被动结构

(1) 谓词词干＋被动词缀 ('-이-, -히-, -리-, -기-')

(2) 范例

　　'-이-' : 놓이다, 보이다　　　'-히-' : 먹히다, 잡히다

　　'-리-' : 걸리다, 몰리다　　　'-기-' : 쫓기다, 안기다

2 被动的用法

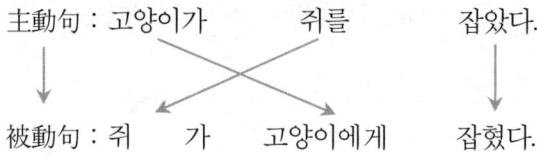

主動句 : 고양이가　　　쥐를　　　잡았다.

被動句 : 쥐　가　고양이에게　잡혔다.

---

3) 有'벌어지다, 풀어지다, 밝혀지다, 나아지다, 높아지다'等.

3 被动句的副词语

(1) 无情名詞＋-에

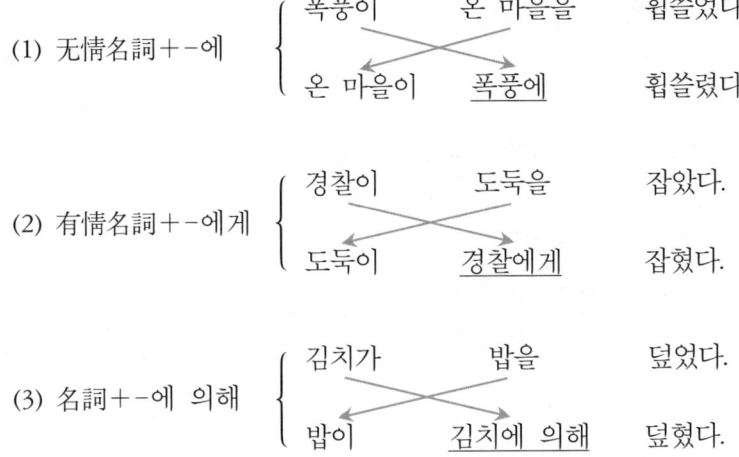

폭풍이　　　온 마을을　　　휩쓸었다.

온 마을이　　폭풍에　　　　휩쓸렸다.

(2) 有情名詞＋-에게

경찰이　　　도둑을　　　　잡았다.

도둑이　　　경찰에게　　　잡혔다.

(3) 名詞＋-에 의해

김치가　　　밥을　　　　　덮었다.

밥이　　　　김치에 의해　　덮혔다.

4 其他的被动

(1) '-아/어지다' 被動

這种方式是把不能依据被動詞綴轉換成被動句的及物動詞實現被動化，以主動詞語干添加輔助性連接語尾 '-아/-어'和輔助動詞 '-지다'的形式成立。

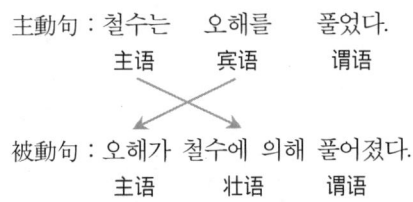

主動句：철수는　오해를　풀었다.
　　　　主语　　宾语　　谓语

被動句：오해가 철수에 의해 풀어졌다.
　　　　主语　　壮语　　谓语

'-아/어지다'實現的被動式的轉換過程和由被動詞綴實現的方法基本上沒有差別。

(2) '-되다/당하다' 被動

實現被動表現的另一种方法就是在 '-하다'結尾的及物動詞的語干后和'되다'나 '받다', '당하다'相結合。

主動句 : 대통령이 내각을 발표했다.

被動句 : 내각이 대통령에 의해 발표되었다.

主動句 : 남자가 여자를 사랑한다.

被動句 : 여자가 남자에게 사랑받는다.

主動句 : 미국이 이라크를 공격했다.

被動句 : 이라크가 미국에게 공격당했다.

2. 韩国语的时态和动作状态

2.1. 时态的概念

1 定义：以说话者的发话时间(现在)为基准来规定事件发生时间的先后。

2 种类

    (1) 绝对时态：以发话时间为基准决定的时态，多表现在终结形态中.

    (2) 相对时态：以整个句子的事件时间为基准决定的时态，多用于冠形词形和连接形的句子中.

        ① 어제는 비가 많이 <u>내렸다</u>. ： 下雨的事件发生在昨天的过去表现

        ② 우리는 <u>읽을</u> 책이 <u>없었다</u>. ： '없었다'是过去里的未来表现

2.2. 时态4)的表现

1 现在时态

    (1) 终结形：动词＋'-는/-ㄴ'，形容词，叙述格助词单独使用

    (2) 冠形词形：动词词干＋'-는'；形容词，叙述格助词＋'-(으)ㄴ'

2 过去时态

    (1) 终结形：动词，形容词，叙述格助词＋'-었/았/였다'5)

---

4) 具体的使用方法望参照冠形词形语尾的章节内容

5) 如 '-었었-/-았었-' 的过去式在先语末语尾重复使用表示对"过去"的强调，同现在时态相比具有 "另外，断绝" 的意思。

335

(2) 冠形词形 : 动词词干＋'-(으)ㄴ'

(3) 先语末语尾 : '-더-'

    ① 于终结形词尾 '-라, -냐, -구나' 之前.

    ② 冠形词形中以 '-던-'的形式出现.

3 将来时态

(1) 终结形 : '-겠다',[6] '-(으)ㄹ 것이다'

(2) 冠形词形 : '-(으)ㄹ'

4 动作状态

(1) 终结 : 表动作结束后其结果的持续. 以 '-아/-어 있다' 为代表. ㉠ 옷이 옷걸이에 걸려 있다. 책상에 책이 놓여 있다.

(2) 进行 : 表动作正在进行. 以'-고 있-' 和 '-는 중이다' 的形式出现. '-고 있다'只能和动词结合。 但是，表示动作性的动词也能用下面例文所示的 '-는 중이다'代替。

  ㉠ 사람들이 점심을 먹고 있다.

    → 사람들이 점심을 먹는 중이다.

但是，不表现動作性的 '알다'不能用 '～는 중이다'代替。

  ㉠ 철수는 우리 부모님을 알고 있다.

    → *철수는 우리 부모님을 아는 중이다.

---

6) '-겠-'除了表示将来外, 还可以表示 '推测', '意志', '可能性' 等其他意思

样态表现的短语[7]

	推測	–겠–, –(으)ㄹ걸, –(으)ㄹ 것이다, –는/–(으)ㄴ/–(으)ㄹ 모양이다, –는/–(으)ㄴ/–(으)ㄹ 것 같다, –나 보다, –는/–(으)ㄴ/–(으)ㄹ 듯하다, –는/–(으)ㄴ/–(으)ㄹ 듯싶다, –기가 쉽다, –(으)ㄹ 텐데, –는/–(으)ㄴ/–(으)ㄹ 지도 모르다, –는/–(으)ㄴ/–(으)ㄹ줄 알다, –나 싶다, –기는 틀렸다 …
	希望	–(으)면 좋겠다, –아야/–어야 하다, –아야/–어야 좋다, –(으)면 안 되다, –고 싶다, –고 싶어하다, –기 바라다…
判斷	新認識	–네, –는구나/–구나…
	認識前提	–지…
	可能性	–(으)ㄹ지도 모르다, –(으)ㄹ 수 있다, –(으)ㄹ리가 없다…
	当然	–는/–(으)ㄴ 법이다, –게/–기 마련이다…
	程度	–는/–(으)ㄴ 셈이다, –는/–(으)ㄴ 편이다…
行動指示	許諾	–아도/–어도 좋다, –(으)ㄹ 수 있다, –(으)렴…
	禁止	–(으)면 안 되다, –(으)ㄹ수 없다…
	應当	–아야/–어야 하다, –아야/–어야 되다…
	提議	–는 게 좋겠다, –(으)ㄹ까…
意圖, 意志, 表現	意圖	–(으)려고 하다, –(으)ㄹ까 보다, –(으)ㄹ까 하다, –(으)ㄹ까 싶다…
	意志	–겠–, –(으)ㄹ게, –(으)ㄹ래, –(으)ㄹ 것이다…
	嘗試	–아/–어 보다, –고 보다…
	完結	–아/–어 버리다, –고 말다…
	假裝	–는/–(으)ㄴ 척하다/체하다…
	服務	–아/–어 주다, –아/–어 드리다…
	准備	–아/–어 놓다, –아/–어 두다…
能力		–(으)ㄹ 수 있다/없다, –(으)ㄹ 줄 알다/모르다…

---

7) 國立國語院(2005：292)參照.

3. 韩国语的敬语法

3.1. 敬语的概念

1 定义：韩国语特殊语法现象之一，是对句子的主语或对听话者的对方表示尊敬的表现方法.

2 种类

    (1) 主体敬语法：对句子主体表示尊敬的方法

    (2) 相对敬语法：对作为听话者的对方表示提高或降低身份的方式

3.2. 主体敬语法

1 方法

    主语尊敬的名词＋'-께서'/ 谓词词干＋敬语的先语末语尾 '-(으)시-'

2 种类

    (1) 直接敬语：对句子主体表示直接尊敬的方法

        예 할아버지께서 신문을 읽으십니다.

    (2) 间接敬语：即使不把叙述语做为直接尊敬的对象， 但以全句的主语做为尊敬的对象时，后面可以接 '-(으)시-'

        예 선생님께서는 따님이 예쁘시다.8)

---

8) 由 '따님' 是 '예쁘시다' 的直接主可见, 可以对与老师有密切关系的人表示尊敬表示尊敬。此外, 如 "할머니께서는

3 限制因素

(1) 句子主语为第一人称的说话者时, 不能使用敬语。

(2) 如果句子主体的身份地位比说话者高但是比听话者低时, 不使用加'-시-'的形式.

　　　例 할아버지, 아버지가 회사에 <u>갔습니다</u>. / *<u>가셨습니다</u>.

(3) 如果句子主体的身份地位比说话者低但是比听话者高时, 根据重视程度的不同两种表达

　　方式都可用.

　　　例 네 아버지 집에 <u>가셨니</u>? (선생님이 제자에게)

　　　　　네 아버지 집에 <u>갔니</u>? (할아버지가 손자에게)

(4) 根据说话者的立场, 敬语所表现的意义各不相同.

　　　例 박정희 대통령은 한국 경제 발전에 힘을 <u>쏟으셨다</u>. (친근감 표현)

　　　　　박정희 대통령은 한국 경제 발전에 힘을 <u>쏟았다</u>. (객관적 진술)

3.3. 相对敬语法

1 方法：根据听话者的地位或年龄使用一定的终结语尾来抬高或降低对方身份地位的方法。

2 种类

(1) 格式体：用于礼仪性的, 直接的, 断定的, 客观的情况

　　　① 非常贬低：빨리 밥 <u>먹어라</u>.　　　→ 해라체9)

　　　② 一般贬低：빨리 밥 <u>먹게</u>.　　　→ 하게체

　　　③ 一般尊敬：빨리 밥 <u>먹으시오</u>.　　→ 하오체

　　　④ 非常尊敬：빨리 <u>먹으십시오</u>.　　→ 합쇼체

귀가 <u>어두우시다</u>." 身体或所有物也可作为尊敬的对象。

9) 报纸和试卷纸等印刷物中的'해라체'并不表示对读者的不敬, 而表示一般的陈述。例如, "보기에 알맞은 단어를 찾

아 <u>쓰라</u>."

(2) 非格式体：用于具有情感的，温柔非断定的，主观的情况

    ① 整体贬低：빨리 밥 <u>먹어</u>.   → 해체

    ② 整体尊敬：빨리 <u>먹어요</u>.   → 해요체

(3) 恭谦法：说话者以特别谦恭的表达方式降低自己以抬高对方的身份地位的方法。

    ① 先语末语尾 '-(으)옵-/-(으)오-'：선물이 있<u>으오</u>니 받아주시옵소서.

    ② 先语末语尾 '-삽-/-사옵-/-사오-'：제게도 딸이 있<u>사옵</u>니다.

    ③ 先语末语尾 '-잡-/-자옵-/-자오-'：듣<u>자오</u>니, 내일 휴업이라 합니다.

3.4. 词汇敬语法

1 定义

同主体敬语法和相对敬语法一样的语法要素，即不使用先语末语尾和终结语尾等方式，而使用表示尊敬或贬低意义的特殊单词来表现的敬语法，这类词被称为 "敬语" 和 "谦语"。

2 敬语

(1) 直接敬语：선생님, 아버님, 계시다, 드리다, 모시다, 뵙다 等

(2) 间接敬语：진지, 말씀, 약주, 댁, 치아, 연세 等

3 谦语

(1) 直接谦语：저(저희), 소인, 소생 等

(2) 间接谦语：말씀, 졸고, 따님 等

4. 韩国语的句子终结法

4.1. 终结法的概念

1 定义：说话者对听话者表达自己想法的方式，通过终结语尾上得以体现。

2 类型

(1) 陈述句：한국의 수도는 서울이다.

(2) 疑问句：한국의 국보 1호는 뭐니?

(3) 命令句：공공 장소에서 담배 피우지 마라.

(4) 请求句：오늘 밤, 동대문 시장에 쇼핑가자.

(5) 感叹句：서울의 야경은 참 멋있구나.

4.2. 句子终结法

1 陈述句

(1) 定义：说话者对知道的内容进行陈述说明的句子类型.

(2) 语尾：'-다, -네, -오, -ㅂ니다, -아/-어, -아/어요'

> 예 학교에 가다 / 가네 / 가오 / 갑니다 / 가 / 가요
> 밥을 먹다 / 먹네 / 먹으오 / 먹습니다 / 먹어 / 먹어요

(3) 种类

① 原则陈述句：表达对于规范和义务的客观性的认识

341

ⓔ 거짓말을 해서는 안 <u>되느니라</u>.

② 确认陈述句：用独白形式表达主观性的观点

ⓔ 내일은 비가 <u>오렸다</u>.

③ 约定陈述句：为了实现自己的想法而与对方进行约定时使用

ⓔ 다음 주에 꼭 한턱 <u>냄세</u>. 내일 반드시 선물 <u>주마</u>.

2 疑问句

(1) 定义 : 话者对听者提出疑问的句子类型

(2) 语尾 : '-느냐(-니), -는가, -오, -(스)ㅂ니까, -아/어, -요'

ⓔ 학교에 가느냐(니)? / 가는가? / 가오? / 갑니까? / 가? / 가요?

밥을 먹느냐(니)? / 먹는가? / 먹으오? / 먹습니까? / 먹어? / 먹어요?

(3) 种类

① 判断疑问句：要以'예'和 '아니오'进行回答的疑问句

② 说明疑问句：使用疑问词并要求对新信息进行说明的疑问句

③ 修辞疑问句：形式上虽是疑问句, 意义上却不是疑问句

ⓔ 내가 너에게 만원 쯤이야 빌려주지 <u>못할까</u>?

④ 感叹疑问句：ⓔ 여자 친구가 있다면 얼마나 <u>좋을까</u>?

⑤ 确认疑问句：对某个事实进行再次确认时的疑问句, 语尾使用 '-지'. ⓔ 숙제 다 <u>했지</u>?

3 陈述句, 疑问句的格式体与时态的结合

(1) 现在

① 語尾 : -(스)ㅂ니다 / -(스)ㅂ니까?

② 條件

-(스)ㅂ니다.	-(스)ㅂ니까?
元音語干+-ㅂ니다 輔音語干+-습니다	元音語干+-ㅂ니까? 輔音語干+-습니까?

(2) 過去

① 語尾 : -았/었/였습니다 / -았/었/였습니까?

② 條件

-았/었/였습니다.	-았/었/였습니까?
'ㅏ, ㅗ' 元音語干+았습니다(까?) 'ㅏ, ㅗ' 이외의 元音語干+-었습니다(까?) '하'의 어간+-였습니다(까?)	

(3) 未來

① 語尾 : -(으)ㄹ 겁니다 / -(으)ㄹ 겁니까?

② 條件

-을 겁니다.	-ㄹ 겁니까?
輔音語干끝나는 어간+-을 겁니다(까?) 元音語干끝나는 어간+-ㄹ 겁니다(까?)	

4 命令句

(1) 定义 : 说话者对听话者提出做某事或不做某事的要求的句子类型

(2) 语尾 : '-아/어라, -게, -(으)오, -(으)십시오, -아/어, 아/어요'

　　예 교양있는 책을 읽어라 / 읽게 / 읽으오 / 읽으십시오 / 읽어 / 읽어요.

(3) 种类

① 直接命令句 : 话者对听者直接命令. 예 빨리 <u>가라</u>.

② 间接命令句 : 话者通过媒介对听者命令. 예 답을 <u>쓰시오</u>.

③ 许可命令句 : 예 숙제를 다 했으면 <u>가려무나</u>.

5 请求句

(1) 定义：提出一起做某件事的要求的句子类型

(2) 语尾：'-자, -세, -ㅂ시다, -시지요, -아/어, -아/어요'

  ⑩ 도서관에 가자 / 가세 / 갑시다 / 가시지요 / 가 / 가요

5 感叹句

(1) 定义：表达说话者的情感或惊叹的句子类型

(2) 语尾[10)]：'-(는)구나, -(는)구면, -(는)구려, -(는)군, -(는)군요'

  ① 动词：새가 우는구나 / 우는구면 / 우는구려 / 우는군 / 우는군요

  ② 形容词：꽃이 예쁘구나. / 예쁘구면 / 예쁘구려 / 예쁘군 / 예쁘군요

  ③ 叙述格助词：책이로구나 / 책이로구면 / 책이로구려 / 책이로군 / 책이로군요.

---

10) 感叹句的语尾除了 '-구나'外，还有 '-아라/어라' 形式，在不考虑对方存在的独白中使用。

5. 韩国语的否定法

5.1. 否定法的概念

1 定义：根据句子的表现方法可划分为肯定与否定，由此形成肯定句与否定句。由此，否定法是生成否定句的方法。

2 种类

(1) 体词＋叙述格助词 '−이다'：～이/가 아니다

(2) 否定副詞 '안', '못'

'안' { '안'＋動詞, 形容詞

動詞, 形容詞＋'−지 않다'

'못' { '못'＋動詞, 形容詞

動詞, 形容詞＋'−지 못하다'

(3) 命令句, 请求句的否定：'−지 말다'

5.2. '안'否定法

1 种类

短否定句：안＋谓词 ⑩ 안 가다{먹다, 자다, 예쁘다, 맵다} 等

长否定句：谓词词干＋−지 않다. ⑩ 가{먹, 자, 예쁘, 맵}지 않다

345

2 特征

(1) 叙述语为名词的情况, 短否定句不成立. ⑩ *그는 <u>안</u> 학생이다.

(2) 长音节形容词只能形成长否定句.

예 울긋불긋하다 → { 울긋불긋<u>하지 않다</u>.
*<u>안</u> 울긋불긋하다. }

(3) 以 '名词＋하다' 的结构构成的动词, 否定法是 '명사＋안＋하다'.

⑩ 철수가 공부한다. → 철수가 공부 <u>안</u> 한다.

(4) 无意志动词不能用 '안' 否定法.

⑩ 안 견디다, 견디지 않다 / 안 알다, 알지 않다 / 안 깨닫다, 깨닫지 않다.

(5) 命令句, 请求句不能用 '안' 否定法, 此时只能在动词词尾上加 '-지 말다'[11]

⑩ 떠들지 말아라, 말자 / *크지 마라 / *학생이지 마라

(6) 同敬语的先行语尾结合时, 长否定句中可以使用本谓词和补助谓词甚至两者一起结合使用.

⑩ 선생님께서 책을 읽지 <u>않으시다</u>.   선생님께서 책을 <u>읽으시지 않다</u>.
선생님께서 책을 <u>읽으시지 않으시다</u>.

(7) 与表时态的先语末语尾结合时, 长否定句中只能使用补助谓词.

⑩ 철수가 학교에 <u>가지 않았다</u>. *철수가 학교에 <u>갔지 않다</u>.
장미가 <u>예쁘지 않았다</u>. *장미가 <u>예뻤지 않다</u>.

---

11) 虽然 '-지 말다' 只在命令句和请求句中使用, 但如 '바라다, 좋겠다, 원하다' 等表示希望和愿望的词作叙述语的情况, '-지 말다' 也可以用于陈述句的否定. 如 "내일 비가 오지 말기를 바란다, 날씨가 춥지 말았으면 좋겠다." 等. 但这种情况使用 '안' 否定句更为自然.

3 意义的解释

(1) 根据 '안' 否定句的否定对象和状语范围而确定其意义.

예 나는 철수를 때리지 않았다.
$\left\{\begin{array}{l}\text{打철수的人不是我。}\\\text{是别人打的철수。}\\\text{我推了철수沒打他。}\end{array}\right.$

예 학생들이 다 오지 않았다.
$\left\{\begin{array}{l}\text{學生沒有全來。}\\\text{只來了學生中的一部分。}\end{array}\right.$

(2) 若在长否定句的 '-지' 后添加辅助词, 则变为只否定叙述语的情况, 多意性就会消失。

예 학생들이 다 오지는 않았다. → 학생들 중 일부분만 왔다.

5.3. '못' 否定法

1 种类

短否定句 : 못＋谓词 예 못 가다{먹다, 자다, *예쁘다}
长否定句 : 谓词词干＋-지 못하다. 예 가{먹, 자}지 못하다

2 特征

(1) 以 '名词＋하다' 的结构构成的叙述语, 否定式为 '名词＋못＋하다'.

예 오늘은 도서관에서 공부했다. → 오늘은 도서관에서 공부 못 했다.

(2) 形容词的情况 '못' 否定句不成立. 但是, 在表示未达到期望值而遗憾的时候可以使用. 예 철수는 똑똑하지 못하다.

(3) 动词 '고민하다, 걱정하다, 후회하다, 실패하다' 等不可用 '못' 否定句.

347

5.4. 词汇否定法

1 定义

韩国语的否定法中，除了使用否定副词‘안’和‘못’的短否定句和长否定句外，还有本身具有否定意义的词汇和可与否定句相呼应的词汇可生成否定句。

2 种类

(1) 否定的词汇

이다 ↔ 아니다, 있다 ↔ 없다, 알다 ↔ 모른다

(2) 否定副词

① 나는 <u>결코</u> 한국어 공부를 포기하지 <u>않을 것이다</u>.

② 전혀, 도무지, 도저히, 별로, 조금도, 하나도 等

(3) 特殊形态

‘한 □도’形式 : 한 병도 못 마신다. 한 권도 줄 수 없다, 한 장도 等

VI. 韩国语助词

1. 格助词篇

主语助词 : '－이/－가', '－께서',1) '－에서'

1 种类

    (1) 代表形态 : '－이/－가'

        ① 以辅音结尾的体词＋'－이' ⑩ 학생이, 사람이

        ② 以元音结尾的体词＋'－가' ⑩ 사과가, 철수가

    (2) 敬语助词 : '－께서' ⑩ 선생님께서, 할아버지께서

    (3) 团体无情名词 : '－에서' ⑩ 우리 학교(회사)에서 우승을 차지했다.

2 特性

    (1) 主语助词和辅助词的结合

        ① '－이/－가'＋辅助词 : *철수가{는, 도} 사과를 먹는다.

        ② '－께서'＋辅助词 : 선생님께서{는, 만, 도} 사과를 드신다.

    (2) 形态变化

        ① 第1人称代词 '나'＋가 → 내가

        ② 第2人称代词 '너'＋가 → 네가

        ③ 不定代词 '누구'＋가 → 누가

---

1) 使用 '－께서' 做主格助词时, 叙述语一定是由敬语的先语语尾 '－(으)시－' 连接的形式。

宾语助词 : '-을/-를', 'ㄹ'

1 种类

(1) 代表形态 : '-을/-를'

① 以辅音结尾的体词＋'-을' ⑩ 학생을, 사람을

② 以元音结尾的体词＋'-를' ⑩ 사과를, 철수를

(2) 特殊形态 'ㄹ' : 没有收音的词 (古语体)＋'ㄹ' ⑩ 글씰(글씨를)

2 特征

(1) 原则 : 与及物动词的宾语结合。 ⑩ 철수가 밥을 먹는다.

(2) 例外 : 与修饰不及物动词的副词结合 (表示加强语气的意思)

⑩ 철수는 매일 도서관에 간다. (自動詞句, 主語-叙述語)
↓
철수는 매일 도서관을 간다. (他動詞句, 主語-賓語-叙述語)

① "철수는 매일 도서관에 간다." 是不及物动词句, 把这句话的副词格助词 '-에'
换成宾语助词来写的话, 就变成 "철수는 매일 도서관을 간다."。

② 有本为自动词句的句子变为他动词句写的情况。

③ 有副词格助词 '-에' 之后结合宾语助词 '-을/-를' 或其缩略形态 'ㄹ' 的情况。

⑩ 철수가 학교에 간다. → 철수가 학교에를(학교엘) 간다.

辅格助词 : '-이/-가'

1 种类

$$体詞 + \text{'-이/-가'} + \begin{cases} 되\ 다 \\ 아니다 \end{cases}$$

2 特征

补语饰叙述语语尾的词，辅格助词则是与补语结合的助词，与主语助词形态相同。但，只把出现在叙述语 '되다, 아니다' 前面的成分看作补语。

(1) 不完整句

　　① *물이　　　되 다. → 물이 <u>얼음이</u> 되 다.
　　② *그는　　　아니다. → 그는 <u>학생이</u> 아니다.

- 对于上面例句的叙述语 '되다'和'아니다'，就光主语并不能构成完整的意义，即如"*물이 되다.", "*그는 아니다."的情况，因此需要主语外的其它成分在意义上补充叙述语。

冠形格助词 : '-의'

1 种类

(1) 体词＋冠形格助词 '-의'

(2) 用法

　　① ㄱ. <u>모든</u> 학생이 학교에 왔다.
　　　　ㄴ. <u>철수의</u> 책이 학교에 있다.

- (ㄱ)的 '모든' 做为冠形词修饰后面的名词'학생'。
- (ㄴ)的名词 '철수' 与冠形格助词 '-의' 结合修饰名词 '책'。

2 特征

冠形格助词 '-의' 和第1, 2人称代词结合时，会发成形态上的变化。

　　② ㄱ. <u>내</u> 책은 여기에 있다.
　　　　ㄴ. <u>네</u> 가방은 어디에 있니?

- (ㄱ)的 '내' 是 '나＋의', (ㄴ)的 '네' 是 '너＋의'的结构。

呼格助词 : '-아/-야'

1 种类

(1) 一般形态 : '-아', '-야'

(2) 敬语形态 : '-여/-이여', '-이시여'

2 特征

(1) 一般形態

以辅音结尾的体词+-아 ⑩ 영철아

以元音结尾的体词+-야 ⑩ 철수야

(2) 敬语形態

以辅音结尾的体词+-이여, -이시여 ⑩ 하느님이여, 하느님이시여

以元音结尾的体词+-여 ⑩ 친구여

副词格助词 : '-에', '-에서', '-에게', '-에게서'

1 '-에'和'-에서'

		'-에'	'-에서'
1		存在位置 'N+에'+{있다, 계시다, 없다, 살다, 머무르다, 남다} 等	动作行为发生的地方
2		动作行为的对象（终点） 'N+에'+{눕다, 앉다, 놓다, 쓰다, 붙이다} 等	场所的移动（方向性, 起点） 'N+에서(부터)'
3		时刻和时代, 表示顺序	상황이나 범위
4		开始时间 : '-에' / '-부터'	情况或范围
5		表示理由2)	
6		表示单位	

---

2) 此時也可以用 '-(으)로'代替。

354

(1) 表示存在位置时与叙述语 '-에'结合的情况, '살다, 머무르다, 체류하다' 等后与 '-에서' 也可结合。

(2) 与动作行为的叙述语结合的情况, 如果 '-에' 有表示动作行为的终点的话, '-에서' 则表达动作行为的起点。

(3) 和场所的移动相关时, '-에' 与移动的目的地或终点相结合,[3] '-에서' 与出发点相结合。这种情况出发点也可和 '-부터' 相结合。

2 '-에게'和'-에게서'

	'-에게(한테)'	'-에게서(한테서)'
1	接近目标	从目标离开
2	"给"的意思	"接受"的意思

(1) 表示"给"的意思的副词格助词'-에게', 与其结合的名词如果是无情名词的话, 则换为使用 "에", 如 "꽃에 물을 주다."。

(2) '-에게, -에게서' 和 '-한테, -한테서' 只是书面语和口语的区别, 没有根本意义上的差异。

副词格助词 : '-(으)로'

1 '-(으)로'的意义

(1) 資格 : 이번 경기에 우리 반 대표로 참가했다.

　　　　지난 번 선거에서 나는 반장으로 뽑혔다.

(2) 手段, 方法或工具 : 저는 버스로 학교에 와요. / 연필로 편지를 써요.

(3) 原因, 理由 : 어제 감기로 약을 먹었다.

(4) 方向 : 마이클씨 어디로 가세요? - 네, 집으로 가요.

---

3) '-에' 在场所的移动中表示动作行为的目的地或终点的情况, 可用 'N+(으)로' 代替。

(5) 經由, 過程, 變化 : 이번 역에서 3호선<u>으로</u> 갈아타세요. 물이 얼음<u>으로</u> 된다.

- 副詞格助詞 '－(으)로'根据句子的不同有多种意思，因此應該考慮前后的文脉來把握。

2 '－(으)로부터'

(1) 意義上的特征

'－(으)로'和形態上相似的 '－(으)로부터'는 表示出處或出發点的意思。

① 이 선물을 친구<u>로부터</u> 받았어요.
② 철수 씨 편지 왔어요?－네, 미국<u>으로부터</u> 온 형님의 편지에요.

(2) 用法上的特征

作爲'出處'或 '出發点'使用的 '－(으)로부터'和下面的副詞格助詞能够通用。

① 이 선물을 친구<u>에게서(한테서)</u> 받았어요.
② 미국<u>에서</u> 온 형님의 편지에요.

副词格助词 : '－보다'

1 特征

(1) 意義 : 比較兩个對象時使用。

(2) 形式 : A－이/가＋体詞＋－보다＋A(V)

2 用法

(1) 体詞＋－보다

① 이 책이 저 <u>책보다</u> 쉽다. 일이 <u>이보다</u> 작다.
② 영희가 <u>그녀보다</u> 똑똑하다.

(2) 動詞的名詞型 －기＋－보다

① 쓰기가 <u>말하기보다</u> 더 어렵다.
② 설거지하기가 <u>청소하기보다</u> 더 싫다.

2. 辅助助词篇

对照和主题 : '-은/-는'

1 表对照的 '-은/-는'

左边是把男生 '철수' 和女生 '영희' 进行对照叙述的情况，此时
使用表示对照的辅助词 '-은/-는'。

철수, 영희, 민수,
예원, 나원...

① ㄱ. <u>철수는</u> 남자이며 <u>영희는</u> 여자이다.

ㄴ. <u>철수는</u> 체육을 좋아하며 <u>영희는</u> 음악을 좋아한다

例文 (ㄱ)是就两人的性别进行比较，(ㄴ)是对两人喜欢的不同科目进行比较，为表现两者对
比的意思，此时使用表示对照的辅助词 '-은/-는'。

2 表主题的 '-은/-는'

辅助词 '-은/-는' 除了表示对照的意思外，还表示 "主题" 的意思。

(1) 特征

① 一般主要是与文章中第一次登场的成分结合。

② 在意义上可以解释为 "如果就...来说的话" 或 "如果说...的话"。

(2) 使用范例

② ㄱ. <u>민수는</u> 어학에 소질이 있습니다.

ㄴ. <u>예원이는</u> 음악을 좋아합니다.

例文 ② 的例句并不是表示各自和其他人的区别, 而只是对 '민수' 和 '예원' 进行客观陈述。这种情况使用表示主题意义的 '-은/-는'。

排他和限定：'-만，-뿐，-밖에'

1 定义

这类辅助词在相近事物的范围里选定一个, 表示对没有选择的其他事物的排除。在左边的范围里排除其他人特指一个人的情况, 与 '-만' 结合。

철수, 영희, 민수, 예원, 나원...

① ㄱ. 철수만 100점을 맞았다.
ㄴ. 100점을 맞은 사람은 철수뿐이다.
ㄷ. 100점을 맞은 사람은 철수밖에 없다.

例文 ①的辅助词把除去 '철수' 的所有其他人都排除, 只针对 '철수' 进行叙述。

2 特征

(1) '-뿐' 做为叙述语只能和 '이다' 和 '아니다' 结合,[4] 不可于其外的叙述语结合。

(2) '-밖에' 只能在否定意义时使用。

3 使用范例

② ㄱ. 100점을 맞은 사람은 <u>철수뿐이다</u>.
ㄴ. 100점을 맞은 사람은 <u>철수밖에 없다</u>.

---

4) 辅助词 '-뿐' 与叙述语 '아니다' 结合的情况, 如 "100점을 못 맞은 사람은 철수뿐이 아니다.", 可以与 '-이' 连用。

包含和添加：'-까지, -마저, -도'

1 意义

表示在一定范围内的其他事物也被包含在内的意思。

① ㄱ. 민수는 사과까지{마저} 먹었다.
　　ㄴ. 민수는 사과도 먹었다.

사과, 바나나,
딸기, 귤, 키위,
배…

例句的 '-까지, -마저, -도' 表示, 在"水果"的范围里已经吃了某一种, 但在此基础上又吃了 "苹果" 的意思。

2 差别 (意义)

(1) '-도' ：只表示单纯的追加的意义。

(2) '-까지, -마저' ：表示虽然是吃了'苹果'以外的所有水果, 但同时承认也吃了苹果. 但是'-마저', 表示连自己一直坚信的最基本的内容都和自己的期待相反, 用于否定句中更自然一些.

3 句子形态

(1) 肯定, 否定意义 ('-도', '-까지')

① 철수도 시험에서 100점을 맞았구나.
② 철수까지 시험에서 100점을 맞았구나.

(2) 否定意义 ('-마저')5)

① 이번 시험에서 꼭 합격하리라 믿었던 철수마저 시험에서 떨어졌다.
② 국어, 영어, 수학에 이어 국사마저 망쳤다.

---

5) 与 '-마저'一样适合用于否定表现的助词还有 '-조차', 表示就连最基本的也不能实现的意义。"헤어진 지 너무 오래 되어서 그 사람 얼굴조차 기억이 안 나."

选择 : '-(이)나, -(이)라도, -(이)든지, -(이)나마'

1 意义

表示在一定范围的众多事物中选择某一个的意思。

밥, 라면, 빵...

① ㄱ. 라면<u>이나</u> 먹자.
   ㄴ. 빵<u>이나마</u> 먹자, 찬밥<u>이라도</u> 먹자.
   ㄷ. 밥<u>이든지</u>, 라면<u>이든지</u>, 빵<u>이든지</u> 아무거나 먹자.

2 特征

假设在食品的范围内说话人想吃的是"饭，方便面，面包……"，下面就让我们看看分别在什么情况下用'-(이)나, -(이)라도, -(이)든지, -(이)나마'。

② ㄱ. 라면이나 먹자.
   ㄴ. 빵이나마 먹자, 찬밥이라도 먹자.
   ㄷ. 밥이든지, 라면이든지, 빵이든지 아무거나 먹자.

- (②ㄱ) 表示在没有想吃的东西可供选择的只有"方便面"和"面包"的时候，虽然不够称心如意，但是选择"方便面"已经是在此状况下的最好选择了。
- (②ㄴ) 在没有选择余地的情况下不得不做出选择时使用。
- (②ㄷ) 在众多选择中选择任意一个时使用。

3. 连接助词篇

连接助词 '-와/-과', '하고', '에(다)', '(이)랑', '(이)며'

1 定义

功能：连接句子中的两个单词使其具有对等的资格。

2 种类

有'-와/과', '-하고', '-에(다)', '-(이)랑', '-(이)며'.[6]

① ㄱ. 철수는 사과와 딸기와 귤을 좋아한다.
　　ㄴ. 철수는 사과에다 딸기에다 귤을 먹었다.

② ㄱ. 철수는 사과하고 딸기하고 귤하고를 좋아한다.
　　ㄴ. 철수는 사과랑 딸기랑 많이 먹었다.
　　ㄷ. 철수는 사과며, 귤이며, 포도를 먹었다.

3 特征

(1) 连接两个以上的名词时可反复使用，但只与最后一个名词连接更为自然。

③ ㄱ. *철수는 사과와 딸기와 귤과를 좋아한다.
　　ㄴ. *철수는 사과에(다) 딸기에(다) 귤에를 먹었다.

(2) 但是也有象 '-하고', '-랑', '-며' 用作反夏使用的情况。

---

6) 在这些助词中，'-와/-과' 的使用不分口语和书面语，但其他的助词则主要在口语中使用。

④ ㄱ. 철수는 <u>사과하고 딸기하고 귤하고</u>를 좋아한다.

　ㄴ. 철수는 <u>사과랑 딸기랑 귤이랑</u>을 먹었다.

　ㄷ. 철수는 <u>사과며 딸기며 귤이며</u> 먹었다.

4. 引用助词篇

直接引用句

1 助词

直接引用句为直接原封不动的引用别人的话的情况，使用引用助词 '-라고, -하고'。

2 差异

① ㄱ. 철수가 "난 꼭 한국어교사가 될 거야!"라고(하고) 말했다.

ㄴ. 나무 위에서 새소리가 "짹짹"하고 난다.

- (ㄱ) : 直接引用 철수 的话，在话的前后加双引号，引用助词 '-라고' 和 '-하고' 两种
  形态都可使用。
- (ㄴ) : 以拟声词的形式直接引用鸟的叫声，这种情况只能使用 '-하고'。

Ⅶ. 韩国语语尾

1. 冠形词型语尾

	现 在		过 去		将 来	
动 词	-는		-(으)ㄴ	收音○+은	-(으)ㄹ	收音○+을
				收音×+ㄴ		收音×+ㄹ
있다/없다	-는				-을	
形容词	-(으)ㄴ	收音○+은			-(으)ㄹ	收音○+을
		收音×+ㄴ				收音×+ㄹ
이다/아니다	-ㄴ				-ㄹ	

〈冠形词型转换语尾的种类〉

现在时态

1 语尾 : '-는'과 '-(으)ㄴ'

2 例句

① ㄱ. 고향에 <u>가는</u> 사람은 철수이다. / 책을 <u>읽는</u> 분이 선생님이시다.

ㄴ. 지금 돈이 <u>있는(없는)</u> 학생은 오세요.

ㄷ. 키가 제일 <u>작은</u> 여학생은 영희이다.

ㄹ. <u>예쁜</u> 꽃을 산다.

ㅁ. 철수는 같은 반 <u>친구인</u> 영호와 이야기하고 있다.

(1) 动词 : 不管有无收音, 一律用冠形词形语尾 '-는'。

(2) '있다'和 '없다' : 与 '-는' 结合。

(3) 形容词 : 根据有无收音连接 '-은' 或 '-ㄴ'。

(4) '이다'和 '아니다' : 和 '-ㄴ' 结合[1]。

3 特征

(1) 存在即使不是现在，但仍然使用表示现在的冠形词形转成语尾的情况：即使是过去发生的事情，但该事习惯性的重夏，这种情况应使用现在时态。[2]

② ㄱ. *저는 커피를 <u>만든</u> 일을 했어요.
　　ㄴ. 저는 커피를 <u>만드는</u> 일을 했어요.

(2) 但是 '입다, 쓰다, 신다, 벗다' 等词汇，即使动作是现在时态，也不用 '-는'，而用 '-(으)ㄴ' 连接。

③ ㄱ. 지금 빨간 옷을 <u>입은</u> 사람은 일어나세요.
　　ㄴ. 저기 검정 모자를 <u>쓴</u> 철수가 가고 있다.

(3) 这种情况的动词如果和表示现在时态冠形词形转成语尾结合是什么意思呢? 无疑是表示动作习惯性的反夏的意思。

④ ㄱ. 빨간 옷을 <u>입는</u> 사람들은 정열적이에요
　　ㄴ. 모자를 <u>쓰는</u> 사람들이 많아요.

---

1) 一般情况现在时态的事件发生时与话者说话时一致，但也有不一致的情况。
(1) 아침에 교실에서 <u>자는</u> 학생을 보았다.
(2) <u>예쁜</u> 장미꽃을 한 송이 샀다.
(3) 지난 주 <u>교수인</u> 친구를 만났다.

上述例子以说话人说话的时刻为基准的话分明是过去发生的事，但即使是这样也使用现在时态的冠形词形转成语尾连接。因为此时，学生看到的时间与睡觉的时间相一致，买玫瑰的时间与感觉玫瑰漂亮的时间一致，与朋友见面的时间与是教授的时间一致，所以可以使用现在时态来表示。

2) 此外，'중, 도중, 동안' 等也与现在时态的冠形词形转成语尾结合；'적, 후, 뒤' 与过去时的转成语尾结合；'때, 뿐, 뻔, 기회, 자신, 정도, 가능성' 习惯性的与 '-(으)ㄹ' 连用。

过去时态

1 语尾 : '−(으)ㄴ'

2 例句

① ㄱ. 지난주에 <u>찍은</u> 사진이 나왔다.

　　ㄴ. 어제 <u>산</u> 옷이 너무 크다.

(1) 例句 (ㄱ)：在有收音的动词词干 '찍' 上加 '−은'。

(2) 例句 (ㄴ)：在没有收音的动词词干 '사' 上加 '−ㄴ'。

3 特征

特殊的冠形词形语尾 '−던', 是在表示 "过去回想" 的 '−더' 上加上 '−ㄴ'而形成的。并且, 在 '−던'上加上表过去时态的 '−았/−었', 也以 '−았던/−었던' 的形态出现, 并可以和任何形态结合。

② ㄱ. 철수야, 내가 어제 <u>읽던</u> 책 못 봤니?

　　ㄴ. 엄마, 제가 어렸을 때 <u>신었던</u> 신발 있어요?

③ ㄱ. <u>학생이던</u> 철수가 군인이 되었네.

　　ㄴ. <u>고등학생이었던</u> 네가 벌써 대학생이 되었구나.

④ ㄱ. <u>춥던</u> 날씨가 오늘은 따뜻해졌어요.

　　ㄴ. 친구들과 <u>즐거웠던</u> 시간이 다 지났어요.

⑤ ㄱ. 어제까지만해도 <u>있던</u> 돈이 어디 갔지?

　　ㄴ. 같이 <u>있었던</u> 사람들이 다들 어디 갔을까?

也可以和例文 ②的动词结合, 与③的 '−이다', ④的形容词以及 ⑤的 '있다' 也可自然连用。但是, ②到⑤的 '−던' 表现 "未结束" 的意思, '−았던/−었던'则表示 "结束" 的意

思，这是二者存在的差异。[3]

将来时态

1 种类：'-(으)ㄹ'

2 例句

① ㄱ. 저녁에 <u>먹을</u> 음식을 사야해.

ㄴ. 내일 <u>배울</u> 자료를 복사하자.

ㄷ. 저 여자는 분명 성격이 <u>좋을</u> 거야.

ㄹ. 예원이는 크면 아주 <u>예쁠</u> 거야.

ㅁ. 집에 가면 동생이 <u>있(없)을</u> 거야.

ㅂ. 이번 시험에도 1등은 <u>철수일</u> 거야.

(1) 动　词：根据有无收音连接 '-을' 和 '-ㄹ'，如 (ㄱ)和 (ㄴ)。

(2) 形容词：(ㄷ)和 (ㄹ)用法相同。

(3) '있다/없다'：和 '-을' 结合。

(4) '-이다/아니다'：和 '-ㄹ' 结合。

3 特征

动词的将来时态表示纯粹的将来意义，但是与形容词或其他形态结合的冠形词型转成语尾与表示将来意义相比更加表示推测意义。

---

3) 但是，表示持续反复的形为或状态时两者意义相同。理解时可参照 "여기가 어렸을 때 놀(았)던 놀이터야."나 "입(었)던 옷" 的例子。

2. 间接引用型语尾

句子类型	时 态	形 态	使用范例
陈述句	现 在	动 词	'-(느)ㄴ다'고 해요
		形容词	'-다'고 해요
		名 词	'-(이)라'고 해요
	过 去	动词/形容词	'-았/었/였다'고 해요
	将 来	动词/形容词	'-(으)ㄹ 거라'고 해요
请求句			'-자'고 해요
命令句			'-(으)라'고 해요
疑问句			'-(으)냐'고 해요 / '-(이)냐'고 해요
感叹句			'-(느)ㄴ다'고 / '-다'고 해요

〈间接引用语尾的种类〉

陈述句的引用

1 现在

陈述句的现在时态, 动词, 形容词和 '名词+-이다' 后面各连接特定的语尾。

① ㄱ. 음식을 먹기 전에 손을 <u>씻는다고 했어요.</u>

　　ㄴ. 시간이 있을 때 독서를 <u>한다고 했어요.</u>

　　ㄷ. 오늘 날씨가 <u>좋다고 했어요.</u> 영희가 <u>예쁘다고 했어요.</u>

　　ㄹ. 철수가 <u>학생이라고 했어요.</u>

　　ㅁ. 그는 <u>의사라고 했어요.</u>

(1) 动　词 : 根据有无收音与 '-는다고 하다'(ㄱ)和 '-ㄴ다고 하다'(ㄴ) 结合。

371

(2) 形容词：与一个形态 '-다고 하다'(ㄷ) 结合。

(3) 名词+'-이다'：有收音的名词加 '-이라고 하다', 没有收音的名词加 '-라고 하다'。

2 过去和将来

陈述句的过去和将来的间接引语, 动词和形容词全都连接相同形态的语尾。

② ㄱ. 어제 불고기를 <u>먹었다고 했어요</u>.

   ㄴ. 친구들이 영희가 <u>예뻤다고 했어요</u>.

   ㄷ. 내일 불고기를 <u>먹을 거라고 했어요</u>. 학교에서 <u>잘 거라고 했어요</u>

   ㄹ. 기분이 <u>좋을 거라고 했어요</u>. 친구들이 영희가 <u>예쁠 거라고 했어요</u>.

(1) 过去式的表述方法：动词, 形容词都像 (ㄱ)和 (ㄴ)一样连接 '-었다고 하다'。

(2) 未来式的表述方法：连接 '-(으)ㄹ 거라고 하다', 动词, 形容词一律根据收音的有无

   和 '-을 거라고 하다' 或 '-ㄹ 거라고 하다' 结合。

感叹句的引用

1 语尾

感叹句的间接引语和陈述句一样, 用添加语尾 '-ㄴ다/-는다' 或 '-다' 表示。

2 例文

① ㄱ. 기름진 음식을 잘 <u>먹는다고 했어요</u>.

   ㄴ. 술을 잘 <u>마신다고 했어요</u>.

   ㄷ. 꽃이 정말 <u>예쁘다고 했어요</u>.

   ㄴ. 기분이 <u>좋다고 했어요</u>.

(1) 动　词：根据收音的有无结合 '-는다고 하다' 或 '-ㄴ다고 하다'。

(2) 形容词：不管有无收音一律连接 '-다고 하다'。

疑问句的引用

1 语尾

此时, 对于动词, 形容词和名词＋'－이다'有着不同的表述方式。

2 例文

① ㄱ. 벌써 자냐고 했어요. 김치를 먹냐고 했어요.
ㄴ. 기분이 좋냐고 했어요. 영희가 예쁘냐고 했어요.
ㄷ. 중국 학생이냐고 물었어요.
ㄹ. 네가 철수냐고 물었어요.

(1) 动　词 : (ㄱ)的 '자다' 上加 '－냐고'表示, 与此相同, 有收音的词也同样直接加 '－냐고' 表示, 如 '먹냐고'。

(2) 形容词 : (ㄴ)的形容词也如同动词, 不管有无收音表示方法一样。

(3) 名词＋이다 : 如 (ㄷ)和 (ㄹ), 有收音的时候连接 '－이냐고', 没有收音的时候连接 '－냐고'。

请求句的引用

1 语尾 : '－자고 하다'

因为只有动词可以写成请求句, 所以请求句的间接引语只适用于动词。

2 例句

① ㄱ. 주말에 산에 가자고 했어요.
ㄴ. 오늘 점심은 김치찌개를 먹자고 했어요.

请求句的间接引语只适用于动词, 变形不受有无收音的影响。

命令句的引用

1 语尾 : '-(으)라고 하다'

命令文也跟请求文一样只有动词的才有间接引语的形态，但在命令句中语尾的选择受有无收音的影响。

2 例句

① ㄱ. 올해는 담배를 <u>끊으라고 했어요</u>.
　　ㄴ. 선생님이 빨리 집에 <u>가라고 했어요</u>.

(1) 有收音的动词 : 用 '-으라고 하다'
(2) 没有收音的动词 : 用 '-라고 하다'

3. 连接型语尾

连接语尾 '-고', '-(으)며'

1 意义上的共同点

形　态	意　义
'-고'	表示列举两个以上并列的事实
'-(으)며'	表示列举两个以上具有相同资格的并列的事实

字典上的定义是, 连接语尾 '-고' 和 '-(으)며' 的共同点是 "列举" 和 "并列"。

2 语法上的共同点

(1) 在 '-고' 和 '-(으)며' 前, 后的内容, 即使相互调换顺序句子的意思也不变。

① ㄱ. 철수는 공부를 <u>하고</u>, 민수는 책을 읽는다.
　 ㄴ. 민수는 책을 <u>읽고</u>, 철수는 공부를 한다.
② ㄱ. 철수는 공부를 <u>하며</u>, 민수는 책을 읽는다.
　 ㄴ. 민수는 책을 <u>읽으며</u>, 철수는 공부를 한다.

- 例句 ① 和 ② 分别是以连接语尾 '-고' 和 '-(으)며' 连接而成的句子, 前面部分
  和后面部分的位置发生调换也不存在句子结构, 语法上和意义上的差异。[4]
- 因为 '-고' 和 '-(으)며' 表示的意义相同, 所以可以互换使用。

---

[4] 但使用 '-(으)며' 时, 根据前面部分的单词有无收音, '-(으)며' 的形态会发生变化。

375

③ ㄱ. 철수는 밥을 <u>먹고</u> 민수는 빵을 먹는다.

　　ㄴ. 철수는 밥을 <u>먹으며</u> 민수는 빵을 먹는다.

(2) '-고'和'-(으)며' 前后部分的主语可以相同, 也可以不同。

④ ㄱ. <u>철수는</u> 학교에서 공부를 하고 (<u>철수는</u>) 운동도 한다.

　　ㄴ. <u>민수는</u> 학교에서 공부를 하며 (<u>민수는</u>) 운동도 한다.

- 例句 ①到③ 是前后部分的主语不同的情况。
- 例句 ④ 是前后部分主语一致的情况, 后面部分的主语 '철수' 和 '민수' 被省略。

3 语法上的差异

(1) 在与过去时态的 '-았/-었' 结合时有构造上的差异。即, 用 '-고' 连接时, '-았/-었' 可有可无, 但用 '-(으)며' 连接时一定要加上 '-았/-었' 来表达过去时态。

⑤ ㄱ. 철수는 밥을 <u>먹었고</u>, 민수는 빵을 <u>먹었다</u>.

　　ㄴ. 철수는 밥을 <u>먹고</u>, 민수는 빵을 <u>먹었다</u>.

⑥ ㄱ. *철수는 밥을 <u>먹으며</u> 민수는 빵을 <u>먹었다</u>.

　　ㄴ. 철수는 밥을 <u>먹었으며</u> 민수는 빵을 <u>먹었다</u>.

- 例句 ⑤ 的以 '-고' 连接的句子中, 有的可以与过去时态结合(⑤ㄱ), 有的不能与过去时态结合
- 例句 ⑥ 的'-(으)며', 前后部分都可以加过去时态, 只有(⑥ㄴ)存在语法上的意义。

(2) '-고' 可以在请求句和命令句中使用, 但是 '-(으)며' 在请求句和命令句中使用的话会显得不自然。

⑦ ㄱ. 공부도 하고 축구도 <u>하자 / 해라</u>.

　　ㄴ. ?공부도 하며 축구도 <u>하자 / 해라</u>.

- 如例句（⑦ㄱ），请求句和命令句中可以使用‘-고’连接。

- 如例句（⑦ㄴ），在请求句或命令句中使用‘-(으)며’不够自然，因为与‘-고’不同，‘-(으)며’主要用于书面语。[5]

连接语尾‘-(으)며’, ‘-(으)면서’

1 意义上的共同点

形　态	意　义
‘-(으)며’	[连接动作动词] 表示前后动作同时发生
‘-(으)면서’	[连接动作动词] 表示前后动作同时发生

根据字典上的意思，‘-(으)며’和‘-(으)면서’都表示"同时"的意思。

2 语法上的共同点

(1)‘-(으)며’和‘-(으)면서’连接的词，可自然的交换先后顺序。

① ㄱ. 나는 라디오를 들으며 공부를 한다.
　　ㄴ. 나는 공부를 하며 라디오를 듣는다.
② ㄱ. 아버지께서는 신문을 보시면서 아침을 드신다.
　　ㄴ. 아버지께서는 아침을 드시면서 신문을 보신다.

- 由例句①，②可见连接语尾‘-(으)며’和‘-(으)면서’前后连接的词互换顺序很自然。

- 连接语尾‘-(으)며’和‘-(으)면서’也可像如下例句一样互换使用。

③ ㄱ. 나는 라디오를 들으면서 공부를 한다.
　　ㄴ. 아버지께서는 신문을 보시며 아침을 드신다.

---

5)‘-고’一般没有口语和书面语的差别广泛通用。另外，在许多句子中‘-고’和‘-(으)며’会同时使用，以避免句子的单调性。

(2) 这两个连接语尾连接的前后动作主语需一致。

④ ㄱ. 철수는 전화를 하며 (철수는) 밥을 먹는다.
　 ㄴ. *철수는 전화를 하며 민수는 밥을 먹는다.
⑤ ㄱ. 나는 숙제를 하면서 (나는) 껌을 씹는다.
　 ㄴ. *나는 숙제를 하면서 너는 껌을 씹는다.

- 例句 (④ㄱ) 和 (⑤ㄱ) 是符合语法规则的前后动作主语一致的句子。
- 例句 (④ㄴ) 和 (⑤ㄴ) 是不符合同一主语规则的前后动作主语不一致的句子。据此，这类连接语尾前后动词的主语必须一致[6]。

(3) 可以使用这两个连接语尾的叙述语是动词，从以上例句中的叙述语 '듣다, 하다, 보다, 드시다, 먹다, 씹다' 中就可以看出。但是下列句子的情况形容词和名词＋'-이(다)' 也可以上使用，此时间接语尾不表示"同时"的意思，而表示"罗列"的意思。

⑥ ㄱ. 영희는 얼굴이 예쁘며(면서) 공부도 잘 해.
　 ㄴ. 영희 언니는 회사원이며(면서) 학생이기도 해.

(4) 以 '-(으)며' 和 '-(으)면서' 连接的句子可以用作命令, 请求, 疑问句。

(7) ㄱ. 철수야, 우유 마시며(면서) 빵 먹어라.
　 ㄴ. TV를 보며(면서) 밥 먹자.
　 ㄷ. 라디오 들으며(면서) 공부하니?

---

6) 如下列句子以事物做为主语的时候，不受同一主语规定的限制。
　(1) ㄱ. 바람이 불며 비도 온다.
　　　 ㄴ. 이 식당은 값이 싸면서 음식도 맛있어.

378

连接语尾 '-자', '-자마자'

1 意义上的共同点

形 态	意 义
'-자'	[和动词连用] 表示前一个动作结束后立刻发生后一个动作。
'-자마자'	[和动词连用]表示前一个动作几乎与后一个动作同时发生。

连接语尾 '-자' 和 '-자마자' 连接的前后动作虽然有微小的时间差, 但根据上述字典上的定义他们共同的作用是表示"同时"的意义。

2 语法上的共同点

(1) 连接语尾 '-자' 和 '-자마자' 连接的两个动词上, 前者不可用过去或将来时态, 句子的时态必须且只能在最后一个叙述语上表示。

① ㄱ. 바람이 불자 나뭇잎이 <u>떨어졌어요</u>.
　　ㄴ. 눈이 내리자마자 <u>녹았어요.(녹겠어요)</u>

(2) 可以使用连接语尾 '-자' 和 '-자마자' 的叙述语相同, 即只和动词结合表达 "同时" 的意思。

② ㄱ. 철수가 학교를 <u>나서자</u> 비가 쏟아졌다.
　　ㄴ. *영희는 <u>예쁘자</u> 미인이다.
　　ㄷ. 그는 교수이자 시인이다.
③ ㄱ. 철수가 학교를 <u>나서자마자</u> 비가 쏟아졌다.
　　ㄴ. *영희는 <u>예쁘자마자</u> 미인이다.
　　ㄷ. *그는 <u>교수이자마자</u> 시인이다.

• 如例句 (②ㄱ) 和 (③ㄱ) 所示, 两连接语尾只和动词连用。
• 两连接语尾不能像例句 (②ㄴ) 和 (③ㄴ) 一样与形容词连用。

379

- 原则上不能与叙述格助词 '-이(다)' 连用, 连用的情况 '-자' 表示 "罗列" 的意思。

3 语法上的差异

(1) 在主语限制上存在差异

④ ㄱ. <u>철수가</u> 오자마자 <u>영호는</u> 나갔다.
　　ㄴ. <u>철수가</u> 오자마자 (<u>철수가</u>) 화를 냈다.

- 连接语尾 '-자' 连接的动作前后主语须不同。
- 连接语尾 '-자마자' 连接的动作前后主语可以相同也可以不同, 如例句 ④。

(2) 连接语尾 '-자' 不可用于命令, 请求, 疑问句 ; '-자마자' 可以用于命令, 请求, 疑问句。

⑤ ㄱ. *집에 가자 어머니가 <u>계셔라 / 계시자 / 계실래?</u>
　　ㄴ. 집에 가자마자 숙제를 <u>해라 / 하자 / 할래?</u>

连接语尾 '-고', '-아/어/여서'

1 意义上的共同点

连接语尾 '-고' 除了"罗列"外, 还具有和 '-아/어/여서' 一样的意义, 二者在字典意义上的差异如下。

形　态	意　义
'-고'	表示前面的行动比后面的行动在时间上先发生
'-아/어/여서'	表示时间上的先后, 即前后动作按次序发生

因此, '-고' 和 '-아/어/여서' 在意义上有表示 "顺序" 的共同点。

2 语法上的共同点

(1) 连接语尾 '-고' 和 '-아/어/여서' 连接的动作前后主语需一致

① ㄱ. <u>철수는</u> 양치를 하고 (<u>철수는</u>) 잠을 잔다.
　　ㄴ. <u>철수는</u> 학교에 가서 (<u>철수는</u>) 공부를 했다.
② ㄱ. <u>철수는</u> 양치를 하고 <u>영호는</u> 잠을 잔다.
　　ㄴ. *<u>철수는</u> 학교에 가서 <u>영호는</u> 공부를 했다.

- 例句 ① 和 ② 把主语一致的情况和不一致的情况进行了对比, 主语一致的例句 ① 是符合语法要求的, 不一致的例句 ②ㄴ) 是不符合语法要求的。
- 虽然是符合语法要求的句子, ②ㄱ) 的 '-고' 并不表示 "顺序" 而仅表示 "罗列" 的意思, 因此, 表示 "顺序" 意思的 '-고' 和 '-아/어/여서', 前后动词的主语需一致。

(2) 一般情况这两个连接语尾只有在与动词连用形成符合语法规定的句子时, 才表示 "顺序" 的意思

③ ㄱ. 철수는 손을 <u>씻고</u> 밥을 먹는다.
　　ㄴ. 철수는 키가 <u>크고</u> 손도 크다.
④ ㄱ. 철수는 도서관에 <u>가서</u> 책을 빌린다.
　　ㄴ. 철수는 성격이 <u>좋아서</u> 친구들이 많다.

- 例句 ③ 和 ④ 都是扩大化使用 '-고' 和 '-아/어/여서' 的情况, 其中只有在和动词连用的 (③ㄱ) 和 (④ㄱ) 中表示 "顺序" 的意思。
- 与此不同, 与形容词结合的 (③ㄴ) 和 (④ㄴ) 分别表示 "罗列" 和 "理由, 原因" 的意思, 并且和 '-이(다)' 结合时也是此类情况。

⑤ ㄱ. 철수는 <u>학생이고</u> 가장이다.(罗列)
　　ㄴ. 철수는 <u>학생이어서</u> 돈이 많지 않다.(理由, 原因)

(3) 表示顺序的连接语尾 '-고' 和 '-아/어/여서' 受过去和将来的时态限制.

⑥ ㄱ. 철수는 공부를 하고 TV를 <u>봤다</u>.

ㄴ. 철수는 공부를 하고 TV를 <u>볼 것이다</u>.

⑦ ㄱ. 철수는 공부를 <u>했고</u> TV를 <u>봤다</u>.

ㄴ. 철수는 공부를 <u>하겠고</u> TV를 <u>보겠다</u>.

- 可见在扩大使用这两个连接语尾表示过去时和将来时时, 只在最后一个动词上表示时态的情况(⑥ㄱ~ㄴ) 与在之前的动词上也表示时态的情况(⑦ㄱ~ㄴ), 连接词所表示的意义有所不同。

- 例句 ⑥ 是补充"顺序"的意思, 例句 ⑦ 是表示"罗列"的意思。另外, 连接语尾 '-아/어/여서' 也只在最后的叙述语上表示时态, 在前面动词上也附加时态的句子很难成立。

3 语法上的差异

(1) 连接语尾 '-고' 和 '-아/어/여서' 前后所连接的动作, 在其关系上存在差异, 即, '-고' 连接的前后动作之间并无特殊关系, 但 '-아/어/여서' 则具有特殊性, '-아/어/여서' 连接的句子后面的动作必须以前面动作成立为前提条件。

⑧ ㄱ. 친구를 <u>만나고</u> 공부해요.

ㄴ. 친구를 <u>만나서</u> 공부해요.

- 例句 ⑧ 基本上是用不同的连接语尾连接一样的形态素的句子, 这种情况, 例句(⑧ㄱ) 只是单纯的和朋友见面后又学了习的意思, "见面"和"学习"之间并不存在必然性。

- (⑧ㄴ) 是事前与朋友约好了一起学习, 而"见面"是"学习"的前提条件之一, 为了实现"学习"这件事才和朋友见的面。

(2) 基于(1)中所述意义, '-고' 用于前面动作结束后进行后面动作的情况, 而 '-아/어/여서'

则表示后面动作在前面动作的持续中发生的情况。即, (⑧ㄱ) 可解释为与朋友见面了之后再学的习 ; 而 (⑧ㄴ) 后面动作 "学习" 则发生在前面动作 "见面" 的持续之中。

连接语尾 '-거나', '-든지'

1 意义上的共同点

形 态	意 义
'-거나'	[对等的连接前后内容] 表示在两种事实之间选择其一
'-든지'	[使用时用 '-든지 -든지' 的形式] 表示在对立的两种事实之间任选其一

根据字典上的定义, 在意义上 '-거나' 和 '-든지' 的共同点是 "选择"。

2 语法上的共同点

(1) 对于前后连接的内容的主语没有特别的限制, 即, 前后动作的主语可以相同也可以不同。

① ㄱ. (철수가) 책을 읽거나 (철수가) 영화를 본다.
　 ㄴ. (너는) 집에 가든지 (너는) 학교에 가든지 해라.
② ㄱ. 철수가 읽거나 영호가 읽거나 해라.
　 ㄴ. 철수가 1등을 하든지 형이 1등을 하든지 해야 여행 간다.

- 例句 ① 是前后主语一致的情况。

- 例句 ② 前后主语各不同, 但并不影响语法的正确性。

(2) 连接语尾 '-거나', '-든지' 的前后都可以使用时态, 但是不可以与表示将来的 '-겠-' 结合。[7]

---

7) 选择的 '-거나' 和 '-든지' 可以互换使用, 即 '-거나' 的位置用 '-든지', '-든지' 的位置用 '-거나', 这样互换用也不会有意义或是语法上的差异, 由此可见下面只用 '-거나' 进行举例说明。

③ ㄱ. 철수가 1등을 <u>했거나</u> 100점을 <u>맞았거나</u> 상관없다.
   ㄴ. *철수가 1등을 <u>하겠거나</u> 100점을 <u>맞겠거나</u> 상관없다.

(3) 动词, 形容词, '-이(다)' 都可以与这两个连接语尾结合, 例句 ④ 的 ㄱ, ㄴ, ㄷ 分别是与动词, 形容词和 '-이(다)' 结合的情况。

④ ㄱ. 밥을 <u>먹거나</u> 빵을 <u>먹거나</u> 해라.
   ㄴ. 기분이 <u>좋거나</u> <u>나쁘거나</u> 한다.
   ㄷ. 사람은 <u>남자이거나</u> <u>여자이거나</u> 둘 중 하나다.

(4) 因为对于可结合使用的叙述语没有限制, 所以可以和不同的句子终结语连用。

⑤ ㄱ. 친구들이 뭐라고 하거나 너는 공부만 <u>해</u>.
   ㄴ. 철수가 뭐라고 하거나 에버랜드로 <u>가자</u>.
   ㄷ. 철수가 뭐라고 하거나 너는 영희를 <u>사랑하지</u>?

(5) 因为具有选择的意义, 所以这两个连接语尾可以组成对否定和肯定的选择句。

⑥ ㄱ. 철수가 <u>공부하거나</u> <u>안 하거나</u> 관심없다.
   ㄴ. 철수가 밥을 <u>먹거나</u> <u>안 먹거나</u> 그건 자유다.

- 例句 ⑥ 是肯定与否定的对立项构成的选择句, 这种情况前面内容用肯定选择, 后面内容用否定选择。
- 例句 ⑤ 也是一般采用 "하거나 안 하거나(말거나)" 的肯定, 否定的选择形式。

连接语尾 '-(으)나', '-지만', '-는데/-(으)ㄴ데', '-아도/어도'

1 意义上的共同点

形　态	意　义
'-(으)나'	连接前后两个对立的事实
'-지만'	表示在陈述完某个事实后紧接着陈述与其相反(对立)的事实
'-는데/-(으)ㄴ데'	提出与后面事实相反(对立)的事实
'-아도/-어도'	表述对立的事实

在字典里可见, 此类连接语尾意义上的共同点是 "对立, 对照"。

2 语法上的共同点

(1) 表示 "对立, 对照" 的连接语尾前后内容的主语没有限制。

　　① ㄱ. 철수가 공부를 열심히 하나 (철수가) 성적이 좋지 않다.
　　　　ㄴ. 철수가 국어는 잘 하는데 (철수가) 수학은 잘 하지 못한다.
　　② ㄱ. 철수는 도서관에 오나 민수는 오지 않는다.
　　　　ㄴ. 언니는 일찍 자는데 동생은 늦게 잔다.

　　• 例句 ① 和 ② 分别是前后主语一致的情况和不一致的情况, 两者都符合语法要求。
　　• '-지만, -아/어도' 也没有前后主语一致的限制。

(2) 此类连接语尾对于结合使用的叙述语没有限制, 即, 动词, 形容词和 '-이(다)' 与连接
　　语尾 '-(으)나', '-지만', '-는데/-(으)ㄴ데', '-아도/어도' 都可以结合。

　　③ ㄱ. 철수가 공부를 하나 / 하지만 / 하는데 / 해도 성적이 오르지 않는다.
　　　　ㄴ. 영희는 얼굴이 예쁘나 / 예쁘지만 / 예쁜데 / 예뻐도 착하지 않다.
　　　　ㄷ. 철수는 학생이나 / 이지만 / 인데 / 이어도 일반 학생이 아니다.

(3) 基于表示"对立, 对照"不管在前面部分还是后面部分, 都可以用否定句的形式。

④ ㄱ. 철수는 밥을 <u>안 먹으나 / 먹지만 / 먹는데 / 먹어도</u> 배가 부르다.

　　ㄴ. 철수는 밥을 <u>먹으나 / 먹지만 / 먹는데 / 먹어도</u> 배가 부르지 않다.

- 例句 (④ㄱ) 前面部分是否定形式, 与其连接的表示对立, 对照的后面部分是肯定形式, 符合语法要求。
- 例句 (④ㄴ) 前面部分是肯定形式, 与其连接的表示对立, 对照的后面部分是否定形式, 也符合语法要求。

3 语法上的差异

(1) 在与过去式 '-았/-었', 和未来的 '-겠-' 的连接上, 这四个连接语尾存在差异。

⑤ ㄱ. 철수는 밥을 <u>먹었으나 / 먹었지만 / 먹었는데 / 먹었어도</u> 배가 부르지 않다.

　　ㄴ. 철수는 열심히 <u>공부하겠으나 / 하겠지만 / 하겠는데</u> 결과에는 자신이 없다.

　　ㄷ. *철수는 열심히 <u>공부하겠어도</u> 결과에는 자신이 없다.

- 如例句 (⑤ㄱ) 表示"对立, 对照"的连接语尾可以与过去式 '-았/-었' 连接。
- 如例句 (⑤ㄴ) 和 (⑤ㄷ), '-겠-', '-(으)나,' '-지만', '-(으)ㄴ데/는데' 与过去式能自然连接使用, 但是 '-아도/어도' 与过去式连接则为错句。

(2) 这些连接语尾在连用的句子终结表述也存在差异[8]。

⑥ ㄱ. 철수는 <u>피곤하나 / 피곤한데</u> 숙제를 했다.

　　ㄴ. 철수야, <u>피곤하지만 / 피곤해도</u> 숙제는 해라.

　　ㄷ. 철수야, <u>피곤하지만 / 피곤해도</u> 숙제는 하고 자자.

---

[8] 除了在语法和意义上的差异外, 在文体论上也具有不同的性格, 即, '-(으)나' 主要使用于书面语而剩下的 '-지만, -는데/-(으)ㄴ데, -아도/-어도' 则在书面语和口语中都予以使用。

- 例句 (⑥ㄱ) 的 '-(으)나' 和 '-(으)ㄴ데/는데' 连接的是陈述句。
- 例句 (⑥ㄴ), (⑥ㄷ) 的 '-지만' 和 '-아도/-어도' 可分别连接命令句和请求句。
- '-(으)나' 和 '-(으)ㄴ데/는데' 不可以与命令句和请求句结合。

连接语尾 '-아도/-어도', '-(으)ㄹ지라도', '-더라도'

1 意义上的共同点

形　态	意　义
'-아도/-어도'	表示承认前面的事实, 但后面的事实并不受其限制
'-(으)ㄹ지라도'	表示 "就算...也..." 的意思
'-더라도'	表示承认前面的事实, 但后面的事实并不受其限制

字典上可见, 这3个连接语尾意义上的共同点是表 "承认"。

2 语法上的共同点

(1) 表示 "承认" 意思的 '-아도/-어도', '-(으)ㄹ지라도', '-더라도' 连接的前后部分的主语不受限制, 即, 前后内容的主语可以相同也可以不同, 并不影响句子语法上的正确性。

　① ㄱ. (너는) 아무리 피곤해도 / 피곤할지라도 / 피곤하더라도 (너는) 양치는 하고 자라.
　　 ㄴ. 네가 아무리 전화해도 / 전화할지라도 / 전화하더라도 (나는) 받지 않을 거야.

(2) 可与过去式 '-았/-었' 结合, 但与表将来的 '-겠-' 结合比较困难

　② ㄱ. 피곤했어도 수업시간에 졸지 말아야지.
　　 ㄴ. 학교에 안 갔을지라도 내일 숙제는 했어야지.
　　 ㄷ. 철수가 뛰었더라도 결과는 마찬가지야.
　③ ㄱ. *내일 비가 오겠어도 등산 갈거야.
　　 ㄴ. *지구가 멸망하겠을지라도 사과나무를 심을거야.
　　 ㄷ. *철수가 뛰겠더라도 결과는 마찬가지일 거야.

387

- 由例句 ② 可见, 可与过去式自然地结合
- 由例句 ③ 可见, 这类连接语尾不可与将来时态结合

(3) 此类连接语尾在句子终结语尾上的要求也一致,[9] 即, 表 "承认" 的 '-아도/-어도', '-(으)ㄹ지라도', '-더라도' 都可以在命令句, 请求句和疑问句中使用。

④ ㄱ.
아무리
{ 가난해도 / 가난할지라도 / 가난하더라도 }
부모를
{ 원망하지 마라. / 원망하지 말자. / 원망하지 않을 거지? }

ㄴ.
아무리
{ 어려워도 / 어려울지라도 / 어렵더라도 }
중간에
{ 포기하지 마라. / 포기하지 말자. / 포기하지 않을 거지? }

(4) 表 "承认" 的 '-아도/-어도', '-(으)ㄹ지라도', '-더라도' 在叙述语的种类上没有特别的限制, 动词, 形容词和 '-이(다)' 都可以使用。

⑤ ㄱ. 아무리 열심히 공부해도 / 공부할지라도 / 공부하더라도 1등은 힘들 거야.
ㄴ. 비록 얼굴은 예뻐도 / 예쁠지라도 / 예쁘더라도
ㄷ. 비록 철수가 학생이라도 / 학생일지라도 / 학생이더라도
ㄹ. 비록 철수가 학생이 아니라도 / 학생이 아닐지라도 / 학생이 아니더라도

- 例句 ⑤ 是分别与动词, 形容词和 '-이(다)' 结合使用的例子
- 但需要注意的是, '-아도/-어도' 和 '-이(다)' 与 '-아니다' 结合时变形为 '-라도'。

---

9) 表示 "承认" 的 '-아도/-어도', '-(으)ㄹ지라도', '-더라도' 连接的句子前可使用表强调的副词 '아무리, 비록' 等。此外, 表示 "承认"意思的连接语尾还有 '-(으)ㄹ망정, -(으)ㄹ지언정, -건만' 等。

连接语尾 '-다가'

1 意义上的特征

(1) 连接语尾 '-다가' 表前面动作在中途中断后转换为后面的动作[10]。

① ㄱ. 학교에 <u>오다가</u> 가게에서 우유를 샀다.
　　ㄴ. 공부를 <u>하다가</u> 샤워를 한다.

①　的两个例句都是前面的动作并没有结束，并在前面动作持续的状态下转换为后面动作的情况。即，还没有来到学校，学习还没有结束，但是买了牛奶，洗了澡。

(2) 在 '-다가' 上加上过去时态 '-았/-었' 的话，句子的含义发生变化。

② ㄱ. 학교에 <u>오다가</u> 친구를 만났다.
　　ㄴ. 학교에 <u>왔다가</u> 친구를 만났다.

• ② 中的例句后部分都是 '친구를 만났다'，但 (②ㄱ) 表示还没有到达学校，即表示在来学校的途中的意思。
• (②ㄴ) 表示 "来学校" 的行为结束，即表示到达学校之后的意思。

2 语法上的特征

(1) 表示 "转换" 的连接语尾 '-다가' 与动词结合，前后部分的主语需一致。此外，与形容词和 '-이(다)' 也可组句。

③ ㄱ. 기분이 <u>좋다가</u> 갑자기 나빠졌다.
　　ㄴ. 1학년에는 <u>1반이었다가</u> 지금은 2반이 됐다.

---

10) 同时，'-다가' 也具有 "附加" 意思，即表示前部分的动作为并没有完全结束，后面动作在前面动作的持续状态下一同进行。这种情况时可与 '-(으)면서' 交换使用，即 "친구와 얘기하다가 울었어요." 和 "친구와 얘기하면서 울었어요."。

389

(2) '-다가' 可以用于命令句, 请求句和否定句。

④ ㄱ. 집에 <u>오다가</u> 가게에 들러 우유 사 <u>와라</u>.

ㄴ. 집에 <u>가다가</u> 컴퓨터 게임 한 번 <u>하자</u>.

ㄷ. 운동을 <u>한 하다가</u> 하려니 힘이 많이 드네.

3 句型应用

(1) -다(가) 보니(까)

⑤ ㄱ. 앤디 씨, 요즘 한국어 공부 어때요?

ㄴ. 처음에는 어려웠는데 매일 매일 <u>공부하다(가) 보니(까)</u> 이젠 괜찮아졌어요.

• 意義：不是從一開始就計劃的, 而是在持續做某事（學習）的過程中, 表現新的變化或結果。

(2) -다(가) 보면

⑥ ㄱ. 한국어를 잘 하는 방법이 뭘까요?

ㄴ. 예습과 복습을 꾸준히 <u>하다 보면</u> 한국어를 잘 하게 될 거예요.

• 意義：表現如果前面的狀態持續的話打算的結果會在接下來出現。

(3) -다(가) -다(가)

⑦ ㄱ. 오늘을 날씨가 참 이상해요.

ㄴ. 맞아요. 비가 <u>오다가 그치다가</u> 하네요.

• 意義：表示相反的內容反夏出現。

连接语尾 '-아서/어서', '-고'

1 意义上的共同点

和表 "顺序" 的 '-아서/-어서' 和 '-고' 不同, 具有以下的意义。

形 态	意 义
'-아서/-어서'	表示方式或手段
'-고'	表示前面行动是后面行动的手段或方法

由以上字典上的定义可见, 具有表示 "方法" 与 "手段" 的共同点。

2 语法上的共同点

(1) 表示 "方法, 手段" 的连接语尾的前后部分主语需相同。原因在于后面部分是"目的", 前面部分是达到此目的的方法, 手段, 因而后面部分受到前部分的限制。

① ㄱ. <u>철수는</u> 운동을 해서 (<u>철수는</u>) 살이 빠졌다.
   ㄴ. <u>철수는</u> 비행기를 타고 (<u>철수는</u>) 제주도에 갔다.

• 例句 ①, 前面内容做为后面内容 '살이 빠졌다' 和 '제주도에 갔다' 的方法和手段, 前后主语需一致。
• 连接语尾的前后部分主语不同的话则为错误句。

② ㄱ. *<u>철수는</u> 운동을 해서 <u>민수는</u> 살이 빠졌다.
   ㄴ. *<u>철수는</u> 비행기를 타고 <u>민수는</u> 제주도에 갔다.

(2) 表 "方法, 手段" 的连接语尾不能和过去时和将来时态结合, 即句子所述若是过去或将来的情况, 表示时态的语尾只能结合在句子最后一个叙述语上。

③ ㄱ. *철수는 운동을 <u>했서</u> 살이 <u>빠졌다</u>.

　　 ㄴ. *철수는 비행기를 <u>타겠고</u> 제주도에 <u>갔다</u>.

(3) 这类连接语尾可以与动词, 形容词 '-이(다)' 连用。但是, 只与动词结合的时候表示 "方法, 手段" 的意思, 与形容词和 '-이(다)' 结合的时候则表示 "理由, 原因" 或 "罗列" 的意思。

(4) 表示 "方法, 手段" 的连接语尾 '-아서/-어서' 和 '-고' 可与下面多种句子终结语结合：(④ㄱ)为请求句, (④ㄴ)为命令句, (④ㄷ)为疑问句, (④ㄹ)为否定句。

④ ㄱ. 배를 <u>타고</u> 제주도에 <u>가자</u>.

　　 ㄴ. 도서관에 <u>가서</u> 공부해라.

　　 ㄷ. 오늘 걸어서 학교 <u>갔니</u>?

　　 ㄹ. 철수는 운동을 <u>하지 않고</u> 살을 뺐다.

连接语尾 '-는데', '-(으)ㄴ데', '-(으)니'

1 意义上的共同点

形 态	意 义
'-는데'	对后面内容进行说明
'-(으)ㄴ데'	对后面内容进行说明
'-(으)니'	叙述事实, 并且后面所叙述的事实是前面事实或行动所造成的结果

在对后面事实的前提或背景提前进行说明的时候使用。

2 语法上的共同点

说明背景的连接语尾连接的前后内容, 对其主语没有限制要求。

① ㄱ. 수학 문제를 <u>푸는데</u> 어려워.

ㄴ. 정신을 차리고 <u>보니</u> 집에 있더군.

ㄷ. 친구들이 <u>많은데</u> 모두 남자뿐이야.

② ㄱ. 이 책은 한국문화에 대해 설명하고 <u>있는데</u> 외국인 유학생들이 선호해.

ㄴ. 집도 <u>큰데</u> 침대도 큰 것으로 해.

ㄷ. 교실에 와 <u>보니</u> 철수가 없더라.

- 例句 ① 是前后主语相同的情况。
- 例句 ② 是前后主语不同的情况, 和前者没有语法差异。

3 语法上的差异

(1) 在与过去时态 '-았/-었' 和将来时态 '-겠-' 的接合上显示出差异

③ ㄱ. 어제 친구가 <u>왔는데</u> 술에 많이 취했더라.

ㄴ. 어제 숙제가 <u>많았는데</u> 하지 못했어.

ㄷ. *교실에 와 <u>봤으니</u> 철수가 없었다.

④ ㄱ. *다음 주에 문화체험을 <u>가겠는데</u> 모두 참석하세요.

ㄴ. *다음 달에 돈이 <u>많겠는데</u> 내가 한 턱 내지.

ㄷ. * 내일 교실에 와 <u>보겠으니</u> 철수가 없을 거야.

- 如 ③ 表示背景的 '-는데', '-(으)ㄴ데', '-(으)니' 不可与将来时态 '-겠-' 结合。
- 过去时态只可与 '-는데', '-(으)ㄴ데' 结合(③ㄱ, ㄴ) 不可与 '-(으)니' 结合(③ㄷ)。

(2) 在能结合的叙述语上存在差异, 即 '-는데' 与动词结合, '-(으)ㄴ데' 与形容词结合, '-(으)니' 则与动词, 形容词和 '-이(다)' 都能结合使用。

(3) '-는데', '-(으)ㄴ데', '-(으)니' 在可以表述的句子类型上存在差异

⑤ ㄱ. 커피 마시는데 같이 <u>마시자 / 마셔</u>.

ㄴ. ?이사갈 집이 좁은데 쇼파는 버리고 <u>가자 / 가</u>.

ㄷ. *학교에 가 보니 철수가 <u>없어라 / 없자</u>.

- 因为一般情况下动词都可以写成命令句, 请求句, 所以如 (⑤ㄱ) 与动词结合的 '-는데' 句也可以用于命令句和请求句。

- 形容词的时候, 命令句和请求句的使用受到限制。(⑤ㄴ) 是形容词 '좁다' 加 '-(으)ㄴ데' 形成的命令句, 这样的命令句和请求句在意义上当作 '좁으니까' 处理比较好, 此时 '니까' 表示 "理由"。但, '-(으)니' 虽然可以与动词结合但不可用于命令与请求句。

(4) 与 '-는데/-(으)ㄴ데' 不同, '-(으)니' 在否定句的使用上受到限制

⑥ ㄱ. 철수는 커피를 <u>안</u> 마시는데 뭐 시켜줄까?

ㄴ. 영희는 <u>안</u> 예쁜데 거기에 왜 나갔어?

ㄷ. *학교에 <u>안</u> 가보니 철수가 없더라.

ㄹ. 개고기를 <u>안</u> 먹으니 다른 것 먹어라.

- '-는데/-(으)ㄴ데' 可以用于否定句(⑥ㄱ~ㄴ), 但 '-(으)니' 不能用于否定句(⑥ㄷ)。

- 在语法上, 例句 (⑥ㄹ) 可以成立但是 '-(으)니' 此时并不表示 "背景" 而是表示 "理由"。

4 句型应用

(1) '-인데'

⑦ ㄱ. 이것은 <u>전자사전인데</u> 모르는 단어를 찾을 때 사용해요.

ㄴ. 서울은 한국의 <u>수도인데</u> 과거와 현재가 공존하는 곳이에요.

ㄷ. 이분은 <u>선생님인데</u> 학생들에게 인기가 많아요.

(2) 意義：表示在介紹某人或某物以及增加新的內容時使用。

连接语尾 '-아서/-어서', '-(으)니까', '-(으)므로', '-느라고'11)

1 意义上的共同点

形 态	意 义
'-아서/-어서'	表示前面内容是后面内容的原因
'-(으)니까'	对于后面内容的理由和原因进行说明
'-(으)므로'	表示前面内容是后面内容的根据，与 '-기 때문에' 同意
'-느라고'	表原因，意为 '～하는 일로 말미암아'

根据字典上的定义，具有意义上的都表示"理由，原因"的共同点。

2 语法上的共同点

(1) 对于 '-아서/-어서' 和 '-(으)니까' 连接的句子，没有主语统一的限制。例句 ①是前后主语一致的情况，例句 ② 是前后主语不同的情况，两种情况都符合语法要求12)。

① ㄱ. (나는) 배가 고파서 (나는) 식당에 갔다.
   ㄴ. (철수는) 배가 고프니까 (철수는) 식당에 갔다.
② ㄱ. 철수가 아파서 민수가 심부름을 갔다.
   ㄴ. 철수가 아프니까 민수가 심부름을 가야겠다.

(2) 此类连接语尾和动词，形容词，'-이(다)' 都可连用。

③ ㄱ. 철수는 운동을 잘 해서 체육대학을 갔다.
   ㄴ. 철수는 머리가 아파서 결석했다.
   ㄷ. 철수는 학생이어서 담배를 피우면 안 된다.

---

11) '-(으)니' 和 '-(으)니까' 是相近似的连接语尾，差异在于后者有 "强调" 的意思，但是由于语法上的意义用法相似，现用 '-(으)니까' 为代表进行说明。此外 '-기에'，'-기 때문에' 等表述也属于此类意义的连接语尾。

12) '-(으)므로' 在这一点上的规定与其相同，但 '-느라고' 则不是，即 '-느라고' 的前后内容的主语必须相同才符合语法要求。

- ③ 中的例句分别是 '-아서/-어서' 和动词, 形容词与 '-이(다)' 结合的情况。
- 这几个句子同时还可以用 '-(으)니까' 来连接。13)

(3) 此类连接语尾在否定句的使用上也不存在什么限制, 例句可见 '-아서/-어서' 和 '-(으)니까' 在否定句上可自然使用。14)

④ ㄱ. 철수는 공부를 <u>안</u> 해서 시험에 떨어졌다.
　 ㄴ. 철수는 공부를 <u>안</u> 하니까 시험에 떨어졌다.

3 语法上的差异

(1) 在与过去时态和将来时态的先语语尾结合时存在差异

⑤ ㄱ. 철수는 머리가 <u>아팠으니까</u> 학교에 못 갔다.
　 ㄴ. 철수가 잠시 후에 <u>도착하겠으니까</u> 1인분 더 준비하자.
⑥ ㄱ. *철수는 머리가 <u>아팠서</u> 학교에 못 갔다.
　 ㄴ. *철수는 잠시 후에 <u>도착하겠어서</u> 1인분 더 준비하자.

- 从例句 ⑤ 和 ⑥ 可知, '-(으)니까' 可与过去时态和将来时态的先语语尾结合
- 但是 '-아서/-어서' 则不可结合15)

(2) 此类句子的终结语上也存在差异, 即 '-(으)니까' 可用于命令句和请求句, 但 '-아서/-어서' 不可用于命令句和请求句。

⑦ ㄱ. 배 <u>고프니까</u> 밥 좀 빨리 <u>줘</u>.
　 ㄴ. 배 <u>고프니까</u> 빨리 식당에 <u>가자</u>.

---

13) '-(으)므로' 在这一点上与其相同, 但 '-느라고' 则只能和动词结合。
14) '-(으)므로' 也能在否定句中使用, 但 '-느라고' 则只能在后面部分中使用否定句, 即如 "숙제를 하느라고 잠을 못 갔다." 的形式。
15) 另外, 表 "理由, 原因" 的 '-(으)므로' 和 '-(으)니까' 具有相同的性质, '-느라고' 则和 '-아서/-어서' 表示相同的意义。

⑧ ㄱ. *배 <u>고파서</u> 밥 좀 빨리 <u>줘</u>.

　　ㄴ. *배 <u>고파서</u> 빨리 식당에 <u>가자</u>.

连接语尾 '-(으)면', '-(으)려면', '-아야/어야'

1 意义上的共同点

形　态	意　义
'-(으)면'	表示对于后面内容的前提条件
'-(으)려면'	'장차 어떤 일이 일어날 것 같으면'의 뜻
'-아야/-어야'	表示对于后面内容的必备条件

由字典里的定义可知，他们的共同点是都表示"条件"。

2 语法上的共同点

(1) 表示条件，不能与将来时态 '-겠-' 结合。通过例句 ① 可知，连接语尾 '-(으)면'，'-(으)려면'，'-아야/-어야' 与 '-겠-' 结合的话会形成错误句。

① ㄱ. *비가 <u>오겠으면</u> 내일 소풍은 안 간다.

　　ㄴ. *집에 <u>가겠으려면</u> 틀린 거 3번씩 써라.

　　ㄷ. *3번 다 <u>써겠어야</u> 집에 갈 수 있다.

(2) 做为实现后面目标的前提条件，前面部分均可以用否定句，否定式与 '-(으)면'，'-(으)려면'，'-아야/-어야' 可自然结合。

② ㄱ. 철수가 <u>안 먹으면</u> 네가 먹을 수 있어.

　　ㄴ. 영희와 <u>안 헤어지려면</u> 사과부터 해.

　　ㄷ. 네가 꼴찌를 <u>안 해야</u> 같이 갈 수 있어.

3 语法上的差异

(1) '-(으)면' 和 '-아야/-어야' 的前后主语不受限制, 但 '-(으)려면' 的前后主语必须一致。

③ ㄱ. <u>네가</u> 가면 <u>나도</u> 갈게
   ㄴ. (<u>나는</u>) 열심히 공부하면 (<u>나는</u>) 1등 할 수 있어.

④ ㄱ. <u>네가</u> 가야 <u>나도</u> 갈거야.
   ㄴ. (<u>네가</u>) 열심히 공부해야 (<u>네가</u>) 1등 할 수 있어.

⑤ ㄱ. <u>네가</u> 일등하려면 (<u>네가</u>) 공부 열심히 해야 해.
   ㄴ. *<u>네가</u> 가려면 <u>나도</u> 갈게.

- '-(으)면' 和 '-아야/-어야' 的连接句 ③ 和 ④ 不受同一主语的限制
- 例句 ⑤ 的连接词 '-(으)려면' 得像 (⑤ㄱ)一样前后主语一致

(2) 在添加时态时连接语尾 '-(으)면', '-아야/-어야' 和 '-(으)려면' 有所不同

⑥ ㄱ. 밥을 다 <u>먹었으면</u> 집에 가라.
   ㄴ. 밥을 다 <u>먹어야</u> 집에 갈 수 있다.
   ㄷ. *밥을 다 <u>먹었으려면</u> …

(3) '-(으)면' 和 '-아야/-어야' 和各种叙述语都可结合, 但 '-(으)려면' 只能和动词结合

⑦ ㄱ. 가면, 아프면, -이면
   ㄴ. 가려면, *아프려면, *-이려면
   ㄷ. 가야, 아파야, -이야

(4) '-(으)면' 和 '-(으)려면' 都可以用于命令句, 请求句和疑问句, 但 '-아야/-어야' 不能和命令, 请求句结合。另外, 在语法上 '-아야/-어야' 的疑问句表述并不表示 "条件" 而是反语疑问的强调。

连接语尾 '-(으)러', '-(으)려고', '-도록', '-게'

1 意义的共同点

形 态	意 义
'-(으)러'	[应用为 '-러 가다/오다' 的形式] 表示 "行动的目的"
'-(으)려고'	表示主语的意图 "将要干什么"
'-도록'	表示为了实现后面部分的效果, 意图性的努力的方向和目标
'-게'	[加在动词, '있다/없다' 后使用] 表示前部分内容是后部分内容的目的, 标准等。

由字典里的定义可知, 他们的共同点是都表示 "目的"。

2 语法上的共同点

(1) 表示目的的连接语尾不能与过去时和将来时态结合, 即表 "目的" 的 '-(으)러', '-(으)려고', '-도록', '게' 不能和过去式 '-았/-었-' 和表将来的 '-겠-' 结合。

① ㄱ. 공부를 <u>하러</u> / *했으러 / *하겠으러 도서관에 간다.
ㄴ. 공부를 <u>하려고</u> / *했으려고 / *하겠으려고 도서관에 간다.
ㄷ. 공부를 <u>하도록</u> / *했도록 / *하겠도록
ㄹ. 공부를 <u>하게</u> / *했게 / *하겠게

(2) 表目的连接语尾原则上只能和动词合用, 不能与形容词和 '-이(다)' 结合

② ㄱ. 철수는 책을 <u>사러</u>(<u>사려고</u>) 서점에 갔다.
ㄴ. 철수가 밥을 <u>먹도록</u>(<u>먹게</u>) 도시락을 주어라.
ㄷ. 철수는 밤 <u>늦도록</u> / <u>늦게</u> 술을 마신다.

• 例句 (②ㄱ) 和 (②ㄴ) 是 '-(으)러', '-(으)려고', '-도록', '-게' 和动词结合的情况, 符合语法要求。
• (②ㄷ) 中的 '-도록' 和 '-게' 与形容词的 '늦다' 结合, 这时的意思不是表 "目

399

的”而是转换成表 “时间的界限”。

3 语法上的差异

(1) ‘-(으)러’ 和 ‘-(으)려고’ 的前后主语必须一致, 但 ‘-도록’ 和 ‘-게’ 没有这样的限制

③ ㄱ. (철수는) 밥을 먹으러(먹으려고) (철수는) 식당에 갔다.
　　ㄴ.*철수는 밥을 먹으러 영호는 식당에 갔다.
④ ㄱ. 철수가 공부할 수 있도록 / 있게 철수 부모님이 불을 켜 주셨다.
　　ㄴ. 공기가 순환되도록 / 되게 선생님은 창문이 여셨다.

- 例句 ③ 中的 ‘-(으)러’ 和 ‘-(으)려고’, 主语名词须为有情物且应前后一致。
- 使用 ‘-도록’ 和 ‘-게’ 的例句 ④ 就不受这样的制约

(2) 此类连接语尾在可使用的句子类型上存在差异, ‘-(으)러’, ‘-도록’ 和 ‘-게’ 可以和所有的句子结合, 但 ‘-(으)려고’ 不能和命令, 请求句结合。

⑤ ㄱ. 밥 먹으러 가자 / 가라 / 가니?
　　ㄴ. 철수가 공부하도록/게 { 이만 가자.
　　　　　　　　　　　　　그만 가라.
　　　　　　　　　　　　　집에 가니?
　　ㄷ. *책을 사려고 서점에 가자 / 가라.

(3) 在否定句的时候用上 ‘-(으)려고’, ‘-도록’, ‘-게’ 都可自然成句, 但 ‘-(으)러’ 用作否定句则会不通顺

⑥ ㄱ. 철수는 산에 안 가려고 자는 척 했다.
　　ㄴ. 철수는 살찌지 않도록 / 않게 채식을 주로 한다.
　　ㄷ. *철수는 책을 안 사러 서점에 간다.
　　ㄹ. 철수는 책을 사러 서점에 가지 않았다.

- 由例句（⑥ㄷ）和（⑥ㄹ）可见，此类连接语尾使用否定式显然不成句

- （⑥ㄹ）也有句子成立的情况，但此时表示整体否定的意思

Ⅷ. 韩国语的辅助谓词

'–아/–어 가다', '–아/–어 오다'

1 意义："进行"

2 差异

(1) '–아/–어 가다' : 单纯进行

(2) '–아/–어 오다' : 至今状态持续与连续反夏性的行为

① ㄱ. 공부가 잘 돼 간다.

ㄴ. 어려서부터 나는 누나들과 사이좋게 지내 왔다.

ㄷ. 한 달에 한번 씩 만나 왔다.

- (①ㄱ) : 表示从开始学习起到后来的一段时间里功课都没有什么困难进行的很好
- (①ㄴ) : 表示从小时候到现在相当长的一段时间里持续一定的状态
- (①ㄷ) : 表示相当长的一段时间里反夏的见面至今

'–고 있다'

1 意义："进行"

2 特征

(1) '–고 있다' 表示行动的进行, 因此与动词能很自然的结合。

① 아이들이 운동장에서 축구를 하고 있다.

(2) 与没有动作意义的形容词不可结合

② *날씨가 덥고 있다.

'–아/–어 버리다'

1 意义："终结"

2 特征

(1) 在描述 "现实与期待相反时，出现令人失望的结果时，排除心理上的负担时" 使用的情
态动词。

① ㄱ. 벌써 음료수를 다 마셔 버렸다.
ㄴ. 다음 주 강의 준비까지 다 끝내 버렸다.

• 表示事物最终结束的意思(终结)，그런 가운데 (①ㄱ) 中夹杂着遗憾和失望的意义，
(①ㄴ) 则蕴含着排除心里负担的意义。

(2) 表示终结的 '-아/-어 버리다' 不可和表示现在的 '-ㄴ다/-는다' 结合。

② *예습을 다 끝내 버린다.

'-아/-어 주다'

1 意义 : "服务"

2 特征

(1) '-아/-어 주다' 以表示服务的意义为前提而使用。与 '주다' 的特殊敬语 '드리다' 结
合则为 '-아/-어 드리다'，表示相同的意义。

① 강의실 문을 열어 주다.(드리다)

(2) 兩者對話中，對 以'-아/어 주다'的提問用 '-아/어 드리다'的形式回答。

② ㄱ. 사진 좀 찍어 주겠어요?-네, 제가 찍어 드릴게요.
ㄴ. 제가 한국어를 가르쳐 드릴까요?-네, 가르쳐 주세요.

'-아/-어 놓(두)다'

1 意义：动作的完成

① ㄱ. 예습과 복습을 다 <u>해 놓고</u> 놀았다.
　　ㄴ. 예습과 복습을 다 <u>해 두고</u> 놀았다.

2 特征

(1) 只以"动作完成"来定义这两种表述的话，对于二者性质上的差别则无法做出准确细致的说明。

② ㄱ. 내일 시험을 위해 미리 <u>공부해 ?놓아라.</u>
　　ㄴ. 내일 시험을 위해 미리 <u>공부해 두어라.</u>

- 差别在于比起前者后者的表述更为自然，这是因为 '-아/-어 두다' 预料到之后的状况并在此意识下进行活动的意思。

(2) '-아/-어 놓다' 表示在没有意识到之后状况的情况下所进行活动，并以此为前提。

③ ㄱ. 철수가 시합을 다 <u>망쳐 놓아서</u> 우리팀이 졌다.
　　ㄴ. 철수가 시합을 다 <u>망쳐 *두어서</u> 우리팀이 졌다.

- (③ㄱ) 欲表达的意思是基于没有责任感的行为我们队输了，所以使用 '-아/-어 놓다'更为自然。

'-아/-어 보다'

1 意义：经验, 尝试, 实施
2 使用范例

(1) 表"经验"

407

① ㄱ. 나도 위인전을 읽어 보았다.

ㄴ. 나도 위인전을 읽어 본 적이 있다.

• (①ㄱ)的 '-아/어 보다' 表示经验的意思, 这种情况也常用 '-아/-어 보(다)+-(으)ㄴ 적(일)이 있다' 的形式。

(2) 尝试和实施

② ㄱ. 이 옷 한 번 입어 보세요.

ㄴ. 이 신발 한 번 신어 봐도 돼요?

3 特殊举例

也有表示推测的意思, 此时做为辅助形容词以 '-ㄴ/는가 보다' 的形式出现。

'-고 싶다'

1 意义 : 希望, 盼望

2 特征

(1) 主语必须使用第一人称

① ㄱ. 나도 에버랜드에 가고 싶다.

ㄴ. (나는) 일요일에는 집에서 쉬고 싶다.

(2) 表现其他人而非说话人的 "希望" 时, 以 '-고 싶어한다' 的形式出现。

② ㄱ. 그도 에버랜드에 가고 싶어한다.

ㄴ. 학생들이 제주도를 가고 싶어한다.

'-아/-어 있다'

1 意义 : 状态的持续

2 使用范例

① ㄱ. 철수가 의자에 <u>앉아 있다</u>.

   ㄴ. 그림이 벽에 <u>걸려 있다</u>.

② ㄱ. 철수가 아기를 <u>안고 있다</u>.

   ㄴ. 그는 오늘 흰 모자를 <u>쓰고 있다</u>.

- 例句 ① 的 '-아/-어 있다' 和 ② 的 '-고 있다' 根据宾语的有无在句子构成上产生不同，即他动词只能和 '-고 있다' 搭配，这样的动词有 '입다'，'잡다' 等。

'-기는 하다'

1 意义 : 承认与让步

2 使用范例

(1) 消极的承认

① ㄱ. 영희가 <u>예쁘기는 하다</u>.

   ㄴ. 영희가 <u>예쁘긴 한데</u>(하지만) 성격이 안 좋아.

- (①ㄱ) 表示因为别人都这样说所以迫不得已的消极地予以认可。
- (①ㄴ) 为在暂且承认别人的话后再表达自己的反面观点的情况，这时常常使用 '-기는 (한데, 하지만)' 的形式。

(2) 积极的承认

② ㄱ. 설악산이 참 <u>아름답기는 하다</u>.

   ㄴ. 설악산이 참 <u>아름답기도 하다</u>.

- 用感叹句来表示 "积极的承认"，这种情况用可 '-기도 하다' 的形式。

409

IX. 韩国语的语言规定

1. 韩国文字拼写法

1.1. 内容

1 第一条 依据韩国文字拼写法，要符合韩国文字可以按照读法来书写，但必须符合语法的原则。

2 第二条 要符合句子的每个单词之间空格书写的原则。

3 第三条 外来语根据'外来语标记法'而构成。

1.2. 原则

1 内容

'依据韩国文字拼写法，要符合韩国文字可以按照读法来书写，但必须符合语法的原则'

2 要素

(1) 标准语："有文化的人普遍使用的现代首尔话"

(2) 按照读法书写：做为标准语的标记原理中的一条，'사람'按照 [사람] 的发音，'구름' 按照 [구름] 的发音来书写。

(3) 书写符合语法：标准语标记的又一个原理。如果只按读法来书写，'꽃' 则会在不同的环境下有不同的书写。

① ㄱ. 꽃 + {-이, -을, -도, -만…}

413

ㄴ. 꼬치, 꼬츨, 꼬또, 꼰만…

例文 (①ㄱ) 的名词 '꽃' 和不同的助词结合时按照读法标记的结果是 (①ㄴ)。像这样根据读法来标记，具有一个意思的单词 "花" 则表现为如 '꼬치, 꼬츨, 꼬또, 꼰만'的不同的形态，造成单词使用的混乱。但是，如果把它们都固定为 '꽃' 并进行如下标记的话，把握其意义就变得容易。

② 꽃이, 꽃을, 꽃도, 꽃만

据上述理由，做为韩语标准语规定 "书写符合语法" 的附加规定，书写时须明确单词的原形。

1.3. 韩国文字拼写法的内容

1 有关发音的内容

(1) 规则

韩国语的首音法则，产生于对以 'ㄴ, ㄹ' 开头的汉字音的限制现象，根据具体 条件标记的使用，范例如下。

	条 件		标 记	例 外
第10条	녀, 뇨, 뉴, 니	→	여, 요, 유, 이	냥(兩), 년(年)
第11条	랴, 려, 례, 로, 류, 리	→	야, 여, 예, 요, 유, 이	리(里), 리(理)
第12条	라, 래, 로, 뢰, 루, 르	→	나, 내, 노, 뇌, 누, 느	

(2) 使用范例

① '신여성, 역이용, 내내월' : '여성, 이용, 내월' 不是 'ㄴ, ㄹ' 开头，所以看似不采用首音法则，但是由于是把它们按照 '신＋여성', '역＋이용', '내＋내월' 来分

析的，所以‘여성，이용，내월’就适用于首音法则。‘한국여자대학，해외여행，비논리적’也是此类情况。

② ‘개-연，숫-용’：由于是固有词后面结合汉字词的结构，‘연，용’被看作是一个单词不使用首音法则。

③ ‘신년도’，‘고랭지’：词的结构不被分析为‘신＋연도’，‘고＋냉지’，而看作是‘신년＋도’和‘고랭＋지’，‘ㄴ，ㄹ’开头的汉字音在第二个位置所以不采用首音规则。

④ 被分析为‘미-립자，소-립자，수-류탄，파-렴치’的词根据词构造上的差异看似应该分析为‘미입자，소입자，수유탄，파염치’，但由于人们的发音习惯拘泥于原始发音，所以这类词做为例外处理。

⑤ 规定："在一个单词里相同或相似的音节从迭出现的部分要使用同一个字"

> 예) 딱딱 : *딱닥 / 씩씩 : *씩식 / 짭짤하다 : *짭잘하다
> 연연불망(恋恋不忘) / 유유상종(类类相从) / 누누이(屡屡-이)[1]

(3) ‘량’和‘란’的标记

‘량’和‘란’根据后面出现的是汉字词还是固有词，进行如下标记。

词 汇	条 件	实 例
량 란	固有词或外来语	일-량, 알칼리-량 어린이-난, 고십(gossip)-난
량 란	汉字词	노동-량, 작업-량 공-란, 투고-란

---

1) ‘연연불망，유유상종，누누이’应以‘연련(-불망)，유류(-상종)，누루(-이)’的形式书写。但是人们的发音形态习惯于[여 : 년-]，[유유-]，[누 : 누-]所以写为‘연연-，유유-，누누-’。其余情况(第2音节下面)遵循依据本音书写的原则。
> 예) 낭랑(朗朗)하다，냉랭(冷冷)하다，늠름(凛凛)하다 등

(4) '렬(列, 烈, 裂, 劣)'和'률(律, 率, 栗, 栗)'的标记

'렬(列, 烈, 裂, 劣)'和'률(律, 率, 栗, 栗)'根据是否在'元音'或'收音 ㄴ'之后而进行如下标记。

词 汇	条 件	放 弃	实 例
렬, 률	在元音和收音ㄴ之后	열, 율	나열, 백분율
	其它情况	렬, 률	명중률, 합격률

2 与形态相关联的内容

(1) 语干和语尾

① 语干结尾的 'ㄹ' 脱落[2]

语干结尾为收音 'ㄹ' 的情况, 后面的第一个音若是 'ㄴ, ㅂ, ㅅ'或在 '-(으)오, -(으)ㄹ' 前面的话, 'ㄹ'脱落并按照脱落后的样子书写。

㉠ 하늘을 <u>날으는</u> 비행기 → 하늘을 <u>나는</u> 비행기   (날(다)+는)
  어머니의 <u>거칠은</u> 손 → 어머니의 <u>거친</u> 손   (거칠(다)+ㄴ)

② 语干结尾的 'ㅎ'脱落[3]

以 'ㅎ' 结尾的形容词的语干若在语尾 '-네' 或元音之前时, 'ㅎ'脱落并按照脱落后的样子书写。

---

2) 根据此规定的使用范例如下

갈다	가니	간	갑니다	가시다	가오
놀다	노니	논	놉니다	노시다	노오
불다	부니	분	붑니다	부시다	부오
둥글다	둥그니	둥근	둥급니다	둥그시다	둥그오
어질다	어지니	어진	어집니다	어지시다	어지오

3) 根据此规定的使用范例如下

그렇다	그러니	그럴	그러면	그럽니다	그러오
까맣다	까마니	까말	까마면	까맙니다	까마오
동그랗다	동그라니	동그랄	동그라면	동그랍니다	동그라오
퍼렇다	퍼러니	퍼럴	퍼러면	퍼럽니다	퍼러오
하얗다	하야니	하얄	하야면	하얍니다	하야오

예 얼굴이 <u>누렇다</u> → <u>누러네, 누런, 누러니</u>
　　얼굴이 <u>노랗다</u> → <u>노라네, 노란, 노라니</u>

③ 语干结尾的 '日' 变 '丁'

须和 'ㅏ, ㅗ' 结合的收音 'ㅂ' 后面为语尾 '-아(았)'时，根据元音调节的规定，书写为 '가까와, 아름다와, 괴로워'。但是，修改之后的拼写法采取了实际发音书写为 '워'。即, '가까워, 아름다워, 괴로워' 等。但有两个例外情况, '돕다' 和 '곱다', 分别写为 '도와, 고와'。

(2) 终结形语尾 '-오' 和连接形语尾 '-이요'

> [附 2] 即使做为终结语的语尾 '-오' 发音为 '요', 书写时也要按照原形写为 '오'。(采取范例ㄱ的写法, 不采取范例ㄴ的写法)
>
> | ㄱ | ㄴ |
> |---|---|
> | 이것은 책이오. | 이것은 책이요. |
> | 이리로 오시오. | 이리로 오시요. |
> | 이것은 책이 아니오. | 이것은 책이 아니요. |
>
> [附 3] 做为连接词使用的'이요'写为'이요'。(采取范例ㄱ的写法, 不采取范例ㄴ的写法)
>
> | ㄱ | ㄴ |
> |---|---|
> | 이것은 책이요, 저것은 붓이요, 또 저것은 먹이다. | 이것은 책이오, 저것은 붓이오, 또 저것은 먹이다. |

(3) 缩略语

① 第39条：语尾 '-지' 后连接 '않-' 和 '-잖-' 的情况与 '-하지' 后面连接 '않-' 和 '-찮-' 的情况, 按照缩写的样子书写。

② 第40条：语干的结尾音节 '하' 的 'ㅏ' 缩略 'ㅎ' 和下面音节的第一个音结合变为

激音(送气音)的情况，直接书写为激音。[附 2] 词尾的最后一个音节'하'如果能省略，则取省略后的形式.

	ㄱ	ㄴ	ㄱ	ㄴ
第39条	적지 않은	적잖은	변변하지 않다	변변찮다
第40条	간편하게	간편케	흔하다	흔타
附2)	거북하지	거북지	생각하건대	생각건대

③ '서슴치/서슴지'：根据缩略语的一般规则，'무심하다, 당하다, 허송하다' 后连接语尾 '-지'的话就变为缩略语的形态 '무심치, 당치, 허송치'。即，语干的 'ㅏ'与缩略的 '무심ㅎ-, 당ㅎ-, 허송ㅎ-'后的 '-지' 结合导致。但是 '서슴-' 是没有 '하' 的语干，因此如下例所示，正确的表示为 '서슴＋지'。

③ ㄱ. *학생들이 수업 시간에 <u>서슴치</u> 않고 잔다.
  ㄴ. 학생들이 수업 시간에 <u>서슴지</u> 않고 잔다.

④ '삼가다'：虽然生活中经常使用 '음식물 반입을 삼가해 주십시오.'，但实际是错误的表述方式，正确的表述方式应写为 '음식물 반입을 삼가 주십시오'。[4]

---

4) 本文提到的例子之外还有许多混同使用的情况, 以下就其中几个进行说明。

(1) "다르다/틀리다"
  ㄱ. 나는 네 의견과 <u>틀려</u>. → 나는 네 의견과 <u>달라</u>.
  ㄴ. 형과 동생인데 어찌 저렇게 <u>틀릴까</u>? → 형과 동생인데 어찌 저렇게 <u>다를까</u>?

(2) "안/않"
  ㄱ. 앞으로 남자는 <u>안</u> 만날 거야. / 철수야, 선생님 <u>안</u> 계시니?
  ㄴ. 다시는 사랑하지 <u>않을</u> 거야. / 철수야, 선생님 계시지 <u>않니</u>?

'안'的 (ㄱ)和 '않'的 (ㄴ)有什么差别呢？'안' 是修饰叙述语的副词, (和 '아니' 的意思相同), '않' 可以以 '-지 않-' 的形式与语尾结合用作叙述语使用。

(3) "있음/있슴"

3 其它内容

(1) 그러므로/그럼으로, 하므로/함으로

这些单词的差异表现为语尾及单词构造上。即，根据语干'그러-', '하-'后连接语尾'-므로'的构造, 分别为 '그러니까', '그렇기 때문에' 和 '하기 때문에' 的意思。

④ ㄱ. 철수는 부지런하다. <u>그러므로</u> 잘산다.

ㄴ. 철수는 열심히 일한다. <u>그럼으로</u> 보람을 느낀다.

⑤ ㄱ. 철수는 <u>부지런하므로</u> 잘산다.

ㄴ. 철수는 열심히 <u>일함으로</u> 보람을 느낀다.

(2) 반드시/반듯이

① '반드시' : 意义为"一定, 务必"('꼭', '틀림없이'), 用法如同 '약속은 반드시 지켜라'.

② '반듯이' : 意为 '반듯하다', 在'반듯'后连接词缀 '-이' 而形成, 用法如 '고개를 반듯이 들어라'.

(3) 던(지)/든(지)

① '던지' : 表示回想以前发生的事时使用的连接语尾。㉠ 그 날 얼마나 울었던지 몰라.

古语'있읍니다'的'-습니다'转变为'-습니다'的形式, 但人们常把它误认为其名词形态'있슴'。在语法上, 韩国语谓词变为名词的连接词只有 '-(으)ㅁ, -기' 和 '-{(으)ㄴ/는}것'。因此, 语干'있'和 '-(으)ㅁ' 结合而构成的'있음'是正确的形态。

(4) "아니오/아니요"

ㄱ. 이게 철수(의) 책이니?

ㄴ. 예.

ㄴ'. 아니오/아니요, 민수 책이에요.

对于 (ㄱ) 的否定句 '아니오' 和 '아니요' 中哪个是正确的表述方式呢? 答案为'아니요'。即, 针对 "是否" 提问的判断疑问, 其回答为 '아니요', 并可用作感叹词使用 ; '아니오' 的基本形是 '아니다', 与语末语尾结合使用(이건 철수의 책이 아니오.), 也可与惯形词词尾 '-(은)ㄴ' 结合运用(철수의 것이 아닌 책)。

② '든지' : 列举事物内容时使用的辅助助词，表示选择哪个都无所谓的意思。 ㉠ 가든지 오든지 마음대로 해라.

(4) 너머/넘어

① '너머' : 非实际的 "跨越" 的意思，而表示在某事物后的空间。

② '넘어' : 在动词 '넘-' 后连接 '-어' 的结构，为动词 '넘-' 的语尾保留的情况。

㉠ ㄱ. 산 너머 집

　　 ㄴ. 토끼가 산을 넘어 간다.

(5) 부치다/붙이다

① '붙이다' : 是 '붙다' 后连接使动词'-이-'的结构，为 '붙다' 的使动形态，具有相同词义。

② '부치다' : 意为 "不足". 具体使用范例参照『韩国文字拼写法』 第6章第57条.[5]

(6) 솔직히/솔직이

'이/히'相关联的拼写规定如下：

> 第 51 条　副词的结尾因为若确实只用 '이'寫爲 '-이',只用 '히'或 '이', '히'都能用時寫爲 '히-'.

---

[5]

| 부치다 | 힘이 부치는 일이다.
편지를 부친다.
논밭을 부친다.
빈대떡을 부친다.
식목일에 부치는 글.
회의에 부치는 안건
인쇄에 부치는 원고
삼촌 집에 숙식을 부친다. | 붙이다 | 우표를 붙인다.
책상을 붙였다.
흥정을 붙인다.
불을 붙인다.
감시원을 붙인다
조건을 붙인다.
취미를 붙인다.
별명을 붙인다. |

1. 只用'이'的副词

가붓이	깨끗이	나붓이	느긋이	둥긋이
따뜻이	반듯이	버젓이	산뜻이	의젓이
가까이	고이	날카로이	대수로이	번거로이
많이	적이	헛되이	겹겹이	번번이
일일이	집집이	틈틈이		

2. 只用'히'的副词

| 극히 | 급히 | 딱히 | 속히 | 작히 |
| 족히 | 특히 | 엄격히 | 정확히 | |

3. 用'이, 히'的副词

솔직히	가만히	간편히	나른히	무단히
각별히	소홀히	쓸쓸히	정결히	과감히
꼼꼼히	심히	열심히	급급히	답답히
섭섭히	공평히	능히	당당히	분명히
상당히	조용히	간소히	고요히	도저히

　　根据此规定，'솔직히'是正确的写法，常常产生混淆的'깨끗이'也是正确的写法。

4 空格书写规定

(1) 助词的空格书写

　　'꽃에서부터'：即使几个副词重叠出现依旧紧跟前面词书写。

(2) 依存名词，单位名词的空格书写

第 42 条　依存名词要空格书写。

아는 것이 힘이다.	나도 할 수 있다.
먹을 만큼 먹어라.	아는 이를 만났다.
네가 뜻한 바를 알겠다.	그가 떠난 지가 오래다.

第 43 条　表示单位的名词要空格书写。

한 개	차 한 대	금 서 돈
소 한 마리	옷 한 벌	열 살
조기 한 손	연필 한 자루	버선 한 죽
집 한 채	신 두 켤레	북어 한 쾌

但，表示顺序或与数字一起书写时，也可以不空格。

두시 삼십분 오초	제일과	삼학년	육층
1446년 10월 9일	2대대	16동 502호	제1실습실
80원	10개	7미터	

第 44 条　书写数字时，单位"万"要空格书写。

십이억 삼천사백오십육만 칠천팔백구십팔
12억 3456만 7898

第 45 条　接述前面的话或列举的时候，下面的语句要空格书写。

국장 겸 과장	열 내지 스물
청군 대 백군	책상, 걸상 등이 있다.
이사장 및 이사들	사과, 배, 귤 등등
사과, 배 등속	부산, 광주 등지

第 46 条　单音节单词作为连接语使用时可以不空格。

그때 그곳	좀더 큰것	이말 저말	한잎 두잎

(3) 需注意的空格书写

　　① '밖에'：根据使用 '밖에' 的不同情况分为两种。

422

助词 : <u>너밖에</u> 그 일을 할 사람이 없다.
名词 : 그 사람이 문 <u>밖에</u> 서 있다.

'밖에'为只形态一样但结构不同的情况, 根据规定助词紧跟前面词书写, 因此和 '너' 之间不空格 ; 但是, 名词 '밖' 后连接助词 '에' 的情况和前面的话要空格书写。

② '한바' : '한바'中 '바' 的空格书写根据使用方法分为两类。

动词语干+语尾 ㄴ바 : 집에 <u>간바</u> 밥이 없었다.
动词语干+惯形词形 ㄴ+바 : 시에서 연락하여 <u>온 바</u> 다음과 같다.

'간바' 由动词语干 '가' 后加语尾 '-ㄴ바' 而构成, 书写时不空格 ; '온바' 由动词语干 '오' 连接惯形词形 'ㄴ' 后面的依存名词而成, 书写时要空格。

③ '만' : '만' 紧跟前面的词书写, 用法分为两种, 一是表 "限定, 比较", 二是作为依存名词表示时间的经过。

辅助词 : 철수<u>만</u> 공부를 열심히 한다.
依存名词 : 철수는 영희를 삼 년 <u>만</u>에 만났다.

④ '할걸' : 同一形态的 '할걸' 在空格书写时也分为两种情况。

语干+语尾 : 지금 공부 안 했다가는 <u>후회할걸</u>.
惯形词形+依存名词 : <u>후회할 걸</u> 왜 그랬어?

前者是语干 '후회하-' 后连接语尾 '-ㄹ걸' 而成, 因此书写时不空格 ; 后者需空格书写, 可解释为包含依存名词的 '후회할 것을'。

⑤ '데' : '데' 也于 '걸' 一样有两种使用方法 : 语尾 '-ㄴ데'和依存名词 '데'。

423

　　　　語　　尾 : 철수가 <u>무엇인데</u> 그런 소릴 하니?
　　　　依存名词 : 철수를 설득하는 <u>데</u> 시간이 걸린다.

名词 '무엇' 后加叙述格助词 '이다' 和语尾 'ㄴ데' 而成的 '무엇인데' 书写时不空格；表示"场所"，"经过"，"处境" 的依存名词 '데' 要空格书写。

⑥ '번' : 依据是独立的单词还是依存名词而用法不同。

　　　　단　　어 : <u>한 번</u>은 잘 했지만 두 번은 쉽지 않지?
　　　　依存名词 : <u>한번</u> 해 봅시다. / <u>한번</u> 엎어진 물

虽然 '번' 是独立单词的时候要空格书写, 但与 '한, 두…' 一同使用作为依存名词表示次序或回数时不空格书写。

(4) 辅助谓词的空格书写
原则上辅助谓词要空格书写，但根据情况也可以不空格。但是，前面的话连带助词或为合成动词的情况，还有中间插入助词的情况，其后的辅助谓词需要空格书写。
① '듯하다' : 依据是和词干直接连接还是在惯形词形后和词干连接，'듯하다' 的空格书写存在差异。

　　　　语干+듯 : 그 여자의 변덕이 죽 <u>끓듯</u> 하다.
　　　　보조 용언 : 올해는 좋은 일이 <u>있을 듯하다</u> / <u>있을듯하다</u>.

'듯 하다' 是由语尾 '-듯' 和 '하다' 相结合的结构, 语干 '끓-' 后直接连接 '-듯' 时不空格书写；'듯하다' 整体作为辅助谓词使用时，空格书写，不空格书写均可。

② '만하다' : '만하다' 根据使用情况会出现两种结构，即 "辅助谓词" 和 "辅助词＋谓词" 的情况。

辅助谓词 : 아파트에 아직 <u>쓸 만한</u> 가전제품을 많이 버렸다.

辅 助 词 : 인형이 <u>애만</u> 하다.

'만하다'作为辅助谓词连接在谓词的惯形词形(쓸)后时原则上需要空格书写，但不空格写作'쓸만한'的情况也适用；辅助词'만'后连接谓词'하다'的结构，紧跟前面话的'만'和谓词'하다'需要空格书写才是正确的书写方式。

(5) 固有名词和专有名词的空格书写

> **第 48 条** 姓和名, 姓和号等不空格书写；在其上添加的称谓, 官职名称等空格书写。
>
> 김양수(金良洙)　　　서화담(徐花潭)　　　채영신 씨
> 최치원 선생　　　　박동식 박사　　　　충무공 이순신 장군
>
> 但, 姓和名, 姓和号需要明确区分时, 要空格书写。
>
> 남궁억/남궁 억　　　독고준/독고 준　　　황보지봉(皇甫芝峰)/황보 지봉
>
> **第 49 条** 原则上姓名以外的固有名词单词之间需空格书写, 空格书写可依据单位而进行。
> (ㄱ为原则上的写法, ㄴ为适用形式)
>
> |　　ㄱ | 　　ㄴ |
> |---|---|
> | 대한 중학교 | 대한중학교 |
> | 한국 대학교 사범 대학 | 한국대학교 사범대학 |
>
> **第 50 条** 原则上专有名词单词之间需空格书写, 但是也有不空格的情况。(ㄱ为原则上的写法, ㄴ为适用形式)
>
> |　　ㄱ | 　　ㄴ |
> |---|---|
> | 만성 골수성 백혈병 | 만성골수성백혈병 |
> | 중거리 탄도 유도탄 | 중거리탄도유도탄 |

2. 标准语规定

2.1. 标准语的定义

1 标准语：有文化的人普遍使用的现代首尔话。

2 方言：在非首尔的众多地区使用的话，由首尔京畿方言，庆尚道方言，全罗道方言，忠庆道方言，济州岛方言，江原道方言构成。

2.2. 根据发音变化的标准语

1 辅音

  (1) 下面的单词发为送气音为标准语。

    예 녁 *녁 / 부엌 *부억 / 살-쾡이 *살-괭이 / 칸 *간6)

    －下面的单词不发为送气音为标准语。

      예 가을-갈이, 거시기, 분침

  (2) 虽和词源差异很大，但已经被固定广泛使用的话也被看作标准语。

    예 강남-콩, *강남-콩 / 사글-세, *삭월-세

    －但，和词源更接近的形态视为标准语。

---

6) '초가삼간', '윗간'的情况使用 '간'。

ⓔ 갈비 *가리 / 밀-뜨리다 *미-뜨리다 / 적-이 *저으기

(3) 同一意义只规定一种形态为标准语。

ⓔ 돌(*돐) / 둘-째7)(*두-째) / 셋-째, 넷-째 / 빌리다 *빌다

① '돌잔치'와 '돐잔치' : 现行拼写法规定 '돌' 为统一的标准语。据此, 表示生日或
周期时一律用 '돌' 表示。

ㄱ. 오늘은 철수 아기의 <u>첫돌/*돐</u> 잔치이다.
ㄴ. 오늘은 학교의 스무 <u>돌/*돐</u>이 되는 날이다.

② '빌다'와 '빌리다' : '이 자리를 빌어 감사의 말씀을 드립니다' 中 '빌어' 应写
为 '빌려'。'빌리다' 是 '借, 贷' 的意思, 而 '빌다' 只是 '乞, 祝' 的意思。

(4) 有关 '수컷'(雄性) 的词缀一律用 '수–'

第 7 条	有关 '수컷' 的前缀一律用 '수–' (ㄱ为标准语, 不使用ㄴ的形式)	
ㄱ	ㄴ	비 고
수-꿩	수-퀑, 숫-꿩	'장끼'也是标准语
수-나사	숫-나사	
수-놈	숫-놈	
수-사돈	숫-사돈	
수-소	숫-소	'황소'也是标准语
수-은행나무	숫-은행나무	

－下面词的前缀用 '숫–'。

ⓔ 숫-양, 숫-염소, 숫-쥐

---

7) '둘째' 在十以上的序数词上使用时, 用作 '두째'。ⓔ 열두-째, 스물두-째

－'수–/암–' 后面的音节，承认其变为气音但在书写时仍按原单词的模样书写。但也有不这样的特殊情况，即，在 '수–/암–' 与 '강아지, 개, 것, 기와, 닭, 당나 귀, 돌 찌귀, 돼지, 병아리' 这几个词连用时，后面的词按照变完气声之后的模样书写。

2 元音

(1) 阳性元音变转为阴性元音固定使用时，把阴性元音形态做为标准语。

第 8 条　阳性元音变转为阴性元音固定使用时，把阴性元音形态做为标准语。(ㄱ为标准语，不使用ㄴ的形式)

ㄱ	ㄴ	비　고
깡충–깡충–둥이	깡총–깡총–둥이	陰性元音的表現是 '껑충껑충' ←童–이. 귀–, 막–, 선–, 쌍–, 검–, 바람–. 흰–.
발가–숭이	발가–송이	語感更强烈的表現(多爲双輔音)是 '빨가숭이', 陰性元音的表現是 '벌거숭이', '뻘거숭이'
보퉁이	보퉁이	
봉죽 뻗정–다리 아서, 아서라 오뚝–이 주추	봉족 뻗장–다리 앗아, 앗아라 오똑–이 주초	←奉足. 〜꾼, 〜들다. 禁止做的,不允許做的表現 부사도 '오뚝–이'임. ←柱礎. 주춧–돌.

但是，强烈反应词源意识的以下单词依旧使用阳性元音做为标准语。(ㄱ为标准语，不使用ㄴ的形式)

ㄱ	ㄴ	비　고
부조(扶助)	부주	〜금, 부좃–술.
사돈(査頓)	사둔	밭〜, 안〜.
삼촌(三寸)	삼춘	시〜, 외〜, 처〜.

(2) 有关元音 'ㅣ' 的元音逆行同化现象的标准语，可在"音韵变动"中得以确认。

(3) 以下单词的情况，元音单纯化后的形态为标准语。

예 괴팍-하다, *괴팍-하다 / 미루-나무, *미류-나무 / 으레, *으례

(4) 以下单词的情况，承认元音发生的变化，规定发音转变后固定使用的形态为标准语。

예 -구려, *-구료 / 깍쟁이, *깍정이 / 나무라다, *나무래다 / 미수, *미시
상추, *상치 / 주책, *주착 / 허드레, *허드래 / 호루라기, *호루루기

(5) '웃-' 和 '윗-' 依据名词 '위' 一律统一为 '윗-'。

예 윗-눈썹(眼睫毛), 니(牙), 도리(衣), 머리(头发), 목(炕的里部), 몸(身体), 바람(风), 입술(嘴唇),
수염(胡子), 잇몸(牙床), 자리(位子)

－但, 紧音和送气音的情况, 在前面写做 '위-'。 예 위-짝(双), 쪽(边), 채(幢), 층(层), 치
마(裙子), 턱(下巴), 팔(胳膊)

－但是, 在没有 "上下" 对立关系的单词中, 发音为 '웃-' 的形态做为标准语。예 웃-
돈, 어른, 옷

(6) 和汉字 '구(句)' 一起构成的单词不读成 '귀', 统一读为 '구'。 예 구절(句节), 결구(结
句), 대구(对句), 어구(语句)

－但是, '귀-글', '글-귀' 被当作是标准语。

3 缩略语

(1) 原形不怎么被使用反而缩略语被广泛使用的情况, 缩略语做为标准语。 예 김, *기음 /
뱀, *배암 / 생-쥐, *새앙-쥐

(2) 即使使用缩略语但还是原形被广泛使用的情况, 原形是标准语。 예 궁상-떨다, *궁-떨
다 / 돗-자리, *돗 / 아래-로, *알-로

(3) 缩略语和原形都被广泛使用, 但缩略语的效用更突出的情况, 两者都是标准语。 예 거
짓-부리, 거짓불 / 노을, 놀 / 머무르다, 머물다 / 오-누이, 오-뉘(오-누) / 찌꺼기, 찌기

429

4 单·夏数标准语

(1) 发音相似, 没有意义差别的形态中, 只把广泛使用的做为标准语。

  ⑨ 귀-고리, *귀엣-고리 / 남남-거리다, *얌냠-거리다 / 멸치, *며루치(메리치) / 봉숭아, *봉숭화 / 천장, *천정

(2) 下面的单词都是标准语

  ⑨ 네, 예 / 쇠-, 소- / 괴다, 고이다 / 꾀다(꼬이다) / 쐬다(쏘이다) / 죄다(조이다) / 쬐다(쪼이다) / 구린-내, 쿠린-내

2.3. 以词汇选择变化为基础的标准语

1 古语

已经不被使用的单词按古语处理, 现在广泛使用单词当作标准语。 ⑨ 난봉, *봉 / 낭떠러지, *낭 / 자두, *오얏

2 汉字词

(1) 在固有词和汉字词系列中, 如果汉字词已失去其用途, 则把固有词做为标准语。

  ⑨ 가루-약, *말-약 / 까막-눈, *맹-눈 / 마른-빨래, *건-빨래

(2) 如果古语已完全不被使用, 而与其对应的汉字词还使用的话, 则把汉字词做为标准语。

  고 ⑨ 단-벌, *홑-벌 / 총각-무, *알타리-무

3 方言

(1) 是方言, 但比标准语还被广泛使用, 则也视其为标准语。这种情况, 原来的标准语依然被留作标准语。 ⑨ 멍게, 우렁쉥이 / 물-방개, 선두리 / 애-순, 어린-순

(2) 是方言, 但比标准语还被广泛使用；相应的, 是标准语, 但是不被使用, 这种情况则把前者做为标准语。

> 예 귀밑-머리, *귓-머리 / 빈대-떡, *빈자-떡 / 코-주보, *코-보

4 单 · 夏数标准语

(1) 意义一模一样的形态，只把绝对意义上广泛使用的形态一个做为标准语。

> 예 길-잡이, *길-앞잡이 / 까치-발, *까치-다리 / 담배-꽁초, *담배-꽁치(담배-꽁추) / 샛-별, *새벽-별 / 술-고래, *술-보 / 애-벌레, *어린-벌레 / 칡-범, *갈-범

(2) 如果表现一个意思的多个形态都被广泛使用且符合标准语规定的话，他们都将被做为标准语。

> 예 가는-허리, 잔-허리 / 가뭄, 가물 / 고깃-간, 푸줏-간 / 꼬까, 때때, 고까 / 나귀, 당나귀 / 민둥산, 벌거숭이-산 / 살-쾡이, 삵 / 애꾸눈-이, 외눈-박이 / 엿-가락, 엿-가래 / 척, 체 / 한턱-내다, 한턱-하다